Wesselin Kruschev

Private Finanzplanung

Die neue Dienstleistung
für anspruchsvolle Anleger

Die Deutsche Bibliothek – CIP-Einheitsaufnahme

Kruschev, Wesselin:
Private Finanzplanung : die neue Dienstleistung für anspruchsvolle
Anleger / Wesselin Kruschev. – Wiesbaden : Gabler, 1999
   ISBN 3-409-14036-0

Alle Rechte vorbehalten
© Betriebswirtschaftlicher Verlag Dr. Th. Gabler GmbH, Wiesbaden 1999
Lektorat: Sandra Käfer / Maria Kooyman

Der Gabler Verlag ist ein Unternehmen der Bertelsmann Fachinformation GmbH.

Das Werk einschließlich aller seiner Teile ist urheberrechtlich geschützt. Jede Verwertung außerhalb der engen Grenzen des Urheberrechtsgesetzes ist ohne Zustimmung des Verlags unzulässig und strafbar. Das gilt insbesondere für Vervielfältigungen, Übersetzungen, Mikroverfilmungen und die Einspeicherung und Verarbeitung in elektronischen Systemen.

http://www.gabler-online.de

Höchste inhaltliche und technische Qualität unserer Produkte ist unser Ziel. Bei der Produktion und Verbreitung unserer Bücher wollen wir die Umwelt schonen: Dieses Buch ist auf säurefreiem und chlorfrei gebleichtem Papier gedruckt. Die Einschweißfolie besteht aus Polyäthylen und damit aus organischen Grundstoffen, die weder bei der Herstellung noch bei der Verbrennung Schadstoffe freisetzen.

Die Wiedergabe von Gebrauchsnamen, Handelsnamen, Warenbezeichnungen usw. in diesem Werk berechtigt auch ohne besondere Kennzeichnung nicht zu der Annahme, dass solche Namen im Sinne der Warenzeichen- und Markenschutz-Gesetzgebung als frei zu betrachten wären und daher von jedermann benutzt werden dürften.

Satz: Fotosatz L. Huhn, Maintal
Druck und Bindung: Wilhelm & Adam, Heusenstamm
Printed in Germany

ISBN 3-409-14036-0

Geleitwort

Mit dieser Arbeit wollen wir in der noch jungen Geschichte der Finanzplanung in Deutschland einen Beitrag leisten, um auf die veränderten Marktbedingungen sinnvoll Antworten und Lösungsansätze zu geben.

Gerade in den letzten Jahren haben sich neben der Deutschen Bank auch andere in- und ausländische Finanzinstitutionen unter Einbeziehung der privaten Universitäten stark um den Ausbau, die Weiterentwicklung und Etablierung der Privaten Finanzplanung bemüht. Dabei spielen die Mündigkeit der Anleger, die Komplexität der verschiedenen Finanzinstrumente, die Internationalisierung und Globalität der Märkte und der strategische Vermögensaufbau eine beschleunigende Rolle.

Dieses Buch soll Ihnen als Leser – Privatanleger wie Finanzdienstleister – dazu verhelfen, nicht nur eine Definition von Finanzplanung zu finden, sondern auch auf diesem Wege Ihnen und Ihren Kunden die Vorteile einer ganzheitlichen Vermögensstrukturanalyse vermitteln. Sie werden die Hintergründe des komplexen Zusammenspiels der einzelnen Anlageformen im Privatvermögen erfahren und Antworten und Lösungsansätze in Abhängigkeit Ihrer jeweiligen persönlichen Situation finden.

Wir wünschen dem Buch als erstem Beitrag dieser Art zur Finanzplanung in Deutschland den Erfolg, den es verdient, und Ihnen viel Spaß beim Lesen dieser herausfordernden und spannenden Lektüre.

Sommer 1999

Dr. BERND-A. VON MALTZAN
Bereichsvorstand Deutsche Bank AG

Vorwort des Verfassers

Das Buch soll dem Berater und dem interessierten Anleger die relativ junge und in Deutschland noch wenig verbreitete Dienstleistung Private Finanzplanung vorstellen. Bei den immer komplexer werdenden Produkt- und Beratungsangeboten der Finanzdienstleister ist es besonders wichtig, Übersicht und Transparenz über die gebotenen Inhalte zu bekommen: als Anbieter, um die passenden Beratungsangebote den richtigen Kunden zum richtigen Zeitpunkt anbieten zu können, als Kunde, um den Überblick zu wahren und auch selbst über die Eignung der Angebote entscheiden zu können.

Praxisnah werden die Gründe dargestellt, warum Private Finanzplanung für den Finanzdienstleister Grundlage jeder Kundenbeziehung sein sollte und warum jeder Anleger die Private Finanzplanung im eigenen Interesse als Grundlage für die eigenen Anlageentscheidungen durchführen sollte. Es werden Empfehlungen und Qualitätsmerkmale für die Inhalte und Orientierungshilfen für die Auswahl der Anbieter der Finanzdienstleistung Private Finanzplanung gegeben.

Das Buch ist auch für die selbständigen Finanzberater und für die in den Finanzinstituten tätigen Berater gehobener Privatkunden gedacht. Die Kenntnis der bedarfsorientierten Beratung und deren Anwendung ermöglicht eine bessere Fokussierung auf die Bedürfnisse des Kunden. Anleger, die an langfristigem Aufbau, Ausbau, Optimierung und Sicherung des eigenen Vermögens interessiert sind, werden die Möglichkeiten und den langfristigen Nutzen der Finanzplanung im Bereich der privaten Finanzen erkennen. Die Private Finanzplanung ist daher nichts für Leute, die auf der Suche nach dem „heißen Tip" sind oder unbedingt „mal schnell Steuern sparen" wollen.

Ich möchte meinen Freunden und Kollegen, die mich bei der Arbeit an diesem Buch mit Kritik und Anregungen unterstützt haben, danken, ganz besonders den Herren Joachim Kampmann, Peter Kasabov, Andreas Möller und Markus Rohn. Dank auch an die ebs Finanzakademie, die die Veröffentlichung der Ergebnisse neuester wissenschaftlicher Untersuchungen unterstützte.

Dieses Buch möchte ich meiner Frau Cathrin widmen. Ohne ihre Geduld und Mithilfe wäre die Fertigstellung des Manuskriptes nicht möglich gewesen.

Hofheim, im Mai 1999 WESSELIN KRUSCHEV

Inhaltsverzeichnis

Geleitwort
Vorwort des Verfassers

1. Einführung in die bedarfsorientierte Beratung 9
   1.1 Veränderte Marktbedingungen erfordern neue Dienstleistungen 9
       1.1.1 Die Unterschiede zur traditionellen Anlageberatung 9
       1.1.2 Gesetzliche Anforderungen an die Beratungsqualität 13
       1.1.3 Berdarfsorientierte Beratung 15
   1.2 Private Finanzplanung 17
       1.2.1 Klassifikation und Merkmale 17
       1.2.2 Definition 21
       1.2.3 Finanzplanung aus Kundensicht 22
       1.2.4 Die Situation in der Bundesrepublik Deutschland 28
   1.3 Geschäftspotenzial und Vorteile für den Anbieter 34

2. Zielgruppen und Nutzen 40
   2.1 Problemfelder des Anlegers 40
   2.2 Individuelle Bedarfsbestimmung und Zielsetzung 44
   2.3 Die Zielgruppen für die Private Finanzplanung 46
       2.3.1 Quantitative Merkmale der potenziellen Zielgruppen 46
       2.3.2 Qualitative Merkmale zur Erkennung des Kundenbedarfs 51
       2.3.3 Einteilung der Kundengruppen 52
   2.4 Warum Private Finanzplanung? 57
   2.5 Nutzen der Privaten Finanzplanung aus Kundensicht 59
       2.5.1 Wissen 61
       2.5.2 Koordination 62
       2.5.3 Absicherung 64
       2.5.4 Geldwerter Nutzen 65
   2.6 Wahl des Finanzplaners 67

3. Der Beratungsprozess 70
   3.1 Informationsphase 72
       3.1.1 Bedarfserkennung 72
       3.1.2 Akquisitionsgespräch 75
       3.1.3 Erfolgsfaktoren in der Akquisition 82
   3.2 Analysephase 84
       3.2.1 Datenaufnahme 84
       3.2.2 Computergestützte Analyse 89
   3.3 Strategiephase 94
       3.3.1 Strategiegespräch 94
       3.3.2 Dokumentation 95

3.3.3	Betreuung	103
3.3.4	Überprüfung	105

4. Qualitätsdimensionen der Privaten Finanzplanung 109
   4.1 Inhaltliche Abgrenzung 109
   4.2 Organisation der Dienstleistung 111
       4.2.1 Organisationsmodelle 111
       4.2.2 Reichweite des Leistungsangebotes 116
   4.3 Qualitative Anforderungen 118
       4.3.1 Qualitätsbegriff in der Privaten Finanzplanung 118
       4.3.2 Kriterien für Leistungsgestaltung 123
   4.4 Personal, Ausbildung 128
       4.4.1 Berufsbild des Finanzplaners 132
       4.4.2 Berufsgrundsätze und ethische Berufsregeln des Finanzplaners . . 134
   4.5 Beratungshonorar 135
       4.5.1 Preisgestaltung 135
       4.5.2 Vergütungsmodelle 139
       4.5.3 Steuerliche Behandlung des Beratungshonorars für die Finanzplanung 146
   4.6 Vermarktung 148

5. Unterstützende Werkzeuge für die Beratung 153
   5.1 Infrastruktur 153
       5.1.1 Zentralisierte Infrastruktur 154
       5.1.2 Autarke Infrastruktur 155
       5.1.3 Verteilt-vernetzte Infrastruktur 156
   5.2 Auswahl von Softwarewerkzeugen 158
       5.2.1 Anforderungen und Entscheidungskriterien 158
       5.2.2 Gewichtung der Entscheidungskriterien 164
   5.3 EDV-Anwendungen 164
       5.3.1 Szenario-Technik 165
       5.3.2 Erstellung der schriftlichen Dokumentation 167

6. Die weitere Entwicklung der Finanzplanung 170

Literaturhinweise 177

Anhang: Adressen und Anbieter für Finanzplanung
1 Internet-Adressen zur Finanzplanung und Finanzberatung 183
   1.1 Berufsorganisationen und Vereine 184
   1.2 Ausbildungsinstitutionen 188
   1.3 Anbieter von Software 190
   1.4 Anbieter von Beratungsdienstleistungen 193
   1.5 Sonstige Adressen 198
2 Anbieter von Finanzplanung in Deutschland 201

1. Einführung in die bedarfsorientierte Beratung

1.1 Veränderte Marktbedingungen erfordern neue Dienstleistungen

Wenn es heute um die Vermögensanlage geht, denkt man meistens spontan an die klassischen Anlageformen Wertpapiere und Immobilien. Hier schneidet die Bundesrepublik Deutschland im Vergleich mit anderen Staaten der EU nicht besonders gut ab. Bei Wertpapier- und Immobilienbesitz pro Kopf der Bevölkerung befindet sich die Bundesrepublik Deutschland eher im Mittelfeld. Die Stellung, die das Wertpapiervermögen in der Bundesrepublik Deutschland einnimmt, verdeutlicht die Abbildung 1. Etwa 27 % des Geldvermögens der Deutschen sind in Wertpapieren (inklusive Investmentfonds) angelegt, das sind etwas über 10 % des Gesamtvermögens der privaten Haushalte. Auch wenn anzunehmen ist, dass in der letzten Zeit der Anteil der Wertpapiere am Privatvermögen gestiegen ist, sind die Bemühungen von Politikern und Institutionen, mehr Privatpersonen als Aktionäre zu gewinnen, verständlich. Das Wertpapiervermögen in der privaten Vermögenssphäre hat aber insgesamt noch eine geringe Bedeutung. Für die Anbieter von Finanzdienstleistungen gehören alle Arten von Wertpapierdienstleistungen zum Kernbereich der Angebotspalette, hier findet mit großem Aufwand auch der heftigste „Kampf" um den Kunden statt. Mehr oder weniger fundierte Informationen über die verschiedenen Anlageformen (Aktien, Fonds, derivative Produkte) und Angebote der Finanzdienstleister („klassische" individuelle Vermögensverwaltung, Vermögensverwaltung mit Fonds, strategische Asset Allocation) werden verstärkt in der Tagespresse oder in Fachpublikationen angeboten. Die Entwicklung der Aktienmärkte beschäftigt inzwischen breite Bevölkerungsschichten.

Den verfeinerten Methoden im Kampf um Renditen und Risikostreuung im Wertpapierbereich stehen in den übrigen Bereichen der privaten Finanzen oft eklatante Mängel und Risiken gegenüber, die nicht wahrgenommen oder verdrängt werden und die im schlimmsten Fall zur Vermögensvernichtung führen können. Dazu zählen z. B. die Nichtbeachtung der Folgen langfristiger Liquiditätsbindung oder die Anlage ausschließlich aus steuerlichen Gründen. Man muss in diesem Zusammenhang natürlich die Frage stellen, was passiert eigentlich mit den restlichen fast 90 % des privaten Vermögens, wie werden hier Investitionsentscheidungen getroffen und welche Kriterien spielen eine Rolle? Diese Kriterien erfordern beim Privatanleger eine andere Betrachtungsweise des Vermögens, die nicht nur die Wertpapieranlage, sondern auch alle anderen Vermögensbestandteile in ihrer Gesamtheit miteinbezieht. Um diese Notwendigkeit zu verdeutlichen, ist eine kurze Betrachtung des Wesens der Beratung im Bereich der Finanzdienstleistungen erforderlich.

1.1.1 Die Unterschiede zur traditionellen Anlageberatung

Anlehnend an den Begriff Dienstleistung von M. Bruhn in „Qualitätsmanagement für Dienstleistungen: Grundlagen, Konzepte, Methoden", 1997, S. 9 ff., kann man Beratung allgemein als eine prozessorientierte, für Menschen erbrachte persönliche Dienstleistung

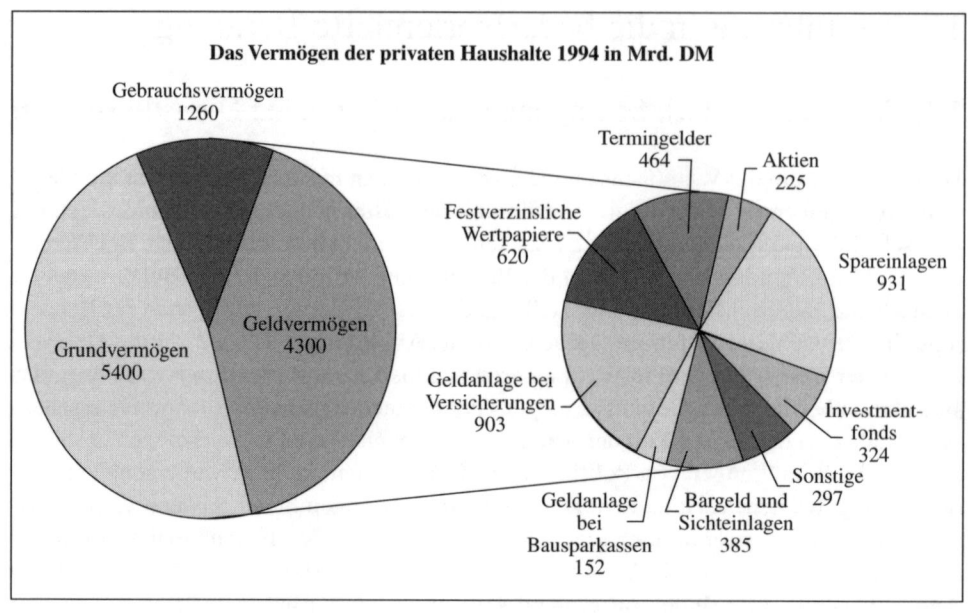

Quelle: Deutsche Bundesbank
Abbildung 1: Das Vermögen privater Haushalte in Deutschland

definieren. In der typischen Beratungssituation geht es meistens um die Anlage eines bestimmten Betrages, und in der Regel hat der Anleger bereits Vorstellungen, die die Richtung, in der die Anlage getätigt werden soll, vorgeben (z. B. Liquidität sichern, Zwecksparen, Steuern optimieren etc.). Das Zusammenspiel und die Wechselwirkungen von bisher getätigten Investitionen werden nicht näher oder nur in eingeschränktem Umfang untersucht. Aufgabe des Beraters ist es, bestimmte Informationen, zu denen der Kunde keinen Zugang hat, weiterzugeben und als Ergebnis der Beratung ein Informationsgleichgewicht herzustellen. Damit ist die Beratung im Grunde Informationsvermittlung, der Berater dient als Informationsfilter zwischen Kunde und Informationsquelle (vgl. Abbildung 2).

Je nach fachlicher Ausrichtung der weitergegebenen Informationen unterscheidet sich auch die Bezeichnung der Berater: Anlageberater, Vermögensberater, Versicherungsberater, Vermögensverwalter etc. Für eine gute Qualität der Informationsvermittlung ist eine Spezialisierung des Beraters auf einen Teilbereich der Vermögensanlage notwendig geworden. Trotz dieser Spezialisierung darf er den erforderlichen Gesamtüberblick nicht verlieren. Bei der Informationsvermittlung bildet der Berater eine potenzielle „Schwachstelle" der Informationskette, da die Qualität der Beratung von den persönlichen und fachlichen Fähigkeiten des Beraters abhängig ist. So ist es zu erklären, dass bei unabhängigen Überprüfungen der Beratungsqualität in einzelnen Produktbereichen bei verschiedenen Finanzdienstleistern (z. B. „FinanzTest" 12/97) die Beratungsqualität innerhalb eines Instituts starken Schwankungen unterliegt.

Der Beratungsprozess bei Vermögensanlagen orientiert sich an bestimmten Vorgaben des Kunden (hohe Nachsteuerrendite, sichere Anlage, Bindungsfristen), der Anbieter versucht

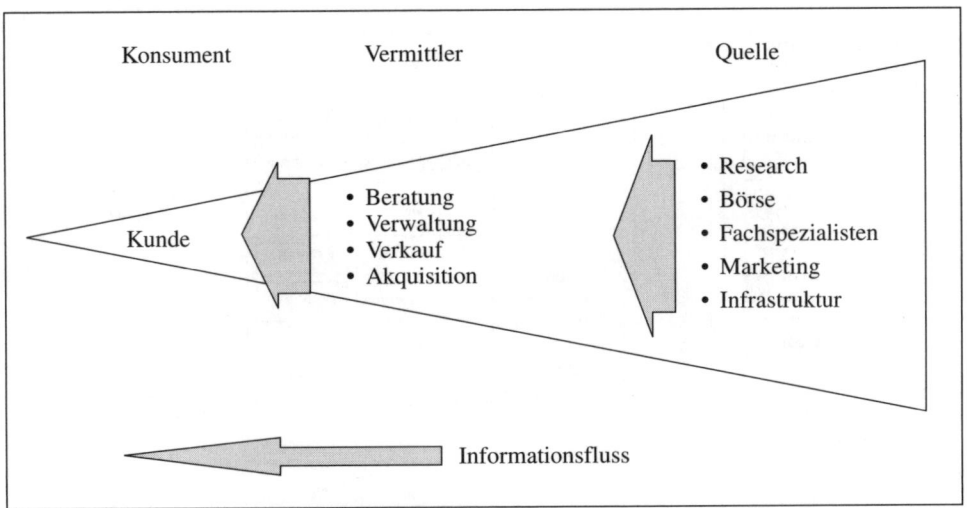

Abbildung 2: Informationsvermittlung

dann, aus seinem Produktangebot eine den Kundenanforderungen entsprechende Vermögensanlage anzubieten. Dieses Produktangebot ist meistens fest definiert, der Umfang wächst mit der Größe des Anbieters. Jedes große deutsche Bankinstitut verfügt inzwischen über eine breite Produktpalette für fast alle Standardsituationen und -anforderungen. Kleinere Finanzdienstleister sind meistens auf ein Gebiet spezialisiert, in dem diese eigene Produkte anbieten, ansonsten greifen sie auch auf Angebote der „Großen", ob Banken oder Versicherungen, zurück. Dieser als *„objektorientierte Beratung"* oder *„produktorientierte Beratung"* bezeichnete punktuelle Beratungsansatz ist in verschiedenen Ausprägungen die gängige Praxis der Kundenberatung.

Die produktorientierte Beratung wird in verschiedenen Ausprägungen am Markt praktiziert (nach G. Stracke/S. Thies, Finanzplanung: Methode, Märkte, Anbieter, 1986, S. 592-597):

- *Produktorientierter Beratungsansatz*: Es findet eine Festlegung auf ein Produkt statt. Dieser Ansatz entspricht dem klassischen Vertrieb über Banken und Versicherungen und ist nicht mit dem Allfinanzgedanken in Einklang zu bringen, da nur einzelne Produktarten betrachtet werden, jedoch keine ganzheitliche Vorgehensweise vorliegt. Die Beratung findet punktuell im Rahmen des Vertriebsprozesses statt (vgl. Abbildung 3).

- *Problemorientierter Beratungsansatz*: Es sind standardisierte Produkte für bestimmte typische Problemstellungen vorhanden, die dem Kunden oft als Paket angeboten werden (z. B. Haftpflicht-, Unfallschutz-, Altersversorgung-, Familienversicherung). Dieser Ansatz ist vorwiegend bei Strukturvertrieben zu finden (Allgemeiner Wirtschaftsdienst (AWD), Hannover; OVB, Köln, etc.). Nachteilig ist hier, dass die Zielgruppen sehr breit gefasst sind, sodass oft eine große Streuungsbreite bei der Abdeckung des konkreten Bedarfs vorhanden ist und dadurch der individuelle Bedarf unzureichend berücksichtigt wird.

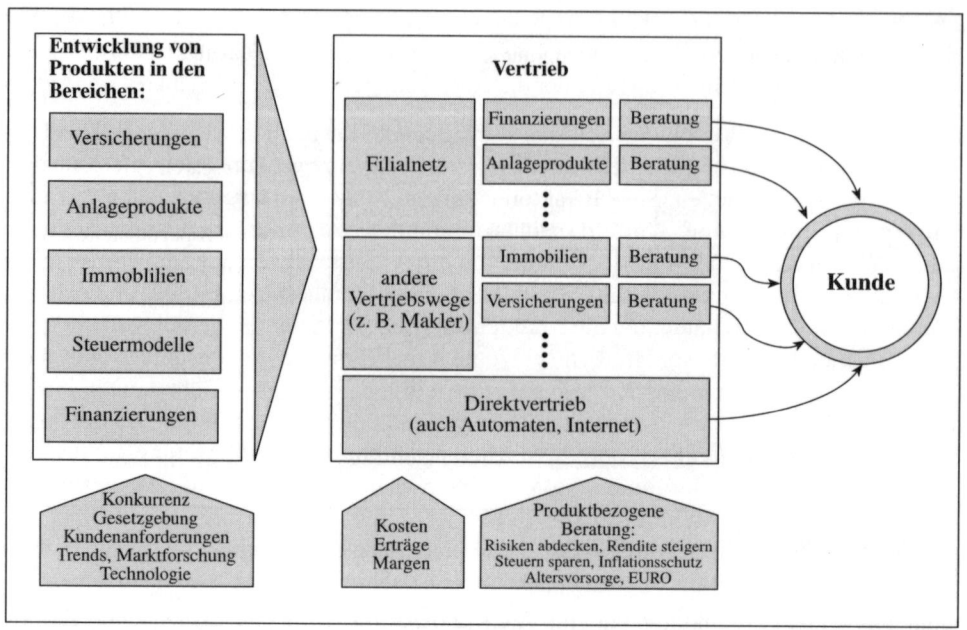

Abbildung 3: Produktorientierte Vorgehensweise in der Beratung

- *Zielgruppenorientierter Beratungsansatz*: Die Zielgruppe soll eine lebenslange Betreuung erfahren. Dies erfordert eine genaue Kenntnis der Bedürfnisse der jeweiligen Zielgruppe. Es werden zielgruppenspezifische Produkte und Dienstleistungen angeboten. Durch die Spezialisierung auf bestimmte Zielgruppen können sich die Anbieter in diesem Marktsegment eine hohe Kompetenz aufbauen. Vermarktungstechnisch kann dieser Ansatz sehr gut ausgenutzt werden. Die Vorgehensweise ist im Grunde aber nur eine Weiterentwicklung des problemorientierten Beratungsansatzes, die nur teilweise dessen Nachteile kompensiert. Der bekannteste Anbieter dieses Beratungsansatzes ist Marschollek, Lautenschläger und Partner AG (MLP) in Heidelberg.

- *Individueller bedarfsorientierter Beratungsansatz*: Hier steht nicht mehr eine ganze Zielgruppe, sondern der einzelne Kunde oder Mandant im Mittelpunkt. Marktsegment für diesen Ansatz sind in der Regel die vermögenden Privatkunden, die eine umfassende, spezifische Betreuung und Beratung benötigen. Dieser Ansatz wird z. B. von der Matuschka-Finanzgruppe, von der Dresdner Vermögensberatung GmbH, von der Nord/LB sowie von weiteren Finanzdienstleistern angeboten. Es handelt sich um eine *zielorientierte Finanzplanung*.

Allen Beratungsansätzen ist die vertriebsorientierte Zielsetzung (Produktverkauf) gemeinsam und die Honorierung der Beratungsleistung erfolgt über Provisionen aus vermittelten Geschäften. Die produktorientierte Beratung, die im Allgemeinen in der dargestellten Vorgehensweise abläuft, hat wesentliche Nachteile, sowohl für den Kunden wie auch für den Anbieter von Finanzdienstleistungen. Es fehlt oft die Möglichkeit des unmittelbaren Produktvergleiches nach mehreren Kriterien. Der Kunde kann nur Informationen von verschiedenen Anbietern sammeln, um sich dann nach einem für ihn wichtigen Kriterium für ein Alternativangebot zu entscheiden. Solche Kriterien können z. B. die Dauer der Liquiditätsbindung, Verlustzuweisungen oder die Nachsteuerrendite eines Produktes sein.

Im Vordergrund der Produktentwicklung steht nicht der tatsächlich vorhandene Kundenbedarf, sondern externe Faktoren, die das Produkt für eine größere anonyme Anlegergruppe interessant machen. Solche Faktoren können Konkurrenzangebote oder Veränderungen im gesetzlichen Umfeld sein. Unterstützt wird die Produktentwicklung hauptsächlich durch die Marktforschung, die die Anforderungen der anvisierten Kundengruppe an das zu entwickelnde Produkt untersucht, und durch interne und externe Kommunikationsaktivitäten, die die Markteinführung begleiten. Sicherlich kann man so hervorragende Produkte schaffen, die einzelne Aspekte der Vermögensanlage abdecken oder bestimmte Bedürfnisse des Anlegers befriedigen. Es ist aber nicht gewährleistet, dass ein Anleger, der das Produkt kauft, es tatsächlich in der angebotenen Form oder Menge benötigt. Die Grenzen der klassischen produktbezogenen Beratung werden bei anspruchsvollen Anforderungen an die Vermögensanlage schnell erreicht, besonders wenn komplexe steuerliche Probleme gelöst werden sollen. Entscheidungen über die Anlage von größeren Beträgen können daher nicht ohne die Kenntnis der gesamten Vermögenssituation getroffen werden. Andernfalls besteht die Gefahr, die Anlageentscheidung nicht optimal zu treffen. Die Anforderungen an die Kompetenz des Beraters und an die Qualität der Beratung steigen mit der Erhöhung der Produktvielfalt der Finanzdienstleister kontinuierlich. Auch die zunehmenden gesetzlichen Anforderungen haben Einfluss auf die Qualität der Kundenberatung. Die Frage, was man im Einzelfall unter „Beratungsqualität" versteht, wird in der Bundesrepublik Deutschland oft vor Gericht geklärt.

1.1.2 Gesetzliche Anforderungen an die Beratungsqualität

Der Versuch, über die immer engere Auslegung der Beratungshaftung mehr Beratungsqualität zu erreichen, führt oft zum entgegengesetzten Ergebnis: Die Beratung bei Einzelanlagen wird entweder gänzlich verweigert oder sehr allgemein gehalten. Das zeigt, dass weder bei den Dienstleistungsanbietern noch bei den Anlegern sich Mindeststandards für Beratungsqualität durchgesetzt haben. Die aktuelle Rechtsprechung hat in mehreren Urteilen bestimmte Inhalte der Beratung gefordert und festgelegt. Das ist wahrscheinlich nur der Anfang einer weiteren Verschärfung der Haftung und der Anforderungen an die Beratungsqualität, die schließlich in entsprechende Gesetzesformen einfließen werden. Diese Anforderungen sind für den Anleger nur eine Orientierungshilfe bei der Beurteilung der Qualität eines Finanzdienstleisters. So hat eine Bank bei der Anlageberatung den – gegebenenfalls zu erfragenden – Wissensstand des Kunden über Anlagegeschäfte der vorgesehenen Art und dessen Risikobereitschaft zu berücksichtigen (anlegergerechte Beratung); das von ihr empfohlene Anlageobjekt muss diesen Kriterien Rechnung tragen (objektgerechte Beratung, Bond-Urteil, BFH, vom 6.7.93).

In der Neufassung des Gesetzes über den Wertpapierhandel (WpHG) sind auch Ergänzungen enthalten, die die Anforderungen an die Beratung weiter erhöhen. In § 31 WpHG

z. B. ist formuliert, dass ein Wertpapierdienstleistungsunternehmen verpflichtet ist, Wertpapierdienstleistungen und Wertpapiernebendienstleistungen mit der erforderlichen Sachkenntnis, Sorgfalt und Gewissenhaftigkeit im Interesse seiner Kunden zu erbringen, sich um die Vermeidung von Interessenkonflikten zu bemühen und dafür zu sorgen, dass bei unvermeidbaren Interessenkonflikten der Kundenauftrag unter der gebotenen Wahrung des Kundeninteresses ausgeführt wird. Die Wertpapiernebendienstleistungen umfassen im Sinne des WpHG die Verwahrung und die Verwaltung von Wertpapieren, die Gewährung von Lombardkrediten und die Beratung bei der Anlage in Wertpapieren, Geldmarktinstrumenten oder Derivaten. Es ist nur eine Frage der Zeit, bis weitere Dienstleistungen in diese Liste aufgenommen werden. Der Finanzdienstleister ist ferner verpflichtet, von seinen Kunden Angaben über ihre Erfahrungen oder Kenntnisse in Geschäften, die Gegenstand von Wertpapierdienstleistungen oder Wertpapiernebendienstleistungen sein sollen, über ihre mit den Geschäften verfolgten Ziele und über ihre finanziellen Verhältnisse zu verlangen sowie seinen Kunden alle zweckdienlichen Informationen mitzuteilen, soweit dies zur Wahrung der Interessen der Kunden und im Hinblick auf Art und Umfang der beabsichtigten Geschäfte erforderlich ist (vgl. Übersicht 1; auch Schlotthauer „Regulierungsflut bei Finanzdienstleistern", 1998).

Wenn eine Beratung mehrere Vermögenswerte betrifft, ist es schwer vorstellbar, dass für die einzelnen Beratungsbereiche unterschiedliche Qualitätskriterien angewendet werden. So werden die Verhaltensregeln des WpHG künftig wahrscheinlich als Messlatte für alle anderen Arten von Finanzberatung herangezogen werden und es ist anzunehmen, dass sich die Anforderungen an die Qualität der Beratung weiter verschärfen werden.

Die vollständige Erfüllung der erwähnten Anforderungen ist vom Anbieter von Finanzdienstleistungen nicht ohne weiteres möglich. Auf der einen Seite erfordert allein die Datenerhebung vom Unternehmen erheblichen Aufwand, auf der anderen Seite ist der Kunde eigentlich gar nicht verpflichtet, diese Informationen mitzuteilen. Doch muss man den tatsächlichen Bedarf eines Anlegers kennen, um ihn optimal beraten zu können. Dieser

Übersicht 1: Sorgfaltspflichten der Finanzdienstleister nach dem WpHG

Informations-pflichten	Frage-pflichten	Beratungs-pflichten	Hinweis-/ Warnpflichten	Organisations-pflichten
Vollständige (zweckdienliche) Information Richtige Information Klare Information	Erfahrungen Kenntnisse Anlageziele Finanzielle Verhältnisse	Bewertung des Anlageprodukts Beurteilung des Anlageprodukts für die Zukunft Berücksichtigung der persönlichen Verhältnisse des Kunden	Benach-richtigungspflicht Überwachungs-pflicht	Ordnungsmäßige Durchführung Interessenkon-flikte vermeiden Über interne Kontrollver-fahren verfügen Aufzeichnungs- und Aufbewah-rungspflichten

Bedarf umfasst nicht nur die reine Geldanlage, sondern auch die persönlichen Präferenzen und Ziele, da diese einen unmittelbaren Einfluss auf die Motivation und die Entscheidung für eine bestimmte Anlageform haben. In der Praxis zeigt sich jedoch, dass allein die Kenntnis der Kundenziele und -situation nicht für eine optimale, auf den Bedarf des Kunden zugeschnittene Beratung genügt. Diese wird erst dann möglich, wenn die einzelnen Informationen vernetzt betrachtet, umfassend ausgewertet und bei Anlageentscheidungen berücksichtigt werden. Dafür ist ein anderer Beratungsansatz erforderlich, der nicht das Anlageobjekt in den Mittelpunkt der Beratung stellt, sondern den Anleger mit seinem konkreten Bedarf, der auch die richtige Anlageform determiniert. Diese Form der Beratung wird als „subjektorientierte" oder „bedarfsorientierte" Beratung bezeichnet.

1.1.3 Bedarfsorientierte Beratung

Die angesprochenen Probleme bei der produktorientierten Beratung und die Komplexität der Problemfelder des Anlegers haben in den späten 80er Jahren in der Bundesrepublik Deutschland zu einem Umdenken bei einem Teil der Finanzdienstleister geführt. Auf der Suche nach neuen Wegen, den Kunden in die Mitte des Beratungsprozesses zu stellen, wurden verstärkt die bedarfsorientierten Beratungsansätze angewendet. Dabei stellte sich schnell heraus, dass die Komplexität der vernetzten Betrachtung den Einsatz von aufwendigen Computerprogrammen erforderlich macht. Ein wesentliches Merkmal der bedarfsorientierten Beratung ist daher stets die EDV-Unterstützung.

Die subjektorientierte Beratung ermöglicht die Entscheidung für eine Anlage- oder Handlungsalternative erst am Ende eines längeren Analyse- und Entscheidungsprozesses. Dieser Entscheidungsprozess ist in Abbildung 4 dargestellt. Stracke/Geitner benutzen in ihrem Beitrag „Finanzplanung: Methode, Märkte, Anbieter" (Die Bank 8/86, S. 600 ff.) für diese Art der Beratung den Begriff „Individuelle Finanzplanung". Dieser ist jedoch weniger gut geeignet, denn eine Finanzplanung, wie wir später bei deren Klassifikation und Merkmale feststellen werden, zeichnet sich gerade durch Individualität aus. Ein anderes wesentliches Merkmal, das „Anwendungsgebiet" des privaten Vermögens, ist als Unterscheidungsmerkmal für die Finanzplanung besser geeignet. Der Prozess der ganzheitlichen bedarfsorientierten Beratung ist in Deutschland als Private Finanzplanung bekannt geworden. In verschiedenen Quellen werden weitere Begriffe benutzt, wie „Vermögensanalyse", „Vermögensstrukturberatung" und „Vermögensplanung". Diese verdeutlichen, dass der Schwerpunkt der Beratung im Vermögensbereich liegt, der Unterschied zum Portfolio-Management und zur Wertpapierberatung wird nicht deutlich (J. Kloepfer, „Marketing für die Private Finanzplanung", 1998, S. 23). Die Bezeichnung „Financial Planning", die im englischsprachigen Raum oft verwendet wird, bezieht sich nicht immer auf die Beratung von Privatpersonen, sondern wird auch im Unternehmensbereich verwendet. In der Literatur (J.R. Garner/G.V. Hallmann und J.S. Rosenbloom) wird daher auch „Personal Financial Planning" benutzt. Der Begriff Private Finanzplanung trifft als Bezeichnung für die im Folgenden dargestellten Beratungsleistungen daher am genauesten zu. Privat wird in diesem Zusammenhang groß-

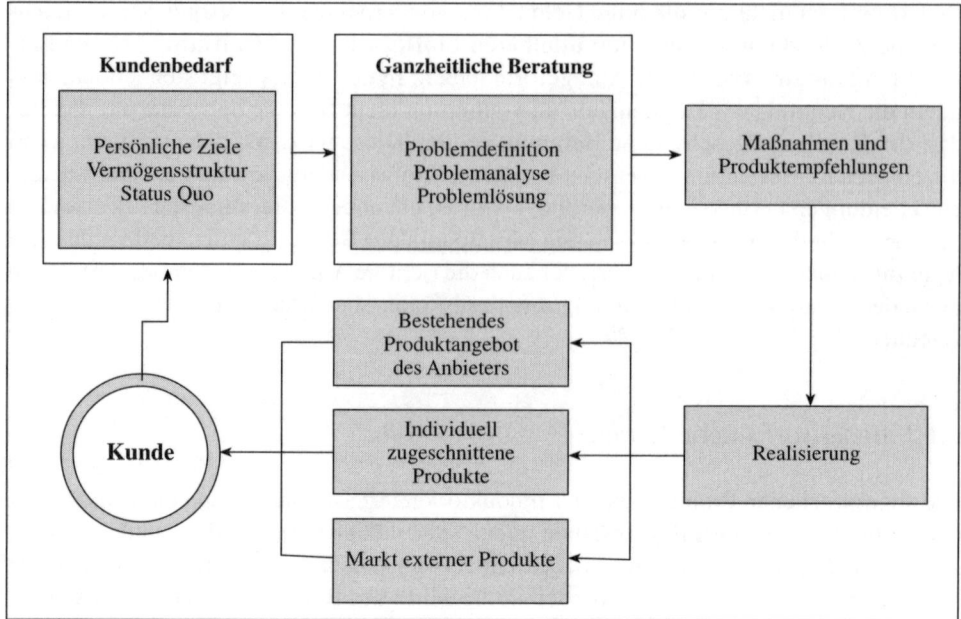

Abbildung 4: Bedarfsorientierte Vorgehensweise in der Beratung

geschrieben, um die Begriffseinheit von „Privat" und „Finanzplanung" deutlich hervorzuheben.[1]

Noch vor den heute existierenden gesetzlichen Regelungen war die Durchführung einer Finanzplanung die beste Methode, die höchsten Anforderungen an die Qualität der Beratung zu erfüllen. Ohne dass es der Gesetzgeber beabsichtigt hatte, sind die gesetzlichen Anforderungen an die Qualität einer anleger- und objektgerechten Beratung durch die Durchführung einer Finanzplanung am besten erfüllt. Dabei ergeben sich positive Nebeneffekte sowohl für die Kunden wie auch für die Anbieter von Finanzdienstleistungen. Man sollte die Durchführung einer Privaten Finanzplanung nach anerkannten Standards als ausreichende Bedingung für die Einhaltung der Anforderungen an die Beratung im Sinne des § 31 WpHG ansehen. In dem sonst stark regulierten deutschen Markt für Finanzdienstleistungen ist die Finanzplanung noch nicht reglementiert. Die Schaffung von verbindlichen Regeln für die Durchführung und die inhaltliche Gestaltung der Finanzplanung ist Voraussetzung für die Anerkennung als Beratungsdienstleistung, die gesetzlich geregelten Inhalten entspricht. Die sich teilweise widersprechenden Anforderungen an Kunden und Anbieter in der Beratung können mit einer Privaten Finanzplanung bestmöglich abgedeckt werden.

---

[1] Bei den Ausführungen in diesem Buch ist immer die Private Finazplanung nach der im Abschnitt 1.2.2 gegebenen Definition gemeint, auch wenn nur der Begriff Finanzplanung benutzt wird. Ausnahmen (z. B. „zielorientierte Finanzplanung") sind explizit erwähnt.

1.2 Private Finanzplanung

Allgemein kann man die Private Finanzplanung als Vorgang der *Ermittlung der finanziellen Ziele* und *Schaffung eines Weges zur Erreichung dieser Ziele* eines Anlegers bezeichnen. Die Grundphilosophie besteht darin, aus einer ganzheitlichen Betrachtung aller Aspekte des Privatvermögens und der privaten Finanzen die finanziellen Entscheidungen der Privatkunden besser auf ihre individuellen Wünsche und Ziele abzustimmen (vgl. K. Spremann, Für Kleinanleger – Produkte auf Lebensphasen abstimmen, in Finanz und Wirtschaft Nr. 97). Bestimmte Eigenschaften und Merkmale, die für die Dienstleistung Private Finanzplanung charakteristisch sind, kennzeichnen diesen Beratungsvorgang. Die Beschreibung der Inhalte und Merkmale der Privaten Finanzplanung ist für den Anleger nicht nur eine Orientierungshilfe, sondern auch eine Möglichkeit, die Abgrenzung von anderen Angeboten des Marktes, die sich begrifflich nicht unterscheiden, zu erkennen, um die Dienstleistung „Private Finanzplanung" für sich optimal zu nutzen.

1.2.1 Klassifikation und Merkmale

Die Private Finanzplanung ist eine Beratungsdienstleistung, die eine sehr komplexe vernetzte Betrachtung der gesamten Einkommens- und Vermögenssituation des Anlegers erfordert und in die auch die persönliche und die steuerliche Situation des Anlegers einbezogen werden muss. Die Komplexität der Betrachtung kann nur mit den entsprechenden Mitteln gewährleistet werden. Die Durchführung einer umfassenden Finanzplanung ohne Unterstützung von Computerprogrammen ist heutzutage nicht mehr möglich. Ein erstes wesentliches Merkmal der Finanzplanung ist daher der Einsatz von EDV-Unterstützung.

Die umfassende Betrachtung und Analyse der finanziellen Gegebenheiten erfordert auch einen entsprechend strukturierten Ablauf. Dieser Ablauf muss eine Mindestanzahl von Schritten umfassen, die die komplexe Betrachtung der Vermögensstruktur ermöglichen. Der Anbieter muss die einzelnen Schritte der Beratung entsprechend dokumentieren und dafür geeignete Hilfsmittel einsetzen. Zu dieser gehören z. B. folgende Schritte:

- die Identifikation der finanziellen und persönlichen Ziele des Anlegers,
- die strukturierte und umfassende Datenaufnahme,
- die regelmäßigen Gespräche mit dem Kunden und
- der enge persönliche Kontakt zu dem Berater.

Als zweites wesentliches Merkmal der Finanzplanung ist daher die klar gegliederte und *strukturierte Vorgehensweise* festzuhalten.

Die umfassende und vernetzte Analyse der Situation des Anlegers erfordert vom Finanzplaner eine unvoreingenommene und objektive Betrachtung. Nur dann ist es gewährleistet, dass die identifizierten Wege zum Erreichen der gestellten Ziele der Beratung auch tatsächlich den Vorstellungen des Anlegers entsprechen. Die Ergebnisse der Beratung müssen stets nachvollziehbar und überprüfbar sein. Weitere Merkmale sind daher die Objektivität und Neutralität. Diese Merkmale lassen sich schwer messen, daher impliziert man diese, wenn der Anbieter der Finanzplanung die Ergebnisse der Beratung als unverbindliche Empfehlung für den Kunden sieht und kein Zwang zur Umsetzung von Empfehlungen oder Kauf von Produkten besteht. Eine objektive Beratung ist dann zu erwarten, wenn der Berater unabhängig von Interessen Dritter vorgehen kann und frei von eigenen Interessenkonflikten ist (vgl. H. Schütt, Financial Consulting – Finanzberatung für private Haushalte, 1996, S. 108 ff.). Die Befreiung von unmittelbarem Ertragsdruck trägt dazu bei. Der Berater muss die Möglichkeit haben, alle Alternativen, die zum Erreichen der gestellten Ziele führen, zu überprüfen und objektiv zu bewerten. Der dabei entstehende Aufwand muss entsprechend vergütet werden. Private Finanzplanung ist also eine entgeltpflichtige Dienstleistung. Das Beratungshonorar ermöglicht eine Betrachtung, die frei von Interessenkonflikten ist und sich ausschließlich auf die Belange des Anlegers konzentriert.

Finanzplanung ist ein kontinuierlicher, lebenslanger Prozess. Der Finanzplan muss regelmäßig überwacht und überprüft werden, um, falls notwendig, Änderungen vorzunehmen, die sicherstellen, dass er weiterhin den individuellen Bedarf deckt und die individuelle Situation des Anlegers widerspiegelt. Eine langfristig angelegte Beratung, die sich an der Realität orientiert, steigert den eigentlichen Mehrwert der Finanzplanung bis zum umfassenden Vermögensmanagement. Die *Kontinuität* des Beratungsprozesses ist ein weiteres Merkmal der Finanzplanung.

Die Ausarbeitung einer Anlagestrategie für das Gesamtvermögen erfordert langfristige Projektionen und Prognosen. In Abhängigkeit von der Anlageform oder vom Problemfeld des Anlegers kann die Betrachtung von sehr großen Zeiträumen notwendig sein. Die *Langfristigkeit der Betrachtung* ist daher in der Finanzplanung unerlässlich. Die Finanzplanung ist auch gekennzeichnet durch:

- ein *immaterielles Leistungsergebnis.* Wie oft bei Beratungsdienstleistungen ist das Ergebnis der Beratung eine mehr oder weniger erfolgreiche Erkenntnis, die vom Grad des Informationsausgleiches zwischen dem Berater und dem Beratenen abhängt. Das Ergebnis der Finanzplanung ist die aufgezeigte Strategie für die Erreichung bestimmter, vor der Beratung festgesetzter Ziele im finanziellen Bereich.

- den stark *integrativen Charakter des Leistungserstellungsprozesses.* Der Kunde ist im Beratungsprozess der Privaten Finanzplanung ein wichtiger Teil der Dienstleistung selbst. Er ist nicht nur Empfänger, sondern auch Mitgestalter der Beratung. Die Mitwirkung des Kunden beschränkt sich nicht auf bestimmte Teile des Beratungsprozesses, er befindet sich stets in einem interaktiven Austausch mit seinem Betreuer.

- den hohen *Individualisierungsgrad der Dienstleistung.* Dies ist ein Hauptunterscheidungsmerkmal zu den Angeboten von Versicherungen und Strukturvertrieben. Erst die individuelle qualitative Analyse dokumentiert die fachliche Kompetenz des Anbieters. Andernfalls liefert man mit computererstellten Tabellen und Projektionen nur den Nachweis ordentlicher Fleißarbeit. Die individuelle Beratungskomponente ist daher essenzieller Bestandteil der Finanzplanung. Die Form, in der die individuelle Leistung erbracht wird, ist weniger wichtig. Sie kann in einer schriftlichen Ausarbeitung vorgelegt werden oder im Rahmen einer persönlichen Betreuung stattfinden. Im Idealfall bildet eine schriftliche Ausarbeitung exakt die Ergebnisse der persönlichen Betreuung ab. Die wesentlichen Merkmale der Finanzplanung sind in Abbildung 5 zusammengefasst dargestellt.

Weiterhin hat die Deutsche Gesellschaft für Finanzplanung e.V., Berufsverband der Finanzplaner in Deutschland, mit den „Grundsätzen ordnungsmäßiger Finanzplanung" (GOF) formelle Merkmale definiert, die eine Beratungsleistung, die sich Private Finanzplanung nennt, erfüllen muss. Diese sind:

- *Vollständigkeit:* Vollständigkeit bedeutet, alle Kundendaten zweckadäquat zu erfassen, zu analysieren und zu planen. Dieses beinhaltet alle Vermögensgegenstände und Verbindlichkeiten, Einnahmen und Ausgaben, die Erfassung notwendiger persönlicher Informationen und die Abbildung des persönlichen Zielsystems des Kunden.

- *Vernetzung:* Vernetzung bedeutet, alle Wirkungen und Wechselwirkungen der einzelnen Daten in Bezug auf Vermögensgegenstände und Verbindlichkeiten, auf Einnahmen und Ausgaben unter Einschluss persönlicher, rechtlicher, steuerlicher und volkswirtschaftlicher Faktoren zu berücksichtigen.

- *Individualität:* Individualität bedeutet, den jeweiligen Kunden mit seiner Person, seinem familiären und beruflichen Umfeld, seinen Zielen und Bedürfnissen in den Mittelpunkt der Finanzplanung zu stellen und keine Verallgemeinerungen zu diesen Punkten vorzunehmen.

- *Richtigkeit:* Richtigkeit bedeutet, die Finanzplanung im Grundsatz fehlerfrei, nach dem jeweils aktuellen Gesetzgebungsstand und nach den Methoden der Finanzplanung durchzuführen. Planungen können per se nicht sicher, sondern nur plausibel sein und den Verfahren der Planungsrechnung entsprechen.

- *Verständlichkeit:* Verständlichkeit bedeutet, dass die Finanzplanung einschließlich ihrer Ergebnisse so zu präsentieren ist, dass der Kunde sie verstehen und nachvollziehen kann sowie seine im Rahmen des Auftrages gestellten Fragen beantwortet erhält.

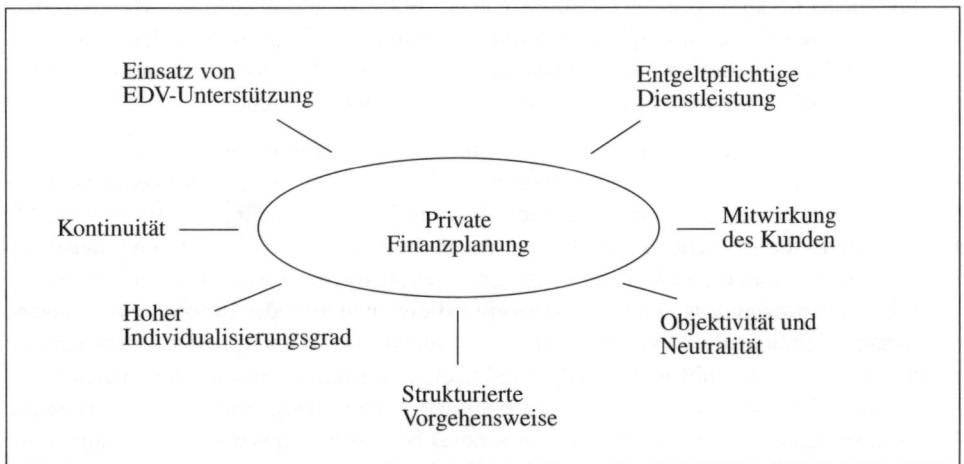

Abbildung 5: Merkmale der Privaten Finanzplanung

- *Dokumentationspflicht:* Dokumentationspflicht bedeutet, dass die Finanzplanung einschließlich ihrer Prämissen und Ergebnisse in schriftlicher oder anderer geeigneter Form dem Kunden zur Verfügung zu stellen ist.

- *Einhaltung der Berufsgrundsätze:* Einhaltung der Berufsgrundsätze bedeutet, dass ein Finanzplaner die für ihn geltenden Berufsgrundsätze – Integrität, Vertraulichkeit, Objektivität, Neutralität, Kompetenz und Professionalität – beachten muss. Die Berufsgrundsätze des Finanzplaners sind im Detail im Abschnitt 4.4.2 dargestellt.

Diese Merkmale beschreiben die Rahmenbedingungen, lassen jedoch große Freiräume für Interpretation und kreative Gestaltung der eigentlichen Beratungsinhalte. Bedenken sollte man, dass einige Merkmale Auslegungssache sind und somit bei unterschiedlicher Interpretation widersprüchlich sein können. Als Beispiel kann man das Merkmal Richtigkeit nehmen. Dass die Computer Zahlen arithmetisch richtig behandeln, ist selbstverständlich. Vielmehr kommt es auf die Methodik und die Modelle an, die den Berechnungen zugrunde liegen. Besonders bei der Planung von Ereignissen, die weiter in der Zukunft liegen (z. B. Eintritt in den Ruhestand), wirken sich methodische Fehler besonders stark aus. Ob man während der Zeit bis zum Renteneintritt die vorhandene Liquidität zu 3 % oder zu 5 % anlegt, ob die zukünftige Steigerung der Einkünfte 2 % oder 5 % sein wird oder ob die Inflation zukünftig niedrig bleibt, wirkt sich unmittelbar auf die zweifelsfrei „richtigen" Ergebnisse aus. Solange es keine allgemein anerkannten Methoden und Verfahren der Finanzplanung gibt, ist die Erfahrung und die Seriosität des Anbieters die einzige Garantie für die methodische Richtigkeit der Finanzplanung.

Die Merkmale der Privaten Finanzplanung begründen die deutliche Unterscheidung dieser Dienstleistung von den gängigen Allfinanzkonzepten. Die genauen Inhalte des Begriffes „Allfinanz" sind trotz langjähriger Diskussionen nur unscharf bestimmt (vgl. J. Kloepfer, Marketing für die Private Finanzplanung, 1998, S. 6). Vielmehr werden von Finanzdienstleistern verschiedene Modelle realisiert, die sich zum Teil deutlich voneinander unterscheiden. Kooperationen mit Versicherungen oder Erweiterung der Breite des Produktangebotes sind typische Beispiele hierfür. Auch die Einführung von Beratungsleistungen wie die Private Finanzplanung kann aus Gründen der Erweiterung des Produktangebotes erfolgen. In diesem Falle repräsentiert die Private Finanzplanung nicht das Allfinanzkonzept selbst, sondern ist als Teil dieses Konzeptes zu verstehen.

„Allfinanz" bedeutet jedoch nicht einfach Verbreiterung, sondern eher Ergänzung des Produktangebotes zwecks besserer Ausnutzung von Cross-Selling-Potenzialen bei bestehenden Kundenverbindungen und Steigerung der Attraktivität des Finanzdienstleisters für neue Kundenschichten. Dies kann effizient durch die Erhöhung der „Fertigungstiefe" des Produktangebotes und eine Verbreiterung der Vertriebswege erreicht werden, die insgesamt die Angebotsqualität steigern. „Fertigungstiefe" bedeutet die Erhöhung der Anzahl von zusammenhängenden oder aufeinander aufbauenden Produkten, z. B. zu Baufinanzierungen Immobilienvermittlung anbieten und nach dem Kauf der Immobilie auch die passenden Versicherungen. In diesem Falle kann die Private Finanzplanung als integrierende Dienstleistung eingesetzt werden, um zumindest bei Teilen der Kundschaft adäquat die vorhandene Angebotsvielfalt und -qualität zu vermitteln.

1.2.2 Definition

Die Merkmale der Finanzplanung, isoliert betrachtet, definieren noch nicht die Dienstleistung „Private Finanzplanung" inhaltlich. Bei der Bestimmung des Wesens der Finanzplanung als Finanzdienstleistung ist die Zielsetzung wichtig. Bei der bedarfsorientierten Beratung werden zwei Grundsätze postuliert:

- Jeder benötigt objektive Beratung, um optimale Anlageentscheidungen treffen zu können.
- Der Finanzplanungsprozess ist die Grundlage für optimale Anlageentscheidungen.

Die Anforderungen an eine bedarfsorientierte Beratung und deren Merkmale ermöglichen auch eine allgemeine Definition der Finanzplanung, die die Unterscheidung zwischen den einzelnen Beratungsangeboten am Markt ermöglicht. Dabei sind folgende Voraussetzungen von entscheidender Bedeutung:

- Die Interessen und persönlichen Ziele des Auftraggebers stehen im Vordergrund.
- Die Ziele der Beratung werden am Anfang vereinbart und festgehalten.
- Die möglichen Interessenkonflikte des Beraters sind geklärt.
- Der Preis für die Beratung ist vereinbart und alle Arten von zusätzlichen Einnahmequellen offengelegt.

Private Finanzplanung kann man dann wie folgt *definieren:* Die Private Finanzplanung ist ein kontinuierlicher, bedarfsorientierter und interaktiver Beratungsprozess zur Ermittlung der finanziellen Ziele eines Anlegers und der Wegfindung für deren umfassende Realisierung im Rahmen einer langfristig und strategisch ausgerichteten individuellen Analyse, die von qualifizierten Spezialisten mit Hilfe von computergestützten Beratungswerkzeugen gegen Vergütung erstellt wird.

Die Finanzplanung ermöglicht somit die individuelle und zukunftsgerichtete Gestaltung der privaten Liquiditäts- und Vermögenssituation und bietet eine Grundlage für komplexe Anlageentscheidungen und zur Optimierung der Vermögensstruktur. Etwas praxisbezogener kann man die Finanzplanung sowohl von der Angebotsseite wie auch von der Nutzenseite definieren. Vom Angebot her ist die Finanzplanung

- eine Beratungsdienstleistung als Ergänzung der klassischen Kundenbetreuung;
- eine entgeltpflichtige Dienstleistung ohne unmittelbaren Produktverkauf;
- eine individuelle, bedarfsorientierte, computergestützte Beratungsleistung nach Maß für anspruchsvolle (ist nicht gleich vermögende!) Privatkunden.

Als Ansatz für Problemlösungen ist die Finanzplanung ein Instrument

- zur ganzheitlichen und kundenorientierten Bedarfsermittlung und Problemlösung;
- zur strategischen Planung von Vermögensdispositionen im privaten Bereich;
- zur individuellen und zukunftsgerichteten Gestaltung der privaten Liquiditäts- und Vermögenssituation und
- zur Schaffung von Grundlagen für komplexe Anlageentscheidungen und zur Optimierung der Vermögensstruktur.

Für das Verständnis der Privaten Finanzplanung als Dienstleistung ist es wichtig festzuhalten, dass es dabei nicht um den Verkauf eines Schriftstückes oder eines Tabellenwerkes geht, sondern dass die Finanzplanung eine Kundenbetreuungsphilosophie ist, die den Kunden in den Mittelpunkt der Beratung stellt. Dies erfordert vom Anbieter (als Finanzdienstleister) auch die strategische Umorientierung vom „Product-pushing"- zu „Customer-focused"-Unternehmen. Andernfalls wird die Finanzplanung nur ein weiterer Vertriebskanal für vermögende Kunden bleiben und wie ein weiteres Produkt „aus dem Bauchladen" des Anbieters verkauft werden. Der Beratungsprozess Finanzplanung folgt einer bestimmten Struktur, die gleichzeitig Voraussetzung für die Erreichung der Beratungsziele ist. Eine Finanzplanung gemäß den Grundsätzen ordnungsmäßiger Finanzplanung (GOF) durchläuft vom Auftrag bis zur Aktualisierung aus Kundensicht die folgenden fünf Schritte, für den Anbieter kommt ein sechster Schritt (Bedarfserkenung) hinzu:

- Auftragsvergabe,
- Datenaufnahme,
- Analyse und Planung,
- Dokumentation und
- Betreuung und Aktualisierung.

Die Einzelschritte werden im Abschnitt 3 „Beratungsprozess" ausführlich behandelt. Die Abbildung 6 zeigt eine Übersicht über die einzelnen Beratungsschritte und die kontinuierliche Fortführung der Finanzplanung.

1.2.3 Finanzplanung aus Kundensicht

Die Private Finanzplanung hilft dem Kunden bei der Beantwortung der Fragen:

- Kann ich frühzeitig in Rente gehen?
- Wie kann ich die Ausbildung der Kinder sichern?
- Lohnt sich die Anschaffung einer Immobilie aus steuerlichen Gesichtspunkten?
- Ist meine Familie bei Berufsunfähigkeit oder Tod ausreichend versorgt?
- Wie kann ich eine steuerliche Optimierung meines Einkommens bzw. Vermögens erreichen?
- Ist eine vorgezogene Vermögensübertragung an die Kinder aus steuerlicher Sicht ratsam?
- Kann ich meinen Lebensstandard künftig wahren?
- Habe ich bereits eine optimale Erbschaftsplanung vorgenommen?

Aber was wollen die Kunden tatsächlich von einem Finanzplaner erfahren? Breit angelegte Untersuchungen über die Erwartungen von potenziellen Kunden an die Finanzplanung sind in der Bundesrepublik Deutschland bislang nicht Gegenstand von Untersuchungen gewesen. Entsprechende Studien sind in den USA durchgeführt worden (vgl. S.C. Bae und J.P. Sandager,What Consumers Look For In Financial Planners, 1997). Auch wenn die Ergebnisse nicht direkt auf die Verhältnisse in Deutschland übertragbar sind, zeigen sich doch weitgehende Parallelen in den Themen, die die Anleger bewegen. Mit der (nicht repräsen-

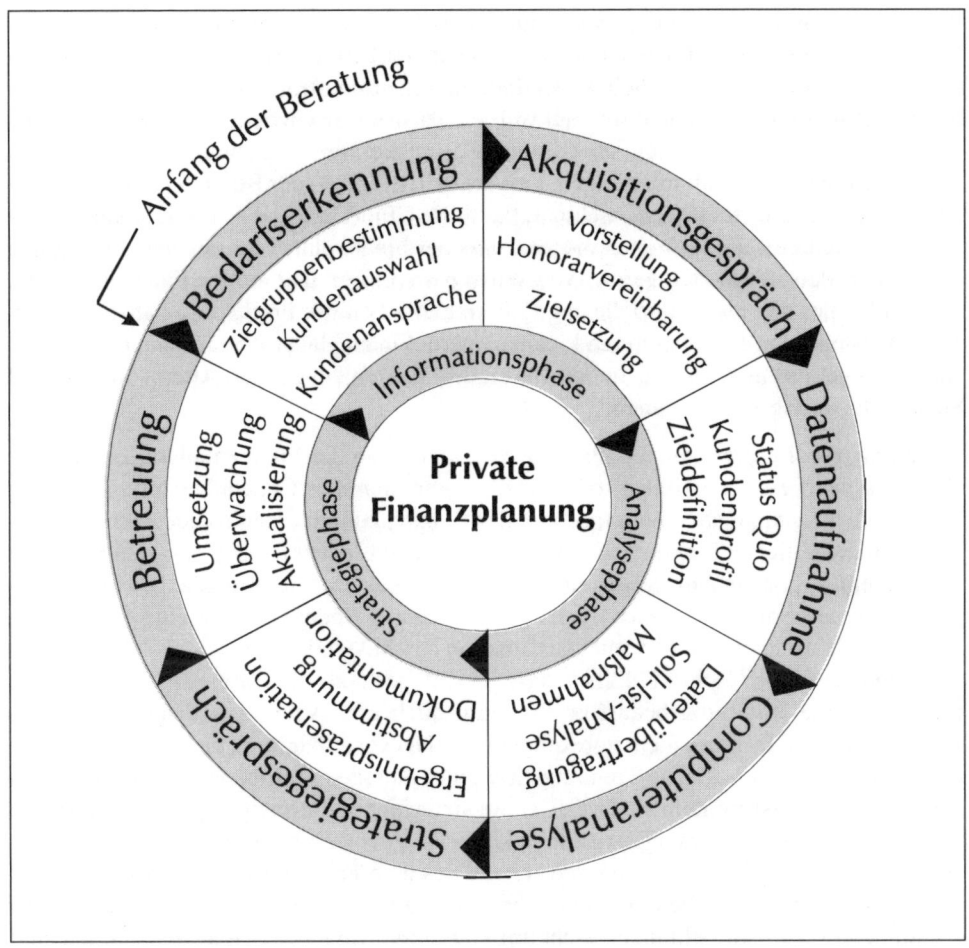

Abbildung 6: Phasen des Finanzplanungsprozesses

tativen) Studie sollten Antworten auf drei grundlegende Fragen zur Finanzplanung gefunden werden:

- Welche finanziellen Ziele haben Verbraucher und warum nehmen diese Finanzplaner in Anspruch?
- Was erwarten Verbraucher vom Finanzplaner (sowohl als Person wie auch vom Umfang der angebotenen Dienstleistungen)?
- Was erwarten Verbraucher von Unternehmen, die Finanzplanung anbieten? (Diese Fragestellung bezieht sich auf die Art und Vielfalt von Finanzdienstleistungen, die diese Unternehmen neben der Finanzplanung anbieten.)

Die Ergebnisse der Untersuchung sind in der Übersicht 2 zusammengefasst. Sie zeigen auf, dass die persönlichen Eigenschaften des Finanzplaners große Bedeutung haben.

Wichtig für den Anbieter sind danach (mit Anteil der Nennungen): Ehrlichkeit mit 96 %, Kompetenz mit 94 %, Objektivität mit 93 %, Kommunikationsfähigkeit mit 91 % und Vertrauenswürdigkeit mit 89 %. Weitere persönliche Eigenschaften wie Zuverlässigkeit, Höflichkeit, Zugänglichkeit und Offenheit werden als weniger wichtig bewertet. Die Mehrzahl der Befragten wünschen vom Finanzplaner die Bereitstellung von detaillierten Finanzinformationen und -ratschlägen. Fast die Hälfte (45 %) der Befragten erwarten vom Finanzplaner einen Hochschulabschluss, 92 % die CFP (Certified Financial Planner)-Lizenz. Die Mehrheit der Befragten möchte, dass der Finanzplaner für einen unabhängigen Finanzdienstleister arbeitet, gefolgt von Wirtschaftsprüfern und großen Finanzinstituten. Innerhalb eines Anbieters wird die enge Zusammenarbeit mit Produktspezialisten bevorzugt, an zweiter Stelle mit weiteren Finanzplanern. Finanzplaner werden hauptsächlich in Anspruch genommen, um Rat in den Bereichen Vermögensaufbau, Altersvorsorge und Steuerreduzierung zu bekommen.

Um nicht zu hohe Erwartungen über die Möglichkeiten der Finanzplanung zu wecken, aber auch um diese realistisch einzuschätzen, kann man eine Gegenüberstellung mit der herkömmlichen Anlageberatung machen. Die Finanzplanung unterscheidet sich grundlegend von der üblichen Praxis der Anlageberatung. Die Finanzplanung ist eigentlich keine Anlageberatung, denn Anlageberatung setzt ein Subjekt der Beratung, z. B. ein Wertpapier oder eine Immobilie, voraus. In der Finanzplanung findet vielmehr eine Analyse der gesamten Einkommens- und Vermögenssituation des Anlegers unter Berücksichtigung der Interdependenzen zwischen bereits getätigten Anlagen statt. Erst wenn sich als Ergebnis dieser Analyse Handlungsbedarf ergibt, wird auch ein „Vermögensdispositions-Vorschlag" gemacht. Es muss nicht unbedingt ein Anlagevorschlag sein, denn als Maßnahme kann durchaus die ersatzlose Trennung von einer Anlage empfohlen werden. Auch das Aufzeigen von bestimmtem Bedarf, z. B. im steuerlichen Bereich durch die Ermittlung von benötigten Abschreibungen, ist noch kein Anlagevorschlag. Erst wenn der Anbieter von Finanzplanung konkrete Produkte anhand des theoretisch ermittelten Bedarfsprofils eines Kunden empfiehlt, betreibt er eine produktbezogene Anlageberatung. Solange also ein Anbieter seine Empfehlungen nicht mit konkreten Anlagevorschlägen begleitet, sind Haftungsprobleme wenig wahrscheinlich. Da der Kunde allerdings in der Regel konkrete Hilfestellung bei der Umsetzung der Maßnahmen erwartet, ist die Nennung von konkreten Produkten spätestens in der Umsetzungsphase unumgänglich. Nur dann ist ein wichtiges Ziel der Privaten Finanzplanung, Grundlage für fundierte Anlageentscheidungen zu sein, erfüllt. Die Fragen der Beraterhaftung im Rahmen der Finanzplanung sind noch weitestgehend ungeklärt, da der Finanzplaner nicht dem typischen Berufsbild des Anlageberaters entspricht (mehr zu den einzelnen Aspekten der Beraterhaftung ist bei H.-D. Assmann/R.A. Schütze, Handbuch des Kapitalanlagerechts, 1997, J. Kloepfer, Marketing für die Private Finanzplanung, 1998 und H. Schütt, Financial Consulting – Finanzberatung für private Haushalte, 1996, zu finden).

Die Nennung von Produkten ist nicht weiter problematisch, denn es ist durch die sehr hohe Qualität der Analyse sichergestellt, dass diese für den Kunden optimal zugeschnitten sind. Dieser Unterschied zur üblichen Anlageberatung wird in der Öffentlichkeit noch nicht deutlich wahrgenommen (vgl. auch H. Pfeiffer, Nur die schnelle Mark, in Die Zeit v. 19.3.1998). Es wäre wünschenswert, wenn in der Presse eine deutliche Unterscheidung

Übersicht 2: Ergebnisse einer in den USA durchgeführten Studie

Befragung	Ergebnis
Ich erwarte vom Finanzplaner Ratschläge für	
Vermögensaufbau und Vermögensanlage	75 %
Reduzierung der Steuerbelastung	60 %
Altersvorsorge	79 %
Ich nehme Finanzplaner in Anspruch wegen	
Mangel an Fachkenntnissen	68 %
persönliche Sicherheit	45 %
Ich erwarte vom Finanzplaner, dass er/sie ... ist	
kompetent	94 %
kommunikationsfähig	91 %
ehrlich	96 %
objektiv	93 %
vertrauenswürdig	89 %
Ich bevorzuge für den Finanzplaner folgende Art der Bezahlung:	
Stundensatz oder festes Honorar	55 %
Provision aus Produktverkauf	20 %
Kombination aus Honorar und Provisionen	25 %
Ich wünsche vom Finanzplaner eine umfassende Betrachtung meiner finanziellen Situation	67 %
Ich wünsche, dass der Finanzplaner einen akademischen Abschluss hat	45 %
Ich erwarte vom Finanzplaner eine CFP-Lizenzierung	92 %
Ich möchte, dass der Finanzplaner für ... arbeitet:	
Bank	1 %
Versicherungsgesellschaft	5 %
Maklerfirma	7 %
unabhängiger Finanzdienstleister	62 %
Wirtschaftprüfungsfirma	14 %
Ich möchte, dass der Finanzplaner für eine Firma mit ... arbeitet	
einem Finanzplaner	5 %
mehr als einem Finanzplaner	24 %
„Supermarkt"-Ansatz	56 %
ich nutze Produktspezialisten unterschiedlicher Finanzdienstleister	15 %

zwischen den einzelnen Formen von Beratungsleistungen, insbesondere wenn es sich um computergestützte Beratung handelt, gemacht würde. Dabei ergeben sich gerade durch die Finanzplanung für den Anleger entscheidende Vorteile:

- Die Finanzplanung kann nur von hochqualifizierten Spezialisten erbracht werden, die das notwendige Wissen und die Praxiserfahrung zur Beurteilung und Analyse der Vermögenssituation des Anlegers besitzen.

- Der Finanzplaner handelt primär im Interesse des Kunden, da er kein Interesse an Provisionserträgen hat. Die konkret empfohlenen Maßnahmen müssen transparent und übersichtlich dargestellt werden, sodass jederzeit ein Vergleich mit anderen am Markt vorhandenen Produkten dieser Art möglich ist.
- Der Anleger erhält tatsächlich eine Beratung, die sich an seinen Zielen und Vorstellungen orientiert, und keine Produktvorstellung.

Dass Finanzplanung selbst in ihrem „Heimatland", den USA, nicht eindeutig wahrgenommen wird, belegen die Ergebnisse einer dort durchgeführten Umfrage über die häufigsten Irrtümer, die Verbraucher machen, die an den Finanzplanungsprozess herangehen (vgl. Übersicht 3). Die Nachrichtenagentur Bloomberg meldete am 2. März 1999, dass viele Amerikaner dem Irrglauben unterliegen, dass ein Financial Planner sie reich machen kann. Die landesweite Umfrage im Auftrag der Certified Financial Planners Board of Standards förderte zu Tage, dass die meisten der befragten Amerikaner keine richtige Vorstellung von der Tätigkeit eines Finanzplaners haben. 16 % der Befragten gingen irrtümlich davon aus, dass Finanzplaner im Voraus eine Bezahlung für ihre Beratung verlangen. Die Beseitigung dieser und auch anderer Irrtümer ist eine der wichtigsten Aufgaben der Anbieter am Markt im Rahmen ihrer Öffentlichkeitsarbeit sowie eines jeden Finanzplaners beim persönlichen Kontakt mit potenziellen Kunden.

Ein Vergleich der in der Bundesrepublik Deutschland praktizierten Beratung im Bereich Finanzplanung mit dem Verständnis von Finanzplanung in Amerika zeigt, dass zur Zeit in Deutschland nur ein Teilbereich der Finanzplanung angeboten wird. In Amerika unterscheidet man zwischen einer umfassenden (comprehensive) und einer zielorientierten (goal-oriented) Finanzplanung (vgl. Abbildung 7). Die umfassende Finanzplanung kommt der deutschen Definition der Finanzplanung ziemlich nahe. Sie umfasst alle Vermögens- und Einkommensumstände des Kunden und berücksichtigt steuerliche Gegebenheiten sowie die persönlichen Ziele des Kunden in seinem ganzen finanziellen Bereich.

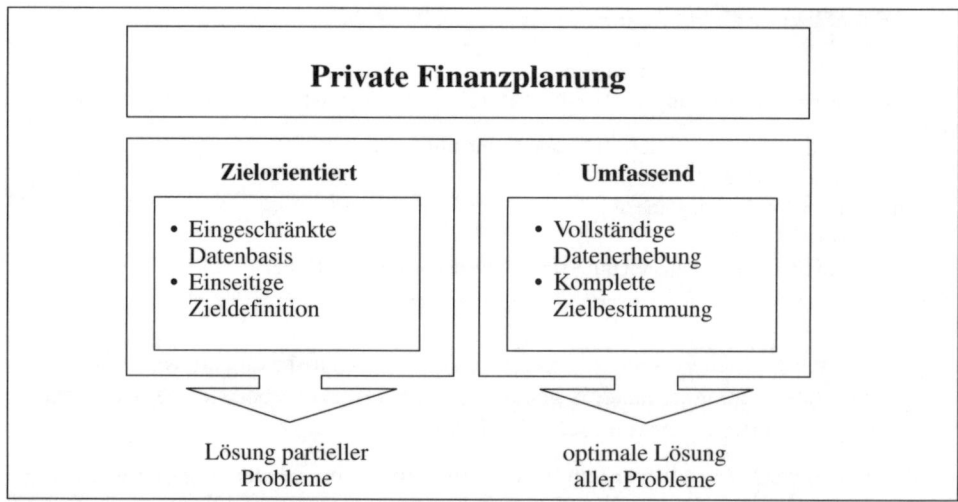

Abbildung 7: Unterschiedliche Vorgehensweise bei der Finanzplanung in den USA

Die zielorientierte Finanzplanung hingegen konzentriert sich auf die Erfüllung von partiellen finanziellen Zielen eines Kunden, z. B. Sicherstellung der Altersversorgung, die Neuordnung und Strukturierung des Wertpapierbesitzes, Absicherung und Abdeckung von persönlichen Risiken im Bereich Versicherungen, die Gestaltung von Vermögensübertragungen usw. Auch Nachfolge- (estate planning) und Steuerplanung (tax planning) sind oft Bestandteil der zielorientierten Finanzplanung. Diese Tätigkeiten werden in Deutschland im Bankbereich nicht von einem Finanzplaner wahrgenommen, sondern von einzelnen Produktspezialisten, von internen sowie von externen Spezialisten (z. B. Steuerberater oder Rechtsanwälte). Von dem jeweiligen Spezialisten erwartet aber der Kunden konkrete Vorschläge für die Erreichung der gestellten finanziellen Ziele. Diese Vorschläge stellen in der Regel Produktempfehlungen dar. Der Erreichung der Ziele in den einzelnen Bereichen kann natürlich auch eine umfassende Datenaufnahme vorangestellt werden, die eine vernetzte Betrachtung der gesamten Situation mit dem Schwerpunkt in dem gewünschten Bereich erlaubt.

Die zielorientierte Finanzplanung wird im englischsprachigen Raum (nicht nur in den USA) hauptsächlich vertriebsorientiert eingesetzt. Der Zeitaufwand für die Durchführung und die Individualisierung ist gering. Untersuchungen in den USA (vgl. Bae/Sandager, What Consumers Look For In Financial Planners, 1997) belegen, dass sich dort das Verhältnis zwischen der umfassenden und der zielorientierten Finanzplanung im Verhältnis von ungefähr 1:6 (und höher) bewegt. Dadurch sind auch die in der Masse wesentlich niedrigeren Preise für die Finanzplanung in den USA zu erklären. Umfassende Finanzplanungen kosten hingegen wesentlich mehr, mitunter bewegen sich die Preise auf dem deutschen Niveau (ab ca. 6 000 DM). Bei den „freien" Finanzdienstleistern in Deutschland, die Anlage- und Versicherungsprodukte vertreiben, spricht man im Zusammenhang mit der zielorientierten Finanzplanung üblicherweise von *Produktvermittlung*.

In diesem Fall hat der Kunde kein Problem, dass die entsprechenden Analysen (Finanzplanung) für ihn kostenlos sind und der Finanzplaner sich aus den Erträgen der vermittelten (verkauften) Produkte finanziert. Am deutschen Markt sind bereits Tendenzen feststellbar, die auch die Entwicklung in eine solche Richtung erkennen lassen.

Vorbote dieser Entwicklung ist die kostenlose Vermögensstrukturanalyse der Dresdner Bank, die sich ausschließlich auf den Wertpapierbereich konzentriert und auch konkrete Lösungen für die Strukturierung des Wertpapiervermögens enthält. Solche relativ schnell zu erstellenden Analysen können den Kunden auch kostenlos angeboten werden. Der Anbieter deckt die Kosten aus den Erträgen, die aus der Umsetzung der Vorschläge resultieren. Es ist daher ein großer Einsatz erforderlich, der mehr Kundengruppen einschließt.

Auch andere Finanzinstitute in der Bundesrepublik Deutschland planen die Einführung von zielorientierten Finanzplanungen. Umso wichtiger ist für die Anbieter von Finanzplanung in Deutschland die Definition eines Angebotes im Rahmen der umfassenden, kostenpflichtigen Finanzplanung, die auch künftig die Abgrenzung zu den zielorientierten Beratungsangeboten erlaubt und den deutlich höheren Mehrwert für den Kunden herausstellt. Dafür muss in der Öffentlichkeit, aber auch intern bei den einzelnen Anbietern, eine entsprechende Positionierung vorgenommen und die Argumentation gegenüber den Kunden ausgearbeitet werden. Die breite Einführung von kostenlosen bedarfsorientierten

Übersicht 3: Irrtümer zur Finanzplanung (Ergebnisse einer Umfrage in den USA)

Die Verbraucher...	Prozent der Befragten
... setzen keine messbaren finanziellen Ziele.	69.7 %
... treffen finanzielle Entscheidungen ohne Kenntnis der Auswirkungen auf andere finanzielle Angelegenheiten.	69.4 %
... verwechseln Finanzplanung mit Anlageberatung.	64.9 %
... vernachlässigen die regelmäßige Wiederholung ihrer Finanzplanung.	62.7 %
... denken, dass Finanzplanung nur etwas für die Vermögenden ist.	50.4 %
... denken, dass man Finanzplanung macht, wenn man älter ist.	41.4 %
... denken, dass Finanzplanung das Gleiche wie Planung der Altersvorsorge ist.	40.6 %
... warten, bis finanzielle Engpässe sie zwingen, eine Finanzplanung durchzuführen.	37.4 %
... erwarten unrealistische Renditen.	34.2 %
... denken, dass sie durch die Einschaltung eines Finanzplaners die Kontrolle über die eigenen Entscheidungen verlieren.	18.7 %
... glauben, dass Finanzplanung primär Steuerplanung ist.	6.9 %

Quelle: CFP Board Licensee Survey, March 1997

Beratungsangeboten wird bei unzureichender Kenntnis der Beratungsinhalte der umfassenden Finanzplanung und der Abgrenzungskriterien zur zielorientierten Finanzplanung zu erheblichen Schwierigkeiten bei der Vermarktung der umfassenden Finanzplanung führen.

Die umfassende Private Finanzplanung ist auf keinen Fall eine Angelegenheit, die man schnell zu Hause selbst erledigen kann. Sie sollte einem Spezialisten überlassen werden, der die notwendigen Kenntnisse und Erfahrungen hat, um die richtigen Schlüsse aus der individuellen Situation des Anlegers zu ziehen.

1.2.4 Die Situation in der Bundesrepublik Deutschland

Marktpräsenz

Die Finanzplanung wird in Deutschland seit mehr als einem Jahrzehnt angeboten. Bereits 1986 wurden von G. Stracke/S. Thies in „Finanzplanung, Methode, Märkte, Anbieter", und 1987 in „MPF: Das ‚Unternehmen Familie' beraten" und von H. Rölle in „Ein Finanzplaner für die Zukunftssicherung – amerikanische Erfahrungen mit einem neuen Berufsstand" der Begriff „Private Finanzplanung" benutzt. Dennoch ist die Wahrnehmung aus Kundensicht noch verschwindend gering. Auch angesichts der sehr hohen Anzahl von Finanzdienstleistern ist das Angebot an Finanzplanung auf Anbieterseite ebenfalls sehr gering. Diese unzureichende Marktpräsenz und die niedrige Marktdurchdringung haben vielfältige Ursachen.

Als wichtigste Ursache ist der nicht verbindlich definierte Inhalt der Dienstleistung zu nennen. Kein Anbieter hat es in den vergangenen Jahren geschafft, die Inhalte der Dienstleistung und die damit verbundenen Vorteile für die Kunden in der breiten Öffentlichkeit zu kommunizieren. Das liegt u. a. auch daran, dass für teilweise identische Inhalte unterschiedliche Begriffe verwendet werden: „Finanzplanung", „Private Finanzplanung", „Financial Planning", „Vermögensstrukturberatung", „Strategische Vermögensberatung", „Vermögensmanagement", „Financial Consultancy", „Vermögensplanung" usw. Auch wenn sich hinter diesen Begriffen oft die gleichen Inhalte verbergen, kann ein Kunde dies ohne genaue Sachkenntnis nicht feststellen. Wichtig ist daher, bei der Bezeichnung der Dienstleistung auf dem Markt Klarheit und Eindeutigkeit sowie eine einheitliche nach außen gerichtete Terminologie zu schaffen und einzuführen. Stattdessen haben die seriösen Anbieter von Finanzdienstleistungen für vermögende Privatkunden das Feld der bedarfsorientierten Beratung lange Zeit diversen Strukturvertrieben und dubiosen Finanzdienstleistern überlassen mit der Folge, dass mit der computergestützten Beratung (weniger mit dem Bergriff „Finanzplanung") nicht immer positive Inhalte verbunden werden. Bereits 1993 wurde von W. Köller („Finanzberater: Computer-Experten täuschen Objektivität oft nur vor", Die Zeit v. 19.11.1993) vor der Durchführung von Computer-Finanzanalysen mit unseriösen Methoden durch „Großvertriebe für Finanzdienstleistungen" gewarnt.

Erst in den letzten zwei/drei Jahren wurde mit der Gründung eines Berufsverbandes der Finanzplaner (Deutsche Gesellschaft für Finanzplanung) eine erste Berufsorganisation der Finanzplaner geschaffen, die auch die Auswahl ihrer Mitglieder unter dem Gesichtspunkt der Einhaltung der Grundsätze einer ordnungsmäßigen Finanzplanung durchführt. Mit dem Deutschen Verband Financial Planners (DEVFP) wurde zudem 1997 ein Verband gegründet, der die Voraussetzungen für die Mitgliedschaft an die Erfüllung besonderer Kriterien (Qualifikation, Berufserfahrung) koppelt. Wichtige Ziele dieser zwei Verbände sind:

- die öffentliche Etablierung der Dienstleistung Private Finanzplanung,
- die Definition der Inhalte einer Finanzplanung,
- die Schaffung des Berufsbildes eines Finanzplaners sowie
- die öffentliche Vermittlung des Nutzens der bedarfsorientierten Beratung.

Die intensive Wahrnehmung dieser Aufgaben ist auch nötig, denn das breite Publikum nahm bisher die Finanzplanung hauptsächlich über gelegentlich erscheinende Publikationen wahr (Wirtschaftswoche, FAZ, Handelsblatt, Capital, Finanzen u. a.). Dies ist völlig unzureichend für die Schaffung einer breiten Akzeptanz sowie einer breiten Nachfrage nach Privater Finanzplanung.

Eine weitere Ursache der geringen Nachfrage nach Finanzplanung ist die *mangelnde Markttransparenz*. Die Anleger wissen in der Regel nicht, dass es eine Finanzplanung gibt, und in größeren Organisationen gehört die Finanzplanung nicht unbedingt zu den Dienstleistungen, die den Kunden regelmäßig angeboten werden. So weiß ein potenzieller

Kunde nicht, ob seine Bank oder sein Finanzdienstleister Finanzplanung anbietet. Wenn er es erfährt, stammt die Information von seinem persönlichen Betreuer in der Bank, der bei besonders engen Kundenbeziehungen seinen „besten" Kunden eine hochwertige Dienstleistung zusätzlich zur üblichen Beratung anbieten will. Es wurde von den großen Anbietern versäumt, die Hochwertigkeit der Beratungsangebote nicht nur durch die Höhe der erhobenen Honorare, sondern auch durch die Etablierung als Markenprodukte der Finanzdienstleister zu unterstreichen. Die Existenz der Finanzplanung als „Gattungsmarke" ermöglicht keine ausreichende Differenzierung der einzelnen Anbieter voneinander am Markt.

Hier kommen wir zu einem der größten Vertriebsprobleme der Finanzplanung in Deutschland bei großen Finanzdienstleistern mit einer umfangreichen Angebotspalette: sie wird meistens als ein *weiteres* Produkt aus dem Allfinanz-Angebot des Finanzdienstleisters vertrieben. Unter der Bezeichnung „Produkt" ist hier die Menge von Eigenschaften gemeint, die kombiniert werden und es erlauben, ein bzw. mehrere Bedürfnisse eines Nachfragers zu befriedigen (R. Berndt, Marketingpolitik, 1995, S. 26) und die im Bereich der Finanzdienstleistungen eingesetzt werden. Solche Bedürfnisse können z. B. der Wunsch nach Senkung der steuerlichen Belastung oder die Investition in eine sichere Anlageform sein. Für diese Fälle könnten (bei Einhaltung zusätzlicher Restriktionen und Rahmenbedingungen) die Produkte Schiffsbeteiligungen, Immobilien oder Staatsanleihen höchster Bonität als Angebot in Frage kommen. Die Finanzplanung hingegen determiniert erst die Bedürfnisse des Anlegers und seine Motivation, bevor Lösungen angeboten werden. Diese können den Kauf oder Verkauf von konkreten Produkten, aber auch bestimmte Verhaltensweisen für den Kunden beinhalten, die nicht direkt seinen Vermögensbereich betreffen. Besonders gehören Empfehlungen für das Ausgabeverhalten oder die Risikominimierung bei Investitionen dazu.

Oft fehlt das Verständnis des Vertriebsapparates, dass Finanzplanung ein integrativer Beratungsprozess ist, der den Kunden in die Mitte des Beratungsprozesses stellt und nicht den Produktverkauf. Der Leistungsdruck, der in jedem produktorientierten Vertrieb existiert, führt dazu, dass die Finanzplanung als besonders beratungsintensive Dienstleistung nicht angeboten wird, weil die damit verbundenen direkten Erträge nicht sofort fließen, nicht ausreichend hoch sind oder gänzlich fehlen. Kein Finanzdienstleister in Deutschland bewertet die Vertriebsleistung seiner Mitarbeiter ausschließlich nach qualitativen Kriterien. Die Stärken der Finanzplanung liegen aber primär im qualitativen Bereich und erst langfristig werden durch sie Zusatzerträge erwirtschaftet. Mit der Finanzplanung kann die Qualität der Kundenbeziehung erhöht werden. Ohne das breite Verständnis der Finanzplanung als Dienstleistung, die auf einer Ebene mit einer Unternehmens-, Steuer- oder Rechtsberatung steht, wird sich die Private Finanzplanung auf Dauer nicht in einem nennenswerten Umfang durchsetzen können.

Die etablierten Anbieter von Finanzplanung unternehmen auch wenig, um eine öffentliche Wahrnehmung der angebotenen Dienstleistung herzustellen. Von wenigen Ausnahmen abgesehen (BHF-Bank, Commerzbank) wird die Finanzplanung nicht breit beworben. Einer der Gründe für die mangelnde öffentliche Kommunikation liegt sicherlich auch darin begründet, dass die komplexen Inhalte der Dienstleistung bei fehlender öffentlicher Akzeptanz in einer Zeitungsanzeige sehr schwierig zu vermitteln sind. Obwohl die potenzielle Zielgruppe für eine Finanzplanung ausreichend groß ist, können die Inhalte der Finanzplanung nicht direkt beworben werden, es müssen vielmehr einzelne Probleme und Problembereiche angesprochen werden, die das Interesse des Kunden wecken und ihn somit zu einem direkten Gespräch mit dem Anbieter führen.

Das Ansprechen von Problemen ist aber nur dann erfolgreich, wenn auch ein *Problembewusstsein* existiert. Das Problembewusstsein des Anlegers ist oft nicht ausgeprägt und so kommt man nicht auf die Idee, eine Überprüfung des eigenen Ist-Zustandes anzustreben und zu prüfen, ob dieser Zustand dem angestrebten Wunschzustand entspricht. So glaubt man, wenn eine Anlageform optimal von einem Anbieter betreut wird (objektorientierte Beratung), dass dann auch die Gesamtheit aller Anlagen und das Gesamtvermögen optimal strukturiert und betreut sind. Oft ist auch das subjektive Empfinden vorhanden, dass die vorhandenen Anlagen nicht optimal sind bzw. in ihrer Gesamtheit nicht die Ziele des Anlegers erreichen, wobei oft unklar ist, wodurch diese Situation entstanden ist und wie sie verbessert werden kann. Besonders ausgeprägt ist dieses Bewusstsein auf der steuerlichen Seite, wo doch jeder der (subjektiv berechtigten) Meinung ist, dass er zuviel Steuern zahle. Erst wenn die Differenz zwischen dem gegebenen Ist-Zustand und dem angestrebten Wunschzustand so groß wird, dass sie zum Handeln zwingt, sucht der betroffene Anleger aktiv nach entsprechenden Angeboten und kommt dann im Optimalfall zu einem Anbieter von Finanzplanung. Beim Anleger sind die Wahrnehmung dieses Problems und das Wissen um die Lösung durch eine effiziente Finanzplanung wenig ausgeprägt, sodass am Markt eine aktive Nachfrage für Finanzplanung praktisch nicht existiert.

Diese Situation hat in Deutschland dazu geführt, dass fast alle bekannten Anbieter von Finanzplanung hauptsächlich im Umfeld von Bankinstituten (Groß- und Privatbanken) angesiedelt sind. Die großen Finanzinstitute verfügen über zwei entscheidende Wettbewerbsvorteile:

- eine große Anzahl von Kundenverbindungen und
- die finanziellen Ressourcen für den Aufbau interner Spezialistenteams und die Entwicklung von Unterstützungssoftware.

Damit sind die entsprechenden Potenziale für das Angebot einer Finanzplanung und der internen Akquisition vorhanden. Diese Anbietergruppe offeriert die Finanzplanung hauptsächlich der eigenen Kundschaft. Kleinere Privatbanken haben sich von jeher auf das Anbieten hochwertiger Dienstleistungen für einen ausgewählten Kundenkreis spezialisiert; das Angebot einer Finanzplanung als Erweiterung und Ergänzung des Dienstleistungsangebotes passt gut zu diesen Instituten. Der Mangel an Ressourcen wird durch einen erhöhten Anteil von manuell ausgeführten Tätigkeiten kompensiert, was auch in der Regel zu höheren Preisen führt. Diese Anbietergruppe hat nicht den notwendigen Marktzugang, um ein breites Angebot zu etablieren. Hier dient die Finanzplanung als ergänzendes Beratungsangebot. Kleine Finanzdienstleister sind meistens auch nicht in der Lage, die für die Finanzplanung erforderliche Infrastruktur zu schaffen und verfügen nicht über das erforderliche Kundenpotenzial, das den Einsatz der Finanzplanung sinnvoll macht. Praktisch besteht dadurch im Bereich der Finanzplanung eine konkurrenzlose Situation. Nur in dem Segment der sehr vermögenden Kunden kommt es gelegentlich vor, dass entweder die Kunden eine Finanzplanung bei unterschiedlichen Anbietern gleichzeitig durchführen lassen oder dass der jeweilige Anbieter eine Finanzplanung gleichzeitig mit einem seiner Mitbewerber anbietet. Ansonsten bestehen kaum Berührungspunkte zwischen den einzelnen Anbietern und somit ist keiner gezwungen, aktiv oder aggressiv in den Markt zu gehen, um nach Kunden zu suchen.

Das fehlende Problembewusstsein hat vielfältige Ursachen. Die Problemverdrängung ist zunächst bedingt durch das recht gut organisierte Versorgungssystem, z. B. die Altersvorsorge, die recht hohe Sicherheit von Geldanlagen und das preiswerte Bildungssystem. In den USA ist die Situation anders: die fehlenden staatlichen Absicherungsmechanismen sowie die teure Universitätsausbildung zwingen breite Bevölkerungsschichten zur rechtzeitigen Planung der finanziellen Zukunft. Dies erklärt auch die Herkunft der Finanzplanung als Dienstleistung, die in den USA in den 60er Jahren entstanden ist.

Die in der letzten Zeit öffentlich präsente Rentendiskussion wird von den Finanzdienstleistern nicht intensiv genug genutzt, das Problem der eigenen Rentenplanung in der breiten Öffentlichkeit bewusst zu machen und dem Anleger die Chance zu vermitteln, seine finanzielle Zukunft zu planen. Eine solche Planung würde auch weitere Lösungen für die Altersvorsorge ermöglichen, die abseits von den klassischen Formen der Renten- und Lebensversicherung oder Investmentfonds liegen.

Eine weitere Ursache für die geringe Marktpräsenz ist die im Bereich der Finanzdienstleistungen unübliche Art der Honorarberatung. Die Produktberatung ist für einen Kunden in der Regel kostenlos, er sieht den damit verbundenen Preis nicht. Bedarfsorientierte Beratung, als reines Vertriebsinstrument eingesetzt, kann man sicherlich auch kostenlos anbieten und die hierfür notwendigen Erträge aus dem Verkauf von Produkten erzielen, die als Ergebnis der Beratung empfohlen werden. Darunter wird mit Sicherheit die Objektivität der Beratung leiden, auf der anderen Seite ist eine Handlungsempfehlung nicht unbedingt mit einem Produktkauf oder -verkauf verbunden. Das Ergebnis der Beratung kann auch immateriell sein (z. B. die Verschiebung einer Investitionsentscheidung aus steuerlichen Gründen um Jahre oder die Vermögensübertragung auf ein Familienmitglied). In solchen Fällen gibt es kein Produkt, für das man Provisionseinnahmen erzielen kann. Genauso wie die Finanzplanung inhaltlich und qualitativ mit den Inhalten von anderen beratenden Berufen vergleichbar ist, muss es selbstverständlich sein, dass eine hochwertige Finanzberatung auch ihren Preis hat und dafür auch Honorar zu verlangen und zu entrichten ist. Dieses Bewusstsein fehlt in der Finanzdienstleistungsbranche und dies ist ein zusätzliches Hindernis für die Finanzplanung. Auf der anderen Seite fördern einige Marktfaktoren die Etablierung der Finanzplanung. Diese sind die wesentliche Ursache dafür, dass sie, wenn auch langsam, Zuwächse verzeichnet. Diese Marktfaktoren sind:

- Vermögensverteilung. Die Anzahl der Haushalte, deren Nettovermögen über bestimmten Grenzen liegt, entwickelt sich seit Jahren positiv.
- Die Erkenntnis der Notwendigkeit von privater Vorsorge aufgrund der Unsicherheiten, die mit der gesetzlichen Rentenversicherung verbunden sind.
- Das Wachstum der Anzahl und Komplexität der Anlageprodukte.
- Die Komplexität und die Unsicherheiten im Besteuerungssystem.

- Das weiter wachsende Bedürfnis nach objektiver Beratung. Dieses Bedürfnis wird auch vom Gesetzgeber gefördert, indem man zumindest in Teilbereichen der Anlageberatung verbindliche Qualitätsmaßstäbe geschaffen hat.

Marktverteilung

Angebote mit konsequent bedarfsorientiertem Ansatz und Inhalt am Markt für Finanzdienstleistungen sind relativ selten, von den größeren Instituten sind neben der Deutschen Bank AG (in Zusammenarbeit mit Deutsche Bank Trust AG) die Commerzbank über die Tochtergesellschaft Commerz Finanz-Management (CFM) und die Hypovereinsbank (die Bayerische Hypothekenbank früher über die Hypo Capital Management (HCM)) engagiert. Auch Sparkassen, diverse Privatbanken und kleinere Finanzdienstleister bieten unter verschiedenen Bezeichnungen (Vermögensstrukturberatung, Finanzplanung) entsprechende Analysen an. Letztere führen sie mit hohem manuellen Aufwand durch und konzentrieren sich daher auf einen recht kleinen und sehr vermögenden Kundenkreis. Mittlerweile versuchen auch einige größere Steuerberatungs- und Wirtschaftsprüfungsgesellschaften[2], ihren vermögenden Privatkunden Finanzplanung anzubieten. Ein breiteres Angebot mit hohem Automatisierungsgrad bei der Erstellung der Analysen erfordert hohe Infrastrukturinvestitionen, die ein gutes Qualitätsniveau, unabhängig vom Aufwand für die Durchführung der Beratung und von der Größe des Kundenvermögens, gewährleisten. Dazu sind in der Regel nur die großen Institute in der Lage.

Als Marktführer wird die Commerz Finanz-Management (CFM) angesehen, die nach eigenen Angaben im Jahre 1995 über 1000 Analysen durchgeführt hat („Kapitalentwicklung durch Finanzplanung" in FAZ v. 7.5.1996 und „Commerz Finanz verdient mit Beratungen" in SZ v. 7.5.1996). Diese Anzahl entspricht schätzungsweise einem Marktanteil von etwa 64 % (vgl. Abbildung 8). Der zweitgrößte Anbieter, die Deutsche Bank AG, hält einen Marktanteil von etwa 13 %. Eine Übersicht der Marktteilnehmer und der angebotenen Leistungen findet sich im Anhang.

Es werden künftig wahrscheinlich auch weitere Finanzdienstleister Finanzplanung anbieten. Eine mögliche Vereinfachung der Steuergesetzgebung in Deutschland oder eine europaweite Annäherung der Steuergesetze als Folge des EURO werden Auswirkungen auf die Ausübung der steuerberatenden Berufe haben. Die Marktveränderungen werden nicht nur die großen Gesellschaften, sondern auch die steuerberatenden Berufe insgesamt zur Erschließung neuer Geschäftsfelder veranlassen und sogar zwingen (so D. Lutz und J. Richter in „Das Geschäftsfeld ‚Strategische Vermögensberatung' in der Steuerberatung" in Deutsches Steuerrecht, Ausgabe 1-2, 1997). Damit wird der Wettbewerb in der Finanzplanung eine neue Dimension erreichen.

---

2 z. B. Schitag Ernst & Young Deutsche Allgemeine Treuhand AG, wie der Pressemitteilung dieser Gesellschaft „Weiter auf Wachstumskurs" vom 14. Juli 1997 zu entnehmen ist (Quelle: http://www.sey.de/presse/seyww.html).

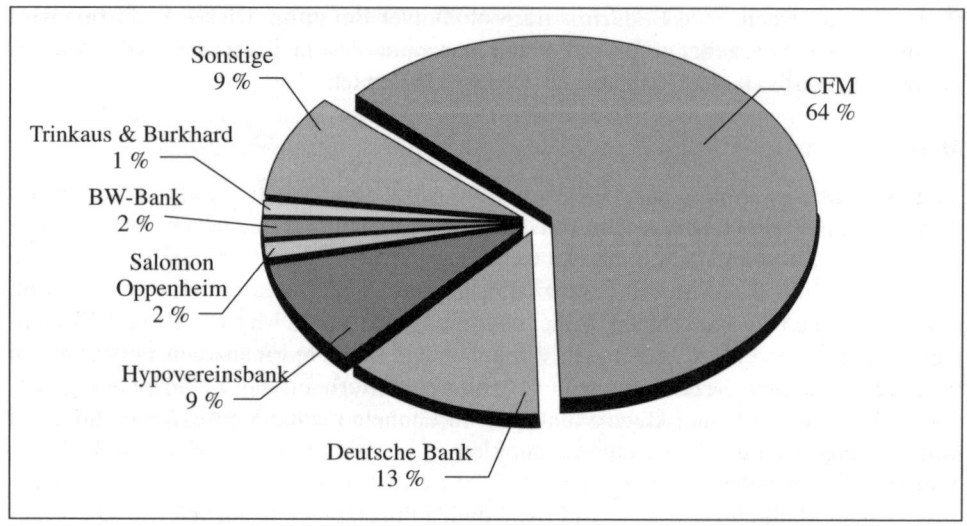

Abbildung 8: Geschätzte Marktanteile in der Privaten Finanzplanung (1997)

1.3 Geschäftspotenzial und Vorteile für den Anbieter

Eine amerikanische Studie aus dem Jahre 1995 (The VIP Forum. Financial Planning Services. Issue Brief July 1997) zeigt, dass die Finanzplanung den Dienstleistern als effektives Mittel zur Stärkung und Intensivierung der Kundenbeziehung dient und dies der Hauptgrund für ihre Einführung ist. Die Studie empfiehlt, die Finanzplanung nicht als unabhängigen Profitcenter zu implementierten, da Finanzplanung alleine selten profitabel betrieben werden kann, es sei denn, der Finanzdienstleister besitzt einen starken Markennamen und ist effizient organisiert. Erst langfristig wirkende qualitative Vorteile, wie erhöhte Kundenzufriedenheit und die allgemeine Ertragssteigerung, gleichen die Kosten für die Dienstleistung aus.

Ertrag

Durch das erhobene Honorar für die Beratung entsteht dem Anbieter ein transaktionsunabhängiges Ertragsvolumen. Die Zuordnung dieser Erträge kann je nach Organisationsform oder Größe des Anbieters unterschiedlich erfolgen, insgesamt bilden sie eine zusätzliche Einnahmequelle. Durch die Realisierung der Empfehlungen der Beratung (Nachfolgegeschäfte) ergeben sich entsprechende Provisionen, die direkt als Ergebnis der Beratung generiert werden. Diese Ergebnisse sind in der Regel wesentlich höher als die erhobenen Honorare. Nach Angaben eines Anbieters liegen die Erträge aus den Nachfolgegeschäften im Jahr nach der Beratung bei durchschnittlich 13 600 DM (so W. Reittinger in seinem Vortrag „Erfolgsfaktoren der Finanzplanung" an der European Business School am 19.11.1996 in Oestrich/Winkel), das durchschnittliche Honorar bei etwa 6 500 DM (ohne Mehrwertsteuer). Der Gesamtertrag pro Kunde beträgt demnach etwa 20 000 DM. Wichtig ist dabei die Feststellung, dass die Finanzplanung von diversen Anbietern in verschiedenen Leistungsstufen angeboten wird, die für verschiedene Zielgruppen bestimmt sind. Die Leistungen mit höheren Grundhonoraren werden vermögenderen Kunden angeboten, die auch mehr Optimierungspotenzial im Gesamtvermögen haben. Dadurch sind die empfohlenen Maßnahmen umfangreicher und deren Realisierung entsprechend mit höheren Erträgen verbunden.

Kundenkenntnis

Die Finanzplanung gibt einen hervorragenden umfassenden Überblick über die Kundensituation. Eine solche Kundenkenntnis ist bei Anbietern von Finanzdienstleistungen im üblichen Rahmen in der Regel nicht gegeben. Die Kenntnis der Ziele des Kunden ermöglicht dem Anbieter die optimale Abstimmung der Maßnahmen zur Erreichung dieser Ziele und eine optimale anlegerorientierte Beratung.

Das Gutachten gibt einen sehr guten Überblick über alle relevanten Kundendaten. Beispielsweise wann welche Gelder bei welchen Banken fällig werden (Lebensversicherungen, Sparbriefe etc.) oder auch exakte Informationen über die Steuerprogression, die viele Kunden erfahrungsgemäß nicht genau kennen.

Potenzialausschöpfung und Ertragsoptimierung

Die sehr gute Kundenkenntnis ermöglicht nicht nur die bessere objekt- und anlegerorientierte Beratung, sondern auch das Erkennen von potenziellen Bedarfsfeldern, die bisher nicht erkannt wurden. Das gibt dem Anbieter von Finanzplanungen die Möglichkeit, den Kunden auf diese Probleme anzusprechen und Lösungen in Form konkreter Produkte anzubieten. Damit kann der Anbieter von Beratungsdienstleistungen seine Kundendurchdringungsquote in verschiedenen Produktbereichen verbessern und insgesamt die Potenzialausschöpfung pro Kunde verbessern. Durch die ausführliche Kundeninformation besteht die Chance einer höheren Potenzialausschöpfung zur Erreichung der vom Anbieter definierten strategischen Geschäfts- und Ertragsziele.

Ertragsoptimierung kann durch Erzielung von transaktionsunabhängigen Erträgen durch Beratungshonorare und durch genaue Planung künftiger Absatzpotenziale erreicht werden. Seit Jahren gehen die Margen in den klassischen Geschäftsfeldern der Banken zurück. Verstärkt versuchen die Finanzinstitute durch Erweiterung des Produktangebotes und mehr Serviceorientierung, sich von transaktions- und marktbedingten Erträgen (Wertpapierhandel, Zinsniveau, Firmenkunden, z.T. auch Investmentbanking) unabhängiger zu machen. Gebühren (z. B. für Vermögensverwaltung) und Beratungshonorare sind dafür gut geeignet. Diese transaktionsunabhängigen Erträge sind außerdem gut planbar, da deren Höhe wenig von äußeren Faktoren abhängt. Es besteht dadurch ein direkter Zusammenhang zwischen Erweiterungen der Vertriebswege und Ertragssteigerungen, es werden Chancen zu überdurchschnittlichem Wachstum eröffnet. Die Faktoren, die die Vertriebsleistung in der Privaten Finanzplanung bestimmen, lassen sich recht genau bestimmen, dadurch werden künftige Absatzpotenziale (auch Cross-Selling-Erträge) genauer planbar.

Ausbau der Kundenbeziehung

Die Festigung und der Ausbau interessanter Kundenverbindungen durch ganzheitliche Beratung (Convenience) sind zwei wichtige Komponenten für den Anbieter. Die Finanzplanung gibt ihm die Möglichkeit, besonders bei vermögenden Kunden, ganz neue Geschäftsarten anzustreben. Genannt seien in diesem Zusammenhang z. B. Bereiche wie „Private Platzierungen" oder „Wagniskapital", die standardmäßig nicht angeboten werden. Im Rahmen der Finanzplanung kann man aber den Bedarf an solchen Produkten gut feststellen und auch die Möglichkeiten und die Veranlagungen des Kunden sehr gut eruieren, ob diese Produkte auch seinen Zielen entsprechen. Da außerdem die umfassende Beratung für den Kunden bequem ist, ist er in der Regel auch bereit, die Beratung aus einer Hand verstärkt in Anspruch zu nehmen.

Sicherung der Kundenbeziehung

Die Finanzplanung ist ein bewährtes Instrument zur Steigerung der Kundenzufriedenheit. Die hohe Kundenzufriedenheit ist die beste Abwehrreaktion gegen Konkurrenz durch Wettbewerber auf dem Markt. Der Kampf um vermögende Privatkunden wird zunehmend hart geführt und die Finanzplanung bietet vielfältige Möglichkeiten zur Sicherung der Kundenbeziehung.

Durch die Empfehlung eigener Produkte sichern besonders größere Anbieter mit einer breiten Produktpalette die Bindung des Kunden an das eigene Haus. Diese Strategie ist recht einfach, aber wirkungsvoll, denn je mehr Produkte ein Kunde in Anspruch nimmt, desto enger bindet er sich an den jeweiligen Anbieter und es wird schwieriger, sich dann aus dieser Verbindung zu lösen. An dieser Strategie gibt es grundsätzlich nichts auszusetzen, wenn die Produktempfehlungen das Ergebnis einer umfassenden Betrachtung der individuellen Kundensituation, wie bei der Finanzplanung, sind.

Der qualitative Nutzen der Finanzplanung für den Anbieter lässt sich schwer bestimmen. Die von großen Finanzdienstleistern durchgeführten internen Kundenumfragen haben vor allem die Erkenntnis gebracht, dass die Kunden nicht wissen, was Finanzplanung ist. Wenn man z. B. die Commerzbank betrachtet, die etwa 200 000 gehobene Kunden („Individualkunden") betreut und jährlich über die Tochtergesellschaft Commerz-Finanz Management etwa 900 Finanzplanungen durchführt, ergibt sich eine Produktdurchdringungsquote von gerade mal 0,45 %. Bei anderen Anbietern ist diese Quote sogar noch wesentlich niedriger. Die in der Regel breit angelegten Kundenumfragen der großen Finanzdienstleister lassen mangels repräsentativer Größe der Kundengruppe fundierte Erkenntnisse über die Wahrnehmung der Finanzplanung nicht zu. Daher lassen sich die Qualitätsdimensionen Kundenbindung und Kundenzufriedenheit nur indirekt über die Bereitschaft, die Umsetzung der Empfehlungen – soweit diese konkrete Produkte betreffen – beim Anbieter der Finanzplanung durchzuführen, nachweisen.

Anders ist die Situation, wenn Kunden befragt werden, die nachweislich eine Finanzplanung durchgeführt haben. Untersuchungen in den USA belegen die höhere Zufriedenheit von Kunden, die Finanzplanung in Anspruch genommen haben. In einem Bericht des VIP-Forums (Beyond Customer Satisfaction) aus dem Jahre 1997 (Financial Planning Services. Issue Brief July 1997) wird der unmittelbare Zusammenhang zwischen der Durchführung einer Finanzplanung und der Steigerung der Kundenzufriedenheit nachgewiesen: der Anteil der „sehr zufriedenen" Kunden ohne Finanzplanung betrug 58 %, mit Finanzplanung 87 %.

Akquisition

Die Private Finanzplanung ist ein gutes Akquisitionsinstrument. Bei bestehenden Kunden können sich Ansätze zur Verlagerung der Hauptbankverbindung zu dem Anbieter der Finanzplanung ergeben. Firmenkunden können für die Vermögensanlage gewonnen werden. Neue Kundenbindungen können mit der Privaten Finanzplanung gewonnen werden, indem man diese als Einstieg in die Kundenbeziehung nutzt. Private Finanzplanung spielt eine wichtige Rolle bei der internen wie externen Akquisition, da bei den vermögenden Privatkunden kein Finanzdienstleister in der Bundesrepublik Deutschland eine beherrschende Marktposition hat. Externen Kunden kann die Finanzplanung als eine sehr anspruchsvolle Beratungsdienstleistung Know-how und Erfahrung signalisieren. Die Kenntnis der Zweit- und Drittbankverbindungen von Kunden durch die Finanzplanung gibt dem Anbieter die Möglichkeit, effektive Akquisitionsstrategien zur Umschichtung von liquiden Mitteln in eigene Produkte und zur Inanspruchnahme weiterer Dienstleistungen anzuwenden. Besonders der systematische und strukturierte Ansatz der Finanzplanung ermöglicht die Demonstration einer hohen Beratungskompetenz, die bei der entsprechenden Kundschaft von großer Bedeutung für das Zustandekommen einer Kundenbindung ist. Die Flexibilität der Finanzplanung ermöglicht den Einsatz bei verschiedenen Akquisitionsformen und erweitert dadurch den allgemeinen Marktzugang des Anbieters.

Die Private Finanzplanung kann zur Erschließung neuer Zielgruppen unter Ausnutzung der Technologiemöglichkeiten genutzt werden. Dazu wären z. B. geeignete Angebote im Internet vorstellbar. An eine Private Finanzplanung über Internet ist vorerst nicht zu denken. Einzelne Anbieter – jedoch im Moment vorwiegend aus den USA – nutzen das Internet bereits als Möglichkeit, potenziellen Kunden die einzelnen Seiten der Finanzplanung näherzubringen. Dies schließt z. B. das Ausfüllen von Formularen und die Darstellung von unterschiedlichen Ergebnissen in Grafik- oder Textform ein. Zuverlässige Ergebnisse können die Kunden von solchen Angeboten noch nicht erwarten. Als Marketinginstrument eignet sich das Internet jedoch hervorragend und die meisten Angebote, die die Finanzplanung betreffen, informieren hauptsächlich potenzielle Kunden über die Private Finanzplanung. Die Entwicklung von interaktiven Angeboten über Internet erfordert vom Benutzer auch eine lange Verweildauer im Internet und ist in Deutschland aufgrund der teuren Verbindungen zum Internet für die Finanzdienstleister noch unattraktiv. Anwendungen zur Finanzplanung im Internet müssen auf jeden Fall den sonst gestellten Anforderungen für die Anwendungen der Finanzplanung entsprechen. Es ist sehr wahrscheinlich, dass in nächster Zukunft größere Anbieter von Finanzdienstleistungen Aktivitäten mit hochwertigen Beratungsangeboten über Internet unternehmen werden. Für kleinere Anbieter ist das Internet eine hervorragende Plattform, mit relativ wenig Aufwand eine breite Kundschaft zu erreichen. Solche Angebote sind allerdings hauptsächlich als Ergänzung zum Kernangebot von Beratungsdienstleistungen sinnvoll. Das Wesen der Finanzplanung als Beratungsdienstleistung, die einen engen persönlichen Kontakt und ein gutes Vertrauensverhältnis mit dem Kunden erfordert, wird die Ausbreitung der Finanzplanung über den eher unpersönlichen Vertriebsweg Internet nicht übermäßig fördern.

Cross-Selling

Die umfassende Kenntnis der Kundensituation gibt dem Anbieter die Möglichkeit, nicht nur Liquidität, die bei anderen Anbietern vorhanden ist, in eigene Produkte zu lenken, sondern bietet auch Ansätze zu umfangreichen Cross-Selling-Geschäften. Die Kenntnis von Ablaufleistungen und Auszahlungspunkt von Versicherungen oder des Zeitpunktes des Ablaufes von Zinsverschreibungen bei Finanzierungen sind solche Ansätze. Somit kann man mit der Finanzplanung frühzeitig Anlagevorschläge für entsprechende Situationen geben, die dem Kunden rechtzeitig unterbreitet werden. Die Nutzung der Finanzplanung als Instrument für Cross-Selling-Aktivitäten erfordert vom Anbieter eine sorgfältige Auswertung und Nutzung der Analyseergebnisse. Diese Auseinandersetzung muss nicht nur während, sondern auch nach Abschluss der Beratung stattfinden. Andernfalls bleibt ein wesentliches Vertriebspotenzial, das durch die Private Finanzplanung eröffnet wird, ungenutzt.

Beratungskompetenz und Imagegewinn

Anspruchsvolle Beratungsdienstleistungen erfordern auch kompetente Berater. Der breite Einsatz der Finanzplanung ermöglicht dem Berater nicht nur einen guten Zugang zu den Kunden, sondern auch den Zugang zur ganzen Produktpalette des Anbieters. Die Kenntnis dieses Angebotes verbessert den Informationsstand des Beraters und ist Voraussetzung für seine Kompetenz in ihrer Ausprägung als fachliche und als persönliche Qualifikation. Bei konsequenter Weiterbildung der Berater führt dies im Allgemeinen zur Verbesserung der Beratungsqualität bei den einzelnen Produktangeboten und damit insgesamt zur Verbesserung der Beratungsqualität, die bei entsprechender Positionierung am Markt insgesamt zu einem Imagegewinn des Anbieters führt. Die Private Finanzplanung gewährt dem Anbieter einen umfassenden Einblick in die Finanz- und Vermögensverhältnisse des Auftraggebers. Langfristig können alle Kunden des Finanzdienstleisters von dieser guten Kundenkenntnis profitieren, wenn sie konsequent zur Verbesserung der gesamten Produkt- und Dienstleistungspalette genutzt wird.

Weitere Einsatzfelder der Finanzplanung im Bankgeschäft

Der Einsatz der Finanzplanung auf dem Gebiet des *Discount brokerage* ist als Ersatz für die dort in der Regel fehlende Wertpapierberatung vorstellbar. Der Kunde kann in einer Vermögensübersicht ohne Maßnahmenplanung die freien Anlagemittel bestimmen und disponieren oder ein ausführlicheres Gutachten bekommen, das in allgemeinen Zügen die vorhandene Vermögensstruktur analysiert und Empfehlungen über die Schwerpunkte der künftigen Wertpapieranlage enthält. Der wesentliche Unterschied für den Kunden ist, dass er die Beratung nur dann tatsächlich bezahlt, wenn sie in Anspruch genommen wird. Die Direktbanken, die in der Regel Tochtergesellschaften von größeren Kreditinstituten sind, können die Finanzplanung gezielt als Kundenbindungsinstrument für die Kunden nutzen, die nicht Kunden der Muttergesellschaft sind. So könnten weitere Produkte und Dienstleistungen außerhalb der Direktbank angeboten werden.

Eine weitere Möglichkeit, um den Informationsbedarf von Kunden zu decken (z. B. im Privatkundenbereich) ist, ihnen eine *Vermögensübersicht* ohne umfassende Maßnahmenplanung anzubieten. Ein solches Angebot kann vom Finanzdienstleister zur allgemeinen Vertriebsunterstützung eingesetzt werden, um eine Gelegenheit zu erhalten, mit dem Kunden ins Gespräch zu kommen (wie von der Dresdner Bank mit der „Vermögensstrukturberatung" eingesetzt). Hier handelt es sich i. d. R. jedoch nicht um eine Private Finanzplanung.

Durch die Finanzplanung wird die finanzielle Situation eines Kunden sehr transparent. Besonders bei Unternehmern und wirtschaftlich Selbständigen werden die Verflechtungen der Privatsphäre mit der unternehmerischen Sphäre deutlich sichtbar. Damit wird auch eine Einschätzung des Risikos im Kreditbereich problemlos möglich und für den Anbieter eine *Kreditrisikovorsorge* machbar. Die Finanzplanung ist üblicherweise im Privatkundengeschäft von Finanzdienstleistern angesiedelt oder wird von kleineren Anbietern angeboten, deren Schwerpunkt im Beratungsgeschäft liegt. Die Schnittstellen zum Aktivgeschäft fehlen oft vollständig. Um die Finanzplanung als Instrument zur Risikoeinschätzung im Kreditbereich einzusetzen, bedarf es einer erweiterten Definition der Finanzplanung, die Finanzdienstleistern den Einsatz in Geschäftsbereichen, die außerhalb des Privatkundengeschäftes liegen, ermöglicht. In den Beratungssystemen für die Finanzplanung ist die Integration von geeigneten Instrumenten zur Beurteilung der Einkommens- und Vermögenssituation im Risikobereich und die Ermittlung von relevanten Kennzahlen problemlos möglich. Somit ist die Finanzplanung eine gute Ergänzung zu den schon vorhandenen Instrumenten im Bereich der Kreditrisikovorsorge in allen Kundensegmenten.

Die Nutzung der Technologieangebote ermöglicht die Durchführung der Privaten Finanzplanung in Form der Fernberatung. Für diese Art der Beratung muss der Kunde nicht in eine Filiale kommen oder vom Berater besucht werden. In einer „Videokonferenz" kann man entweder mit einzelnen Personen sprechen oder sich aus entsprechenden Datenbanken mit Produktinformationen versorgen. Mit entsprechenden Multimedia-Elementen im Beratungssystem kann man eine für den Kunden bequeme Art der Beratung realisieren. Auch Fragen im Rahmen der Finanzplanung können auf diesem Wege erläutert werden. Wichtig für den Vorteil des Anbieters sind:

- überzeugende Beratungsqualität,
- verantwortungsbewusstes Handeln gegenüber dem Kunden,
- Anlageinvestitionen durch Kenntnis von Zweit- und Drittverbindungen.

Allgemein kann man sagen, dass der qualitative Nutzen der Finanzplanung gegenüber dem quantitativen Nutzen überwiegt. Nicht alle Kunden realisieren die Empfehlungen der Finanzplanung bzw. nicht zusammen mit dem Anbieter der Beratungsdienstleistung. Auch wenn der Ertrag pro Kunde in der Privaten Finanzplanung wesentlich höher ausfällt als der durchschnittliche Ertrag, den Finanzdienstleister mit ihren Kunden erzielen, so liegt auch der Aufwand für die Durchführung einer Beratung wesentlich höher. Das breite Angebot der Finanzplanung durch einen Finanzdienstleister erfordert ein klares Bekenntnis zur Dienstleistungsqualität und zur Beratung als Hauptaufgabe eines Finanzdienstleisters. Die Private Finanzplanung bietet die beste Möglichkeit, dieses Bekenntnis auch in der Praxis mit der entsprechenden Nachhaltigkeit zu vertreten.

2. Zielgruppen und Nutzen

2.1 Problemfelder des Anlegers

Die Problemfelder und Anlegerpräferenzen eines (potenziellen) Kunden werden im Bereich der Wertpapieranlage am deutlichsten artikuliert und wahrgenommen. Es gibt Motivationen, die einen Privatinvestor in anderer Weise handeln lässt als einen institutionellen Investor oder einen Firmenkunden. *Beispiel:* Eine Immobilie, die sich seit längerem im Familienbesitz befindet, wird geerbt. Sie ist unwirtschaftlich, aber man will sich nicht davon trennen, weil sie einen hohen ideellen Wert hat.

Die subjektiven Beweggründe sind bei Anlageentscheidungen ein Unsicherheitsfaktor. Der private Anleger oder Investor reagiert oft auf objektive Rahmenbedingungen mit subjektiven Entscheidungen, z. B. an der Börse, wo durch irrationales Verhalten Vorgänge in Bewegung gesetzt werden, die eigentlich nicht den objektiven Rahmenbedingungen entsprechen. Eine andere Frage ist daher, wie man Nutzen und Qualität von Entscheidungen bestimmt, bei denen nicht klar ist, warum es sie gibt, die also völlig subjektiv sind.

Objektiv sind die Problemfelder und die daraus abgeleiteten Kundenpräferenzen im Bereich der Wertpapieranlage am besten nachvollziehbar. Hierzu gehören z. B. Rentabilität, Sicherheit und Liquidierbarkeit der Kapitalanlage. Weitere Präferenzen ergänzen und präzisieren die Bedingungen, zu denen die Kapitalanlage getätigt werden soll, wie Vorstellungen über Anlagehorizont, das zur Verfügung stehende Anlagekapital, die in Frage kommenden Anlageobjekte oder die Art der gewünschten Anlagepolitik (vgl. hierzu A. Schmidt-von Rhein, Die Moderne Portfoliotheorie im praktischen Wertpapiermanagement: Eine theoretische und empirische Analyse aus Sicht privater Anleger, 1996, S. 17 ff.).

Außerhalb des Bereiches der Wertpapieranlage kann man feststellen, dass die Problemfelder des Anlegers nicht mehr so deutlich ausgeprägt sind. Besonders der persönliche Bereich beeinflusst stark die Vorgehensweise im Anlagebereich. Eines der stets latent vorhandenen potenziellen Probleme ist die allgemeine Vermögensstrukturierung. Oft wird angenommen, dass bei einer optimalen Betreuung einzelner Vermögens- oder Anlagebereiche auch das Gesamtvermögen optimal betreut und strukturiert wird. Dem ist oft nicht so, denn die verschiedenen Anlageformen beeinflussen sich gegenseitig. Ohne genaue Untersuchung dieser Interdependenzen ist keine fundierte Aussage über die Strukturierung des Gesamtvermögens möglich. Ein *Beispiel* verdeutlicht diesen Zusammenhang anhand steuersparender Anlagen: Angenommen, ein Anleger mit hohem Einkommen hatte sich irgendwann zum Erwerb eines geschlossenen Immobilienfonds entschlossen. Sein Ziel war dabei, die Steuerbelastung zu senken. Als „sicher" eingestuft und deshalb ausgewählt wurde das Angebot eines namhaften und erfahrenen Marktteilnehmers.

Die Investition hat mehrere Problemfelder abgedeckt und die Ziele des Anlegers erfüllt: Reduzierung der steuerlichen Belastung, Sicherheit, gute Nachsteuerrendite. Nach Ablauf der Verlustzuweisungen steigt die Steuerlast erneut an, was zur erneuten Investition in einen geschlossenen Fonds verleiten kann usw. Für sich alleine genommen ist jede Entscheidung, einen geschlossenen Fonds zu zeichnen, richtig, da die Ziele des Anlegers erfüllt werden. Die Gesamtheit allerdings kann unangenehme Effekte bewirken: Die Gewinnzuweisungen, auch wenn in der Regel relativ gering, summieren sich zu größeren Beträgen, die wiederum die steuerliche Belastung erhöhen und entsprechende Maßnahmen erforderlich machen. Auch der Aspekt der langen Liquiditätsbindung wird anfangs oft nicht bedacht. Bei einer rechtzeitigen, komplexen und vernetzten Betrachtung der erwarteten zukünftigen Entwicklungen hätte man auch andere Alternativen, die die gestellten Ziele erfüllen, in Betracht gezogen. Die einseitige Fixierung auf eine bestimmte Anlageform, auch wenn diese für sich genommen gut ist, kann ohne Berücksichtigung weiterer Rahmenbedingungen zu einer insgesamt unausgewogenen Vermögensstruktur führen.

Die Finanzplanung wendet sich ausschließlich an den Privatanleger. Er gehört einer sehr heterogenen Anlegergruppe mit unterschiedlichen Anlagezielen und -motiven an, die zudem oft nicht explizit formuliert sind bzw. von der einzelnen Person nicht explizit wahrgenommen werden. Die Kenntnis der Problemfelder der Anleger ist die wichtigste Voraussetzung dafür, dass mit der Finanzplanung für diese Probleme adäquate Lösungen angeboten werden können. Die einzelnen Lösungsansätze unterscheiden sich nach der Abgrenzung exogener und endogener Faktoren, die auch die Sichtweise auf die Problemfelder bestimmen. Ein bekannter Ansatz ist z. B. das Lebenszykluskonzept, das mehrere Phasen des Anlegers – nach Alter strukturiert – unterscheidet und aus dem Alter typische Verhaltensmuster bestimmt, die zu auf Lebensphasen bezogene Anlagepräferenzen führen.

Oft ist es schwierig, zwischen Anlagemotiven und -zielen zu unterscheiden. Ziele beschreiben in der Regel einen künftigen Zustand, der als erstrebenswert angesehen wird. In der Finanzplanung wird die Realisierung bestimmter Ziele untersucht, deshalb ist die Zieldefinition besonders wichtig. Unter Motiven versteht man eher innere Beweggründe des Verhaltens, eine potenzielle Verhaltensbereitschaft, die als Gefühl, Wunsch oder Reaktion externer Einflüsse auftreten kann.

Motive sind also die Bereitschaft, etwas zu tun, wenn äußere Einflüsse und Problemfelder ein bestimmtes Verhalten verursachen. Das Kennen dieser Motive im Vermögensbereich ist für die Finanzplanung von großer Wichtigkeit:

- *Konsum:* Aus volkswirtschaftlicher Sicht ist Sparen – und dazu gehört die Kapitalanlage – in erster Linie die Verlagerung gegenwärtiger Konsummöglichkeiten in die Zukunft. Ein potenzielles Problemfeld beim *Konsumsparen* ist die nicht vorhandene Möglichkeit, bestimmte Ziele in bestimmten Zeiträumen erreichen zu können.

- *Absicherung:* Das Motiv der Absicherung ist aus den menschlichen Sicherheitsbedürfnissen abgeleitet. Hier steht nicht ein künftiger Konsumzweck, sondern die Vermeidung unerwünschter, zukünftiger Zustände im Vordergrund. Die Absicherungsbedürfnisse können zielgerichtet (*Vorsorgesparen*) oder allgemeiner Art (*Sicherheitssparen*) sein. Dabei spielen die Zeit sowie der Grad der Absicherung eine wichtige Rolle . Die gleichzeitige Erfüllung dieser beiden Voraussetzungen stellt sich oft als problematisch dar. Durch dieses Absicherungsmotiv getrieben werden vielfältige Anlageentscheidungen getroffen und zahlreiche Produkte in Anspruch genommen: Wertpapiere, Investmentfonds, Lebensversicherungen, private Rentenversicherung.

- *Soziale Motive:* Soziale Bedürfnisse lassen sich im materiell-finanziellen Rahmen eher durch Verzicht auf eigene Bedürfniserfüllung zugunsten einer anderen Person befriedigen. Die Teilnahme einer anderen Person am eigenen finanziellen Wohlstand führt zu einem Gefühl sozialer Bindung und erfüllt so entsprechende soziale Bedürfnisse. Das daraus resultierende Verhalten im finanziellen Bereich wird als *Verzichtsparen* bezeichnet, wenn nach der Sparphase tatsächlich ein Akt des Verzichtes, z. B. eine Schenkung oder Erbschaft, ausgeführt wird. Die Lösung der dabei oft entstehenden Probleme erfordert umfangreiches Fachwissen. Dem Sozialmotiv können aber auch Achtungsbedürfnisse (gesellschaftliche Beziehungen) zugrunde liegen. Solche Achtungsbedürfnisse werden z. B. durch Spenden an gemeinnützige Organisationen oder, bei entsprechenden Beträgen, durch direkte Zuwendungen an Personen, Forschungseinrichtungen oder andere Institutionen befriedigt. Institutionalisiert werden soziale Motive z. B. durch gemeinnützige Stiftungen.

- *Selbstbestimmung:* Das persönliche Streben nach Unabhängigkeit wirkt sich auch auf das Finanzielle aus. Unabhängigkeit heißt auch Minimierung von exogenen Einflüssen, z. B. vom Staat. Die größte Berührungsfläche zwischen dem Staat und dem Anleger bietet das Gebiet der Steuern. Aus diesem Spannungsverhältnis zwischen dem Anleger und dem Staat resultiert der Drang nach Reduzierung der steuerlichen Belastung. Hierfür werden auch alle gegebenen gesetzlichen Möglichkeiten ausgeschöpft. Durch die Komplexität des deutschen Steuersystems ist die Bewahrung eines Überblicks sehr schwierig. Anlagen, die aus steuerlichen Gründen ausgewählt werden, müssen daher sorgfältig ausgewählt werden und in die allgemeine Vermögensstruktur passen. Aus dem Motiv der Selbstbestimmung resultiert auch das *Emotionssparen*. Damit kann ein

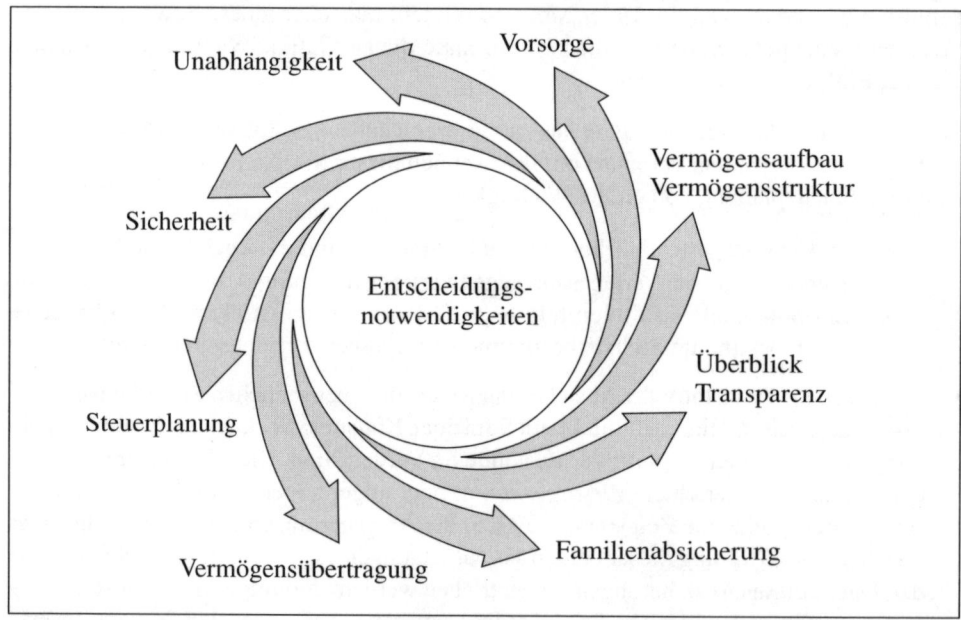

Abbildung 9: Entscheidungsnotwendigkeit des Anlegers

Sparvorgang bezeichnet werden, der der Erfüllung von „Lebensträumen" dient. Besonders mit dem Aufbau größerer Vermögen von Unternehmern dienen das Emotionssparen und die Realisierung von „Lebensträumen" als privater Ausgleich für die unternehmerische Tätigkeit. Die Erfüllung solcher Liebhabereien darf natürlich nicht die Existenzgrundlagen des Anlegers gefährden.

Der Anleger braucht also Transparenz und Entscheidungssicherheit, je nach individueller Situation, u. a. in folgenden Bereichen:

- *Vermögensanlage* (Vermögensaufbau bzw. -optimierung, Strukturierung, Fristenbestimmung, Rentabilität, Risikoszenarien; Aufrechterhaltung des Lebensstandards; Realisierung persönlicher Ziele).
- *Finanzierung* (Belastungsgrenzen bei allen Arten von Finanzierungen, Optimierung und Finanzierungsvergleich, Sanierung in kritischen Situationen).
- *Liquiditätsplanung* im Bereich der privaten Finanzen.
- *Steuerplanung* (Steueroptimierung in Einkommen-, Schenkung- und Erbschaftsteuerfragen).
- *Altersvorsorge* (Versorgungsniveau, optimaler Aufbau, steuerliche Gestaltungsmöglichkeiten).
- *Familienabsicherung* (Simulation von Problemsituationen: Berufsunfähigkeit und Tod).

Andere Dienstleistungen wie z. B. Vermögensverwaltung, Testamentsvollstreckung, Stiftungsmanagement, Kunstberatung, Beteiligungs- oder Immobilienmanagement eignen sich gut zur Integration in ein nach außen einheitlich wirkendes Beratungsangebot. Die Abdeckung solcher zusätzlichen Fachgebiete erfolgt in der Regel unter Einbeziehung von externen Spezialisten gegen entsprechende Zusatzvergütungen. Die Aufgabe des Finanzplaners ist dann, das zusätzliche Spezialwissen in die Private Finanzplanung des Kunden zu integrieren.

Übersicht 4: Bestimmung der Problemfelder im Anlagebereich

Problembereich bzw. Zielsetzung	Individuelle Bedeutung				
	sehr wichtig 5	4	3	2	unwichtig 1
Vermögensaufbau	☐	☐	☐	☐	☐
Vermögensstrukturierung	☐	☐	☐	☐	☐
Risikovorsorge	☐	☐	☐	☐	☐
Altersvorsorge	☐	☐	☐	☐	☐
Steueroptimierung	☐	☐	☐	☐	☐
Immobilienanalyse	☐	☐	☐	☐	☐
Vermögensübertragung	☐	☐	☐	☐	☐
Sonstiges	➔				

2.2 Individuelle Bedarfsbestimmung und Zielsetzung

Die Beantwortung der Frage, für welchen Personenkreis die Finanzplanung in Frage kommt, kann aus Anbieter- und Anlegersicht beantwortet werden. Die Finanzplanung ist grundsätzlich eine personenbezogene Dienstleistung, die Ergebnisse der Beratung berücksichtigen die persönliche Situation des Auftraggebers.

Voraussetzung für die richtige Anlageentscheidung einer Privatperson ist die Kenntnis der eigenen finanziellen Situation. Diese umfasst nicht nur eine Übersicht über alle Vermögensbestandteile, sondern auch die vielfältigen Interdependenzen zwischen den einzelnen Anlageformen. Durch die Vernetzung der Betrachtung bietet die Finanzplanung die optimalen Entscheidungsgrundlagen. Aber bis diese in der gewünschten Form vorliegen, ist es ein langer Prozess, der strukturiert ablaufen muss. Für einen Privatanleger beginnt der Weg zu den optimalen Entscheidungsgrundlagen, und damit zur Finanzplanung, mit einigen Schlüsselfragen, die ihm einen „Seitenblick" auf die eigene Vermögenssituation ermöglichen:

- Verfügt man über eine Aufstellung des eigenen Vermögens ?
- Kennt man die persönliche steuerliche Belastung?
- Hat man klare Kriterien für Anlageentscheidungen?
- Ist die Versorgung der Familie in allen Lebenslagen gesichert?
- Hat man Zeit, sich den eigenen finanziellen Zielen zu widmen?
- Setzt man das vorhandene Vermögen optimal ein?
- Hat man den Vermögensaufbau langfristig und systematisch geplant?
- Hat man als Unternehmer sein Lebenswerk gesichert?
- Weiß man, welchen Risiken das Vermögen ausgesetzt ist?

Man könnte meinen, dass die Auseinandersetzung mit diesen Fragen selbstverständlich ist. In der Praxis kann man jedoch feststellen, dass eine kritische Überprüfung der eigenen Vorstellungen im finanziellen Bereich erst die notwendige Sensibilität schafft, die für die kontinuierliche Beschäftigung mit der eigenen finanziellen Zukunft notwendig ist. Der bei verschiedenen Einkommens- und Vermögensgruppen vorhandene Beratungsbedarf ist bereits Gegenstand zahlreicher Untersuchungen gewesen. Patterson hat in seiner Dissertation „Vermögensstrukturberatung durch Finanzdienstleister: eine konkurrenzbezogene Analyse", München 1990, festgestellt, dass die Komplexität des Beratungsbedarfs mit steigendem Einkommen bzw. Vermögen ebenfalls steigt. Dieser Zusammenhang ist in Abbildung 10 grafisch dargestellt. Eine wichtige Voraussetzung zur Ermittlung des vorhandenen Beratungsbedarfs ist die Bestimmung der eigenen Ziele.

Individuelle Zielsetzung

Die Private Finanzplanung ermöglicht durch konkrete Maßnahmen die Realisierung der individuellen Ziele des Anlegers. Die Finanzplanung hilft dem Auftraggeber bei der Erreichung dieser Ziele. Der Inhalt dieser Ziele und die Wege, wie sie erreicht werden können, sind von großer Wichtigkeit für den Finanzplanungsprozess. Grundsätzliche Ziele im Rahmen der Finanzplanung sind:

- Absicherung der persönlichen Risiken,
- Absicherung der Eigentumsrisiken,
- Verbesserung der Anlagerendite,
- Reduzierung der steuerlichen Belastung,
- Sicherung der Vermögenssubstanz über Generationen hinweg,
- Unterstützung der eigenen Kinder bei der Ausbildung (Beruf, Studium),
- langfristige Sicherung des Lebensstandards,

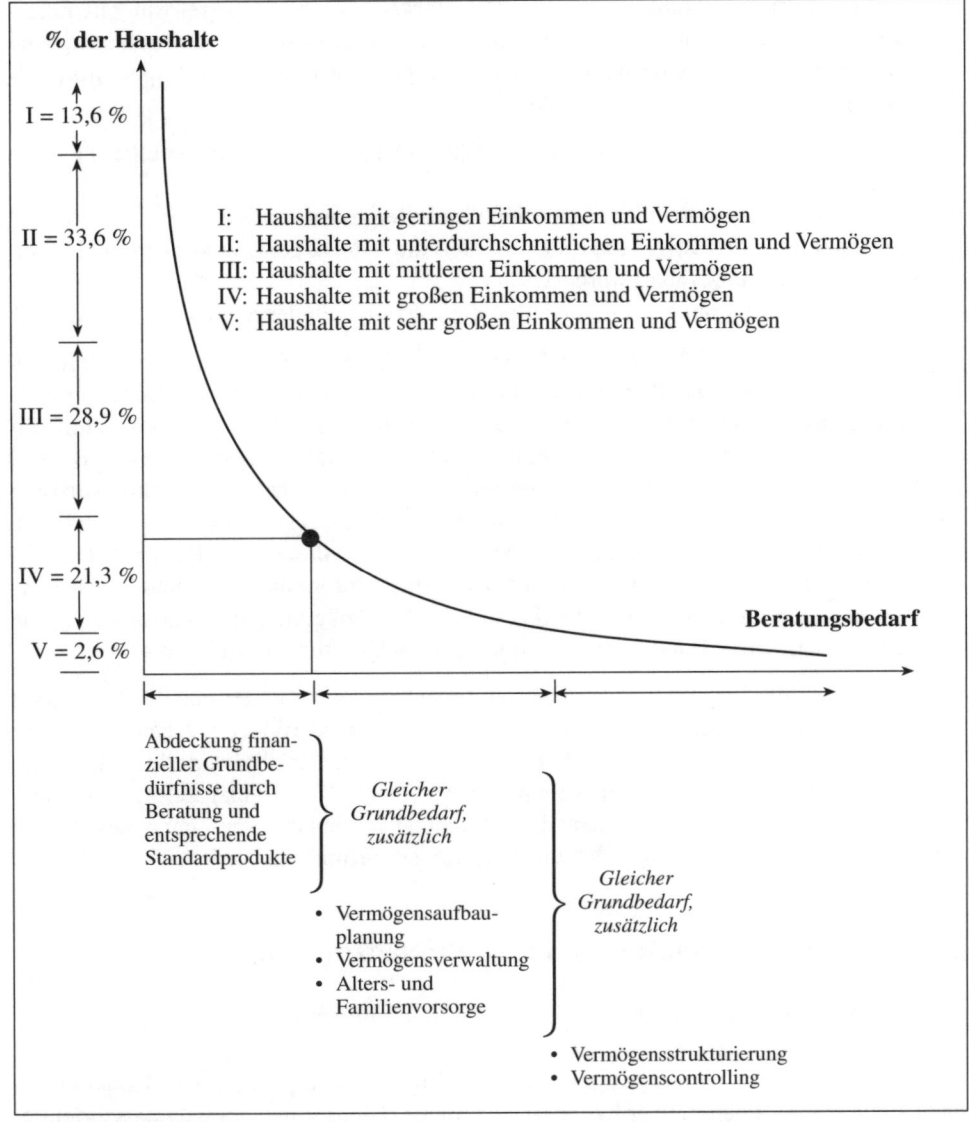

Quelle: nach Patterson, a.a.O. 1991, S. 86 ff.
Abbildung 10: Das Verhältnis von Beratungsbedarf und Einkommen

- Absicherung bei längerer Krankheit oder Berufsunfähigkeit,
- Sicherheit bei Veränderung des wirtschaftlichen Umfeldes (Einführung des EURO, Steuerreform, Inflationsrate),
- Altersvorsorge,
- Kontrolle von bereits getätigten Anlagen,
- bestimmter zeitlicher Verlauf von Liquiditätsströmen wird benötigt.

Besonders aussagekräftig für den Kunden ist der Vergleich einzelner Zielsetzungen unter abweichenden Rahmenbedingungen (EURO stark/schwach, Steuerreform mit unterschiedlichen Steuersätzen) im Rahmen einer Szenarioanalyse. Die Formulierung und Festhaltung der Ziele sollte deshalb so explizit und genau wie möglich erfolgen. Eine solche Vorgehensweise hat mehrere Vorteile:

1. Sie veranlasst Menschen, genau darüber nachzudenken, welche finanziellen Ziele sie haben.
2. Es ist weniger wahrscheinlich, dass einige Ziele vergessen werden.
3. Je genauer und sorgfältiger die Ziele definiert sind, desto genauer können die Lösungen für diese Ziele definiert werden.
4. Die genaue Bestimmung der finanziellen Ziele ermöglicht das Setzen von Prioritäten.

Natürlich sind die finanziellen Ziele nicht statisch, sie ändern sich im Laufe der Zeit in Abhängigkeit von der individuellen Situation des Anlegers. Diese kann den Finanzplaner dazu veranlassen, für identische Ziele unterschiedliche Lösungen zu suchen. Denn die individuellen Ziele werden von dem wirtschaftlichen Umfeld ebenfalls beeinflusst. So z. B. wird die Altersvorsorge eines 30-jährigen Angestellten anders aussehen als die Altersvorsorge eines 50-jährigen Unternehmers, der erst kurz vor dem gewünschten Ruhestand anfängt, sich Gedanken über Vorsorge zu machen. In beiden Fällen würden diese Personen ihre Ziele als Sicherung der Altersvorsorge definieren, die Wege zur Realisierung dieser Ziele werden aber unterschiedlich sein. Es ist daher notwendig, den zeitlichen Horizont der Ziele sorgfältig zu definieren. Dabei kann die Aufstellung in Übersicht 5 behilflich sein.

Die Zielsetzung der Finanzplanung muss der Zielsetzung des Kunden entsprechen, damit sich dieser anschließend in den Ergebnissen der Beratung wiederfindet. Die genaue Bestimmung der Kundenziele hat auch eine große Bedeutung für die Erfolgsbeurteilung der Privaten Finanzplanung. Diese kann man nicht nur an der Erzielung von Anlageerfolgen, sondern auch an der subjektiven Wahrnehmung der Erreichung von qualitativen Zielen messen: Ein höherer Grad der Zielerreichung führt zur Steigerung der Kundenzufriedenheit.

2.3 Die Zielgruppen für die Private Finanzplanung

2.3.1 Quantitative Merkmale der potenziellen Zielgruppen

Gerade bei der bedarfsorientierten Beratung sollte man den potenziellen Kundenkreis nicht allein anhand quantitativer Kriterien bestimmen. Diese sollten vielmehr als Orientierung für eine grobe Vorauswahl dienen. Jede Person ist potenzieller Kunde für die bedarfsorientierte Beratung. Bei der in Deutschland praktizierten Finanzplanung stellen aller-

Übersicht 5: Bestimmung der zeitlichen Priorität der Kundenziele

Ziel	Kurzfristig (unter 1 Jahr)	Mittelfristig (1-5 Jahre)	Langfristig (5-10 Jahre)	Sehr langfristig (über 10 Jahre)
Ausbildungskosten				
Reduzierung der Schuldenbelastung (Finanzierungen)				
Immobilienkauf				
Immobiliensanierung				
Autokauf				
Andere größere Anschaffungen (z. B. Kunstwerke)				
Längere Reise				
Reduzierung der steuerlichen Belastung				
Arbeitswechsel				
Kauf einer Ferienimmobilie				
Finanzielle Freiheit				
Einkommenssicherung im Ruhestand				
Kinderwunsch				
Wohltätigkeit				
Immobilienkauf als Altersruhesitz				
Inflationsschutz				
Einkommenssicherung bei Berufsunfähigkeit				
Versorgung der Familienmitglieder im Todesfall				
Früher in Ruhestand gehen				
Sich selbständig machen				
Wertpapiere kaufen				
Sonstiges				

dings die hohen Honorare die erste Hürde dar, auch wenn diese eher psychologischer Natur ist. Wenn man die „weichen" Faktoren vernachlässigt, ist jeder Anleger, bei dem der finanzielle Vorteil durch die Finanzplanung das Honorar übersteigt – völlig unabhängig von allen anderen Rahmenbedingungen – ein potenzieller Kunde für die Private Finanzplanung. Wenn er nicht von allein den Bedarf für eine Beratung erkennt, muss man als Anbieter aktiv auf ihn zugehen. Für die Akquisitionsarbeit ist die Bestimmung von greifbaren Kriterien zur Kundenauswahl unerlässlich.

Die quantitativen Kriterien werden nach Einkommen oder Vermögen, direkt oder über den Umweg bereits getätigter Investitionen (z. B. steuermindernde Anlagen, die auf bestimmte Einkommensgrößen hinweisen) bestimmt. Die Mitgliedschaft in Vereinen mit eingeschränktem Mitgliederkreis (Golfclubs etc.) deutet ebenfalls auf eine bestimmte Vermögens- oder Einkommenshöhe hin. Bei bestimmten Berufsgruppen, die eine enge Verbindung von Privat- und Betriebsvermögen aufweisen oder zum kaufmännischen Umgang mit größeren Geldbeträgen gezwungen sind, besteht erfahrungsgemäß ein großer Beratungsbedarf. Zu diesen Berufsgruppen gehören z. B. Ärzte, Rechtsanwälte, Sportler, Künstler sowie Unternehmer. Letztere sind für die Anbieter von Finanzplanung eine attraktive und wichtige Zielgruppe. Am Markt existieren speziell für Unternehmer zugeschnittene Angebote. Dabei muss klar sein, dass Unternehmerberatung nicht Unternehmensberatung ist. Auch in der Privaten Finanzplanung für Unternehmer steht die private Seite des Vermögens im Vordergrund. Intensiv betrachtet werden jedoch die Wechselwirkungen zwischen dem privaten und dem betrieblichen Vermögen. Bestandeil des Angebotes können z. B. die Betrachtung der Rendite des im eigenen Unternehmen eingesetzten Kapitals, die Wahl der Rechtsform oder Haftungsfragen im Zusammenhang mit der gewählten Rechtsform sein. Wichtiges Thema ist auch die Gewährleistung einer reibungslo-

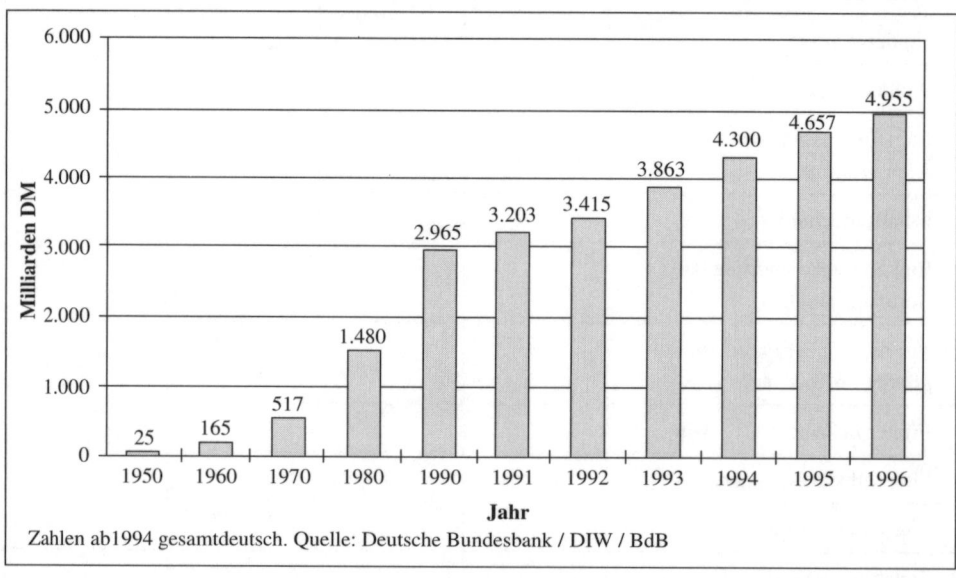

Abbildung 11: Zuwachs des Geldvermögens in der Bundesrepublik Deutschland

sen Übertragung des Unternehmens auf die nächste Generation. Besonders hohe Anforderungen werden bei der Finanzplanung für Unternehmer an die fachliche Qualifikation der Berater (Finanzplaner) gestellt. Er muss auch die steuerlichen Probleme des privaten Vermögens im betrieblichen Umfeld kennen.

Beispiel: Urteil des Bundesfinanzhofs (Az XI R 35/97) in München:

Statt des Unternehmers ist dessen Ehefrau im Grundbuch als Eigentümerin der betrieblich genutzten Immobilie eingetragen. Der Firmeninhaber mietet anschließend die Immobilie von seiner Frau. Somit zählt die Immobilie nicht mehr zum Betriebsvermögen und die Mieten können als Betriebsausgaben steuermindernd berücksichtigt werden. Auch der Gewinn bei einem Grundstücksverkauf bleibt steuerfrei. Diese steuerliche Gestaltung ist nach diesem Urteil (entgegen früherer Auffassung) selbst dann möglich, wenn die Ehefrau pro forma als Eigentümerin eingetragen wurde (Scheidungsklausel).

Dieses Beispiel verdeutlicht die Komplexität der Materie, denn mit relativ einfachen Gestaltungsmitteln lassen sich an der Schnittstelle zwischen dem privaten und betrieblichen Vermögen wirksame Optimierungsmaßnahmen, insbesondere im steuerlichen Bereich, durchführen. Neben den „weichen" Merkmalen kann man zur Erleichterung bei der Zielgruppenbestimmung folgende objektiv feststellbare Orientierungswerte heranziehen:

- *Einkommen:* Wichtig ist ein hohes zu versteuerndes Einkommen (ab 120 000 DM für Ledige/240 000 DM p.a. für Verheiratete). Kennt man das zu versteuernde Einkommen nicht, kann das Bruttoeinkommen als Kriterium herangezogen werden mit einem Aufschlag von 10-20 % (also in der Regel ab etwa 140 000/ 280 000 DM p.a.). Reinvestitionspotenzial durch laufende Liquiditätsüberschüsse sollte ebenfalls berücksichtigt werden.

- *Vermögen:* Wichtig ist die Höhe des liquiden Vermögens, da dieses in der Regel zur kurzfristigen Umsetzung von Empfehlungen zur Verfügung steht. Je nach Ausprägung der Beratungsinhalte kann hier der Einstieg bereits bei 500 000 DM sinnvoll sein. Ausschlaggebend jedoch ist das vorhandene Gesamtvermögen (auch Immobilien und sonstige Vermögenswerte) in der Höhe ab etwa 2 Mio. DM.

- *Kombination* aus den Merkmalen Einkommen/Vermögen, wobei hier durch die Kombination beider Größen teilweise stark abweichende Eckwerte gelten können. Die vorhandene eigengenutzte Immobilie und (kleineres) Wertpapiervermögen ab etwa 250 000 DM bei entsprechendem Einkommen weisen ebenfalls auf einen potenziellen Kunden hin. Auch bereits getätigte steuermindernde Investments (geschlossene Fonds, Leasingfonds) sowie eine allgemeine Vielfalt der Vermögenswerte deuten auf mögliche Probleme im Bereich der Vermögensstrukturierung hin, die mit einer Privaten Finanzplanung gelöst werden können.

- *Steuerliche Belastung:* Wenn die Höhe des Spitzensteuersatzes bekannt ist und der potenzielle Kunde sich in der höchsten Steuerprogression befindet, kann man mit relativer Sicherheit von der Existenz eines Optimierungspotentials im steuerlichen Bereich ausgehen. Mit der Finanzplanung können die Wege zur Lösung der steuerlichen Probleme aufgezeigt werden. Die Zusammenarbeit mit dem Steuerberater des Kunden ist dabei sicherlich von Vorteil.

- *Berufliche Stellung:* Leitende Angestellte, Selbständige (Unternehmer, Steuerberater, Rechtsanwälte, Notare, Ärzte usw.), Pensionäre sind als Zielgruppe für die Finanzplanung aufgrund ihres starken beruflichen Engagements oder mangelnder Fachkenntnisse im finanziellen Bereich besonders gut geeignet.

Nach den Ergebnissen der letzten Einkommens- und Verbrauchsstichprobe des Statistischen Bundesamtes hatten 1993 in den alten Bundesländer 1,6 % der Haushalte ein monatliches Haushaltsnettoeinkommen von über 10 000 DM, die auch ein durchschnittliches Geldvermögen von 282 148 DM besaßen (M. Euler, Vermögen und Schulden privater Haushalte 1993, in Sparkasse 4/95). Dies bedeutet, dass mehr als 430 000 Haushalte zur Zielgruppe für eine Finanzplanung gehören. Die am Markt vorhandenen Kapazitäten decken zur Zeit jährlich nicht einmal 0,5 % dieses Potenzials ab.

Die quantitativen Kriterien zur Kundenselektion sollten bei der Bestimmung des Kundenkreises unterstützend eingesetzt werden, denn nur der tatsächliche Kundenbedarf ist maßgeblich entscheidend für die Notwendigkeit einer bedarfsorientierten Beratung. Neben den erwähnten sozioökonomischen geben hier auch soziodemographische Faktoren (Alter, Familiensituation, berufliche Stellung) Anhaltspunkte über mögliche Beweggründe für die Durchführung einer Beratung (Vermögensbildungspotenzial, Absicherung der Kinder und der Familie, Vermögensübertragung). Weitere Beweggründe lassen sich meist nur im persönlichen Gespräch bestimmen, wie z. B.:

- Mangelnde Übersicht über Vermögen und Ertrags-/Liquiditätsströme, beispielsweise weil die Zeit und/oder die Fachkenntnis fehlen, um sich selbst Transparenz zu verschaffen.
- Anstehende Investitionsentscheidungen (z. B. fällige Versicherung, Immobilienkauf, Erbschaft, Schenkung). Hier kann die Finanzplanung als Entscheidungshilfe eingesetzt werden.
- Wunsch nach Rendite- oder Risikooptimierung einzelner Anlagen unter Berücksichtigung der Wechselwirkungen anderer Vermögensbestandteile.
- Streben nach Sicherheit und Absicherung in unterschiedlichen Lebenssituationen (Ruhestand, Berufsunfähigkeit, Todesfall).
- Wunsch nach Substanzsicherung durch rechtzeitige Vermögensübertragung oder Erbschaftsplanung im Familienverbund.
- Wunsch nach Reduzierung der Steuerbelastung. Hierzu muss vermerkt werden, dass die steuerliche Belastung von den Betroffenen subjektiv fast immer als zu hoch angesehen wird, unabhängig von der tatsächlichen Relation zum Einkommen. Daher darf der Steuersparaspekt bei der Akquisition nicht zu stark in den Vordergrund gerückt werden.

Nicht immer lässt sich eine Kunde, auch wenn der Berater die Notwendigkeit einer Finanzplanung sieht und dringender Handlungsbedarf besteht, von den Vorteilen der Beratung überzeugen. Der ganzheitliche Beratungsansatz der Finanzplanung ist jedoch einer Einzelfalllösung auf jeden Fall vorzuziehen. „Den" typischen Kunden für die Private Finanzplanung kann man allein anhand quantitativer Kriterien nicht bestimmen, vielmehr ist der Bedarf des einzelnen Kunden maßgeblich. Jeder Kunde eines Finanzdienstleisters ist potenzieller Kunde für die Private Finanzplanung. Erfahrungsgemäß haben folgende Kundengruppen einen erhöhten Bedarf für die Durchführung einer Privaten Finanzplanung:

- Privatkunden mit überdurchschnittlichem Einkommen (insbesondere leitende Angestellte und Selbständige),
- Privatkunden mit beträchtlichem Vermögen, aber mit unübersichtlicher oder einseitiger Vermögensstruktur,
- Privatkunden mit Firmenbezug, also Kunden mit einer engen Verbindung von Privat- und Betriebsvermögen. Dazu zählen auch Inhaber größerer Arztpraxen.
- Privatkunden mit Vermögensbildungspotenzial durch laufende Liquiditätsüberschüsse.

Bei der Zielgruppenbestimmung spielen Kriterien wie Einkommen, berufliche Stellung, Alter, Umfang des Vermögens und Familienstand die wichtigste Rolle. Insbesondere die Kombination der erwähnten quantitativen Merkmale führt erfahrungsgemäß zu einem erhöhten Bedarf an einer Privaten Finanzplanung. Diese Angaben sind als Orientierungswerte einzustufen. Durch die Staffelung der Dienstleistung in mehrere Leistungsstufen kann die Analyse auch für Kunden interessant gemacht werden, die nicht alle vom Anbieter aufgestellten Kriterien erfüllen. Für eine sinnvolle Finanzplanung sollte aber auf jeden Fall genügend „Vermögensmasse" vorhanden sein, die die Ausarbeitung von zukunftsorientierten Empfehlungen ermöglicht (siehe auch Abschnitt 4.1).

Oft werden Bankkunden nach der Höhe des Wertpapierbesitzes in verschiedene „Betreuungsklassen" (z. B. Retail Banking-Kunde, Private Banking-Kunde etc.) untergliedert. Für die Kundenidentifizierung bei der Finanzplanung ist eine Unterscheidung nach diesem Merkmal nur bedingt geeignet. Ein Kunde, der in einer Bank als Mengenkunde eingeordnet ist, kann in einer anderen Bank durchaus als vermögender Kunde[3] gelten. Bei Erstbankverbindungen kann man sich an formellen Kriterien zur Kundenzuordnung durchaus orientieren. Da in Deutschland aber keine Bank eine beherrschende Marktstellung im Bereich der gehobenen Kunden hat, kann die Finanzplanung hervorragend zur Identifizierung des vorhandenen Anlagepotenzials aus der Masse der Zweit- und Drittbankverbindungen eingesetzt werden. Die Höhe des dem Anbieter einer Finanzplanung bekannten Wertpapiervermögens ist daher grundsätzlich kein monokausales Kriterium für eine Finanzplanung, sondern nur ein Orientierungswert. Eines der wichtigen Ziele der Finanzplanung ist die Identifizierung von Kunden mit hohem Beratungsbedarf und nicht allein von Kunden mit großem Vermögen.

2.3.2 Qualitative Merkmale zur Erkennung des Kundenbedarfs

Oft kann man einen Bedarf an Privater Finanzplanung anhand von Signalen aus Kundengesprächen erkennen. Solche Signale können z.B. sein:

- Kunde beklagt mangelnde Übersicht über sein Vermögen und seine Liquiditätsströme, beispielsweise weil ihm die Zeit und/oder die Fachkenntnis fehlen, sich selbst Transparenz zu verschaffen.

---

3   In der Bundesrepublik Deutschland haben sich in letzter Zeit auch die Bezeichnungen Retail Banking für das Geschäft mit Mengenkunden und Private Banking für das Geschäft mit vermögenden Privatkunden etabliert.

- Neuordnung (Diversifizierung) der Vermögensstruktur wird angestrebt.
- Kunde steht vor Investitionsentscheidung (z. B. fällige Versicherung, Immobilienkauf) und möchte/kann die Finanzplanung als Entscheidungshilfe einsetzen.
- Eine Renditeoptimierung in einzelnen Vermögensbereichen oder des Gesamtvermögens wird gewünscht.
- Sicherheit über die Erhaltung des Lebensstandards, insbesondere im Ruhestand (eventuell vorzeitiger Ruhestand) wird angestrebt.
- Sicherheit über die Altersvorsorge oder Absicherung (bei Invalidität und Tod).
- Kunde verfügt über hohes Einkommen.
- Vermögensübertrag/Erbschaftsplanung wird in Betracht gezogen.
- Planung des Vermögensaufbaus bei einkommenstarken Kunden, die nichts dem Zufall überlassen wollen.
- Aufbau der privaten und/oder gegebenenfalls betrieblichen Altersvorsorge.
- Risikomanagement, z. B. Absicherung bei Berufsunfähigkeit oder der Familie.
- Kunde will hohe Steuerbelastung reduzieren.

In der Übersicht 6 sind einige Ansätze zur qualitativen Erkennung des Kundenbedarfs und der Kundenansprache für die aktive oder passive Suche nach bestimmten Lösungen im finanziellen Bereich zusammengestellt. Es werden Fallsituationen aufgezeigt, die auf Beratungsbedarf schließen lassen und dazu entsprechende Fragestellungen, die dem Berater helfen sollen, Problemfelder zu erkennen und Beratungsbedarf festzustellen. Der Beratungsbedarf kann natürlich am besten in einem persönlichen Gespräch zwischen dem Finanzplaner und dem Kunden ermittelt werden.

2.3.3 Einteilung der Kundengruppen

Mit einer entsprechenden Typologisierung werden quantitative Merkmale „mit Leben gefüllt": nach dem Alter, (das in der Regel den Stand des bisherigen Vermögensaufbaus und das Anlageverhalten bestimmt) und nach der Anlagementalität lassen sich mehrere Kundengruppen und deren spezifische Ansatzpunkte für die Private Finanzplanung unterscheiden. Die klassische Einteilung der Kunden bei den Finanzdienstleistern ist mehr auf den Vertrieb von Produkten orientiert und berücksichtigt oft nicht den eigentlichen Beratungsbedarf des Kunden in verschiedenen Lebensabschnitten oder Lebenssituationen. Dies ist aber für die bedarfsorientierte Beratung dringend erforderlich. Die folgende Einteilung ist der Versuch einer Typologisierung aufgrund praktischer Erfahrung, die mehr auf die typischen Probleme der Finanzplanung eingeht und nicht vordergründig die sonst übliche Typologisierung nach Anlageverhalten, Risikomentalität, Einstellung zu Geldanlage oder zu Finanzinstitutionen vornimmt.

Der vielbeschäftigte Gutverdiener

Gerade Führungskräfte haben oft wenig Zeit, sich mit den eigenen finanziellen Angelegenheiten zu beschäftigen. Oft sind das leitende Angestellte, die auch die Delegierung von Aufgaben beherrschen bzw. denen die Delegierung von Aufgaben nicht fremd ist. Das Angebot des Finanzplaners in dieser Situation wird in der Regel angenommen, denn der zeitliche Faktor spielt die wesentliche Rolle bei der Entscheidung. Oftmals beschäftigt sich dieser Personenkreis gar nicht so sehr mit den Inhalten der Dienstleistung, sondern versucht anhand einiger Kennzahlen, die in der Finanzplanung erarbeitet werden, das Ergebnis bzw. die Sinnhaftigkeit der Beratung abzuschätzen.

Übersicht 6: Ermittlung des Beratungsbedarfes

Passiv (im Kundengespräch ergibt sich)	Aktiv (Kundenbedarf erfragen)
• Gesprächspartner kann im Augenblick keine Investitionsentscheidung treffen, da er derzeit keinen genauen Überblick über seinen zukünftigen Finanzbedarf hat.	• Sind Ihre betrieblichen und privaten Finanzen auf Ihre unternehmerische und persönliche Planung abgestimmt?
• Gesprächspartner gibt zu erkennen, möglichst bald aus dem Berufsleben aussteigen zu wollen, weiß jedoch nicht, ob seine finanzielle Situation dies zulässt.	• Können Sie Ihre privaten Ziele verwirklichen?
• Gesprächspartner weiß über seine Altersvorsorge nicht Bescheid.	• Ist Ihre Altersversorgung Ihrem Lebensstandard angepasst?
• Gesprächspartner plant größere Anschaffung, die nach Ansicht des Beraters seinen Finanzrahmen sprengen könnte.	• Stehen Ihre finanziellen Bedürfnisse mit den Realitäten in Einklang?
• Aus dem Gespräch ergibt sich, dass die übrigen Familienmitglieder bzw. Erben keinen Überblick über die finanziellen Belange haben bzw. unbedarft sind. Der Gesprächspartner bedauert dies und sucht nach Lösungen.	• Können sich Ihre Erben leicht einen Überblick über Ihre privaten Finanzen verschaffen?
• Gesprächspartner macht sich Gedanken über die Planung seiner Erbnachfolge.	• Kennen Sie die verschiedenen Möglichkeiten der Nachfolgeregelungen?
• Gesprächspartner gibt zu erkennen, sich über die familiäre Absicherung Gedanken zu machen.	• Wissen Sie, welche finanziellen Belastungen im Fall Ihrer Berufsunfähigkeit oder im Todesfall auf Sie oder Ihre Familie zukommen?
• Gesprächspartner hat selten Zeit, über finanzielle Entscheidungen nachzudenken.	• Finden Sie neben Ihrer beruflichen Inanspruchnahme genügend Zeit, um sich Ihren privaten finanziellen Belangen ausreichend zu widmen?
• Gesprächspartner beklagt sich über die schlechte Rentabilität seiner Investitionen.	• Haben Sie ausreichend Zeit, Ihre Finanzanlagen auf Rentabilität und Risiko zu überprüfen?
• Gesprächspartner beschwert sich über zu hohe Steuerbelastung bzw. gibt zu erkennen, von steuerlichen Angelegenheiten keine Ahnung zu haben.	• Nutzen Sie die steuerlichen Gestaltungsmöglichkeiten optimal aus?

Es handelt sich hier um eine Kundengruppe mittleren Alters, anspruchsvoll und mit gezielter Planung von Karriere und Privatleben. Es besteht verstärkter Bedarf an der Absicherung des Lebensstandards oder auch der Wunsch, Immobilienbesitz zu entschulden. Diese Gruppe hat eine positive Einstellung zur Computertechnologie. Ansatzpunkte ergeben sich vor allem hinsichtlich der Themen: steuersparende Kapitalanlagen (Leasingfonds), Abrundung der Altersvorsorge (z. B. über Investmentfonds oder Ansparrente) und teilweise Vermögensübertragung auf die Kinder.

Der vermögende Genießer

Der vermögende Genießer im mittleren Alter ist gewohnt, das Leben nach den eigenen Vorstellungen zu gestalten und besonders die Annehmlichkeiten in Anspruch zu nehmen. Über den Sinn einer Finanzplanung wird oft nicht nachgedacht und ihr Nutzen kann nicht eingeschätzt werden. Es besteht bei dieser Gruppe Vermögender eine gewisse Gleichgültigkeit, denn Geld ist genügend da. Viel kann sich daran mit einer Finanzplanung auch nicht ändern und ein paar Prozent Rendite mehr oder weniger spielen eigentlich keine entscheidende Rolle.

Bei dieser Kundengruppe kann man die Notwendigkeit einer Privaten Finanzplanung ausschließlich über persönliche Problemfelder vermitteln, indem man mehr Betonung auf die qualitativen Seiten der Beratungsdienstleistung und weniger auf die konkreten Ergebnisse, wie Renditesteigerung oder Steueroptimierung, legt.

Merkmale dieses Personenkreises sind: gutsituierte Personen im Alter ab 50, die im Allgemeinen ausreichend abgesichert sind, mit konservativer Grundhaltung gegenüber Anbietern von Finanzdienstleistungen. Immobilienbesitz, größtenteils entschuldet, sowie liquide Mittel in größerem Umfang sind oft prägende Bestandteile des Gesamtvermögens. Ihr Wunsch ist, im Vorruhestand bzw. im Rentenalter den momentanen Lebensstandard halten zu können; stehen einer „technisch orientierten" Computeranalyse unter Umständen kritisch gegenüber. Ansatzpunkte ergeben sich in den Bereichen Steuern, Vermögensstrukturierung, steuergünstige Vermögensübertragung an Kinder, Erbfolgeregelung (Testamentsvollstreckung), Simulation der finanziellen Situation im Rentenalter beziehungsweise bei Realisierung des Vorruhestandes.

Der Erbe

Heutzutage werden in Deutschland gewaltige Summen vererbt bzw. in den nächsten Jahren auf die Nachfolgegeneration übergehen. Dadurch steigt zwar das Vermögen nicht, eher wird es durch die Belastung steuerlicher Art weniger, aber es geht in andere Hände über, und das erfordert auch von den Finanzdienstleistern einen anderen Zugang zu den Vermögensinhabern. Die traditionell gewachsenen Beziehungen der Finanzinstitute mit den künftigen Erblassern lassen sich in der Regel in der bestehenden Form nicht weiterführen. Dies haben inzwischen alle Finanzinstitute, die vermögende Kunden betreuen, erkannt. Strategische Überlegungen zur Sicherung des Vermögens im eigenen Bestand lassen sich allerdings bei den Finanzinstituten oft nicht erkennen. Die Finanzplanung bietet einen sehr guten Ansatz zur Sicherung des Nachlasses, und zwar noch zu Lebzeiten des Erblassers. Durch eine rechtzeitige Nachfolgeplanung kann auch dem Erben klargemacht werden, dass das Geld bzw. das Vermögen dort am besten aufgehoben ist, wo es optimal arbeiten kann. Dies kann mit der Finanzplanung aufgezeigt werden. Sogar dem – oft der jüngeren Generation unterstellten – „Hang zum Verjubeln" des Geldes kann hier Rechnung getragen werden, indem man z. B. dem Erben höhere Liquidität zur Verfügung stellt.

Der Unternehmer

Ein Unternehmer hat eine ganz andere Einstellung zu Geld- und Vermögenswerten als ein angestellter Beschäftigter. Für den Unternehmer ist Geld Kapital, das eigentlich für seine Firma am besten arbeitet. Doch wird oft der Fehler gemacht, das Privatvermögen zu eng mit dem betrieblichen Vermögen zu verflechten, woraus sich Gefahren für die Sicherung des Vermögens oder des Lebensstandards in einem Konkursfall ergeben. Im Rahmen der Privaten Finanzplanung kann der Berater dem Unternehmer diese Verflechtung sehr transparent darstellen und eventuelle Risiken und potenzielle Gefahren aufzeigen. Der Unternehmer wird oft von Finanzinstituten nicht als Privatperson oder Privatanleger, sondern mehr in der Eigenschaft als Repräsentant der Firma wahrgenommen.

Unternehmer, die im Umgang mit Steuerberatern, Rechtsanwälten oder anderen Beratern (z. B. Unternehmensberatern) geübt sind, erkennen viel eher den Wert der Finanzplanung als Beratungsdienstleistung und sind auch bereit, für diese Dienstleistung einen entsprechenden Preis zu zahlen. Es wird künftig auf dem Markt für Finanzplanungsdienstleistungen sicherlich viel mehr Angebote geben, die auf spezifische Probleme der Unternehmer eingehen und deren Beratungsbedarf besser abdecken. Unternehmerberatung bedeutet in der Privaten Finanzplanung die ergänzende Berücksichtigung der Verzahnung der privaten und betrieblichen Seite des Vermögens.

Der Renditejäger

Dieser Anlegertyp ist ständig auf der Suche nach einem besseren Angebot, das mehr Prozente bringt. Er verhandelt hart um Renditekonditionen, um sie einige Zehntel Prozentpunkte zu verbessern. Die Risikoeinstellung des Anlegers spielt hier oft keine Rolle: Es gibt den risikobereiten Anleger, der statt 12 % Rendite 20 % aus seiner Aktienanlage fordert, es gibt aber auch den Festgeldsparer, der eine um einige Zehntel Prozent bessere Anlage fordert und sehr sicherheitsorientiert ist. Dieser Anleger sucht oft nach einmaligen Tips und Empfehlungen, die es ihm erlauben, seine vermeintlichen Ziele zu erreichen. Die Finanzplanung als strukturierte und eher langfristig orientierte Beratung kann solche Erwartungen nicht erfüllen. Hier muss der Anleger von der Gefährlichkeit seiner unstrukturierten, sporadischen und zufälligen Handlungsweise überzeugt werden, um ihm dann im nächsten Schritt die Vorteile der Langfristigkeit und der strategischen Orientierung bei der Vermögensanlage zu vermitteln und damit die Grundlage für die Private Finanzplanung zu legen.

Der unsichere Kenner

Der besonnene Anleger, der rechtzeitig seine Vermögensanlage strukturiert betreibt und interessiert die Entwicklung an Aktien- oder Rentenmärkten verfolgt, ist nicht auf Anhieb von einer Finanzplanung überzeugt. Er glaubt, bei seinen finanziellen Angelegenheiten bisher alles richtig gemacht zu haben und sieht wenig Optimierungspotenzial, das durch die Finanzplanung erschlossen werden kann. Die Praxis zeigt, dass es kaum Anleger gibt, bei denen es nicht doch Optimierungspotenzial bei der einen oder anderen Anlage gibt. Hier kann die Private Finanzplanung optimal als Kontrollinstrument eingesetzt werden, um dem Anleger die Richtigkeit seiner bisherigen Handlungsweise und vielleicht doch Verbesserungsmöglichkeiten aufzuzeigen. Der nicht ganz so überzeugte Kenner weiß zwar, dass er sich Mühe gibt, in seinen finanziellen Angelegenheiten strukturiert vorzugehen, möchte aber eine Kontrolle über das Erreichte. Dass dies mit der Finanzplanung erreicht werden kann, leuchtet ihm schnell ein.

Der ungeduldige Aufsteiger

Dieser Anlegertypus möchte schnell nach „ganz oben" gelangen. Der Wunsch nach beruflichem und sozialem Aufstieg ist stark ausgeprägt und führt zu einem prestigeorientierten Konsumstil. Für die Erreichung der gesetzten Ziele sind ihm fast alle (Anlage)mittel recht. Dass es dabei viele Risiken gibt, ignoriert er gern. Mit einer gewissen spekulativen Einstellung versucht er, ganz schnell zum Anlageerfolg zu kommen. Mit der Privaten Finanzplanung lässt sich viel erreichen, eines aber mit Sicherheit nicht: Reichtum. Eine langfristige Planung kann den Weg dahin aber wesentlich erleichtern und vor allem helfen, die Richtung im Auge zu behalten. Das Ziel wird dann möglicherweise schneller erreicht. Durch die oft wahllose Häufung verschiedener Anlageformen sind Schwachstellen in der Risikostruktur des Vermögens vorhanden. Eine hohe Einkommensteuerbelastung, besonders bei Singles, ist sehr wahrscheinlich. Positiv ist die Aufgeschlossenheit gegenüber moderner Technik und deren Einsatz bei Bankgeschäften. Ansatzpunkte für eine Finanzplanung können sich beim strukturierten und systematischen Vermögensaufbau (Fondsvermögensverwaltung, Investmentfonds), bei der Risikovorsorge (Kapitallebensversicherung, Berufsunfähigkeitszusatzversicherung) und im Bereich der steueroptimierten Anlagen ergeben. Auch Vermögensübertragung der Eltern kann zur Optimierung der Vermögensstruktur eingesetzt werden.

Der „misstrauische Geizige"

Die Erhaltung und die Mehrung des vorhandenen oder des aufzubauenden Vermögens ist Hauptziel dieses Anliegers. Dabei passt er besonders gut auf, dass keiner einen besonders tiefen Einblick in seine finanziellen Vermögensverhältnisse nimmt. Er kennt die Interessenkonflikte, in denen sich ein Berater, der produktbezogen berät, befindet und glaubt nicht, dass dieser sein Bestes will. Die Finanzplanung – zu der Notwendigkeit der vollkommenen Offenheit gegenüber dem Berater – fordert von diesem Anleger ein völliges Umdenken und Umstellen im Hinblick auf das Verhältnis zu seinem Berater. Dementsprechend schwierig ist der Akquisitionsprozess für die Finanzplanung. Ein jahrelanges Vertrauensverhältnis zwischen Kunde und Berater schafft auch bei diesem Anlegertyp die notwendigen persönlichen Voraussetzungen für die Durchführung einer Privaten Finanzplanung. Da dieser Anleger meistens auch gegenüber seiner Verwandtschaft misstrauisch ist, kann die Finanzplanung auch in diesen Punkten seine Vorstellungen erfüllen, indem z. B. bei einem Erbfall die Vermögensübertragung nach dem Wunsch des Kunden geregelt wird. Die Durchführung der Finanzplanung selbst erfordert bei diesem Anlegertyp viel Fingerspitzengefühl, denn sollte der Kunde anschließend mit der Beratung nicht zufrieden sein, kann dies eine langjährige Geschäftzbeziehung zerstören.

Diese Kundengruppe bevorzugt konservative und langfristige Anlageformen, da hohes Immobilien- und Wertpapiervermögen in der Regel vorhanden sind. Gute Ansatzpunkte lassen sich hier oft in den Bereichen Vermögensstrukturierung, Testamentsvollstreckung oder Stiftungsmanagement finden.

Der „do-it-yourself" Anleger

Die Entwicklung auf dem Markt für Finanzdienstleistungen hat in den letzten Jahren eine neue Zielgruppe für die Private Finanzplanung entstehen lassen: im Prinzip alle Kunden von Direktbanken. Die Direktbanken richten sich an den mündigen Anleger und bewahren ihn vor dem Zugriff von inkompetenten Beratern. Die schlechte Beratungsqualität bei der produktbezogenen Beratung wird oft in der Presse geschildert. Dieser Anlegertyp ist nicht bereit, für schlechte Beratung einen Preis zu zahlen, der im Endeffekt im Preis der gekauften Produkte versteckt ist. Das treibt den Anleger zu Direktbanken, die mittlerweile eine beachtliche Produktbreite aufgebaut haben. Der Beratungsbedarf eines Kunden verschwindet nicht dadurch, dass der Kunde seine Anlagen bei einer Bank tätigt, die keine Beratung anbietet. Dieser Bedarf muss rechtzeitig erkannt und mit entsprechenden Angeboten abgedeckt werden.

In den nächsten Jahren werden in Deutschland die Direktbanken mit Sicherheit in den Dienstleistungsbereich der Finanzplanung einsteigen. Diese Entwicklung ist bereits in Amerika zu beobachten, wo Direktbankanbieter auch zu den größten Anbietern auf dem Markt von bedarfsorientierter Beratung (Finanzplanung) gehören. Es wäre sicherlich falsch, diesem Anlegertyp nur das Anstreben niedriger Produktpreise zu unterstellen. So wie es heute Direktanlagebanken gibt, wird es möglicherweise künftig auch reine Beratungsanbieter geben.

2.4 Warum Private Finanzplanung?

Das Entscheidungsverhalten der Anleger weicht in der Praxis weit von einem idealtypischen Entscheidungsverhalten, bei dem alle relevanten Kriterien berücksichtigt werden, ab. Vielmehr wird beim Treffen von Entscheidungen in der Regel nur ein geringer Teil der verfügbaren Informationen, oft in starkem Maße durch subjektive Einstellungen des Anlegers verzerrt, ausgewertet. „Die Fülle des Güterangebotes auf der einen Seite und die begrenzte Informationsaufnahme- und Verarbeitungskapazität des Individuums auf der anderen Seite führen zur Intransparenz, der die Verbraucher oft nicht mehr gewachsen sind" (H. Schütt, Financial Consulting-Finanzberatung für private Haushalte, 1996, S. 19 ff.). Die irrationalen Verhaltensweisen der Anleger und die hohe Dichte des Angebotes im Bereich der Finanzdienstleistungen begründen die Notwendigkeit der Inanspruchnahme der Privaten Finanzplanung.

So individuell die Gründe für die Annahme eines Angebotes für die Durchführung einer Finanzplanung von einem Anleger auch sein mögen, gibt es doch einige, die bei fast allen Kunden eine ausschlaggebende Rolle spielen. Die Gründe für die Inanspruchnahme einer bedarfsorientierten Beratung sind fast ausschließlich in den persönlichen Motivations- und Problemfeldern des Anlegers zu finden. Die gesamtwirtschaftlichen Bedingungen spielen für die Inanspruchnahme von Beratungsleistungen eine eher untergeordnete Rolle. Sie werden oft nur diffus wahrgenommen, da die Auswirkungen auf die persönliche Situation nicht immer transparent und unmittelbar nachvollziehbar sind. Dieser Umstand wird oft von den „schwarzen Schafen" in der Finanzdienstleistungsbranche genutzt, um Angstgefühle vor Veränderungen zu erzeugen (z. B. vor dem EURO) und Anleger zu fragwürdigen Investments zu bewegen. Die Aufgabe der seriösen Anbieter ist die Schaffung von Angeboten, die Probleme des Anlegers im persönlichen Bereich lösen, die vom gesamtwirtschaftlichen Umfeld bedingt und geprägt sind. Diese Lösungen sprechen die Kunden unmittelbar an und werden bei entsprechender Kommunikation auch intensiv in Anspruch genommen. Solche Angebote sind z. B. in Form von diversen EURO-Checks und -Tests bei vielen Finanzdienstleistern zu finden. Aber auch von der Öffentlichkeit wenig beachtete volkswirtschaftliche Entwicklungen, wie der von Wirtschaftswissenschaftlern ausgemachte globale Trend zur langfristigen „Nullinflation", wirken sich im Anlagebereich aus. Eine Beurteilung der Auswirkungen solcher langfristig wirkenden Faktoren kann mit Hilfe der Privaten Finanzplanung vorgenommen werden. Im volkswirtschaftlichen Bereich sind es die Anbieter, die durch kunden- und problemorientierte Angebote Nachfrage schaffen müssen. Verschiedene Gründe für die Durchführung einer Privaten Finanzplanung sind für den Anleger wichtig:

- *Mangel an Zeit und Fachkenntnis:* Eine individuelle Finanzplanung erfordert die Auseinandersetzung mit unterschiedlichen Partnern: z. B. mit Banken, Versicherungen, Bauspar- und Baukreditinstituten, der Bundesversicherungsanstalt für Angestellte und anderen. Erfolgreichen, beruflich stark engagierten Menschen fehlen oftmals die Zeit oder die umfassende Fachkenntnis, sich mit ihrer Vermögenssituation und der finanziellen Planung so intensiv auseinanderzusetzen, wie es nötig wäre. Die Betreuung einzelner Vermögensbereiche wird an einzelne Spezialisten delegiert, was einen unsystematischen Vermögensaufbau zur Folge hat. Auch wenn jeder der Betreuer die einzelnen Bereiche optimal begleitet, so fehlt doch die vernetzte Betrachtung der gesamten Vermögenssituation.

- *Unsystematischer Vermögensaufbau:* Vielfach sind die angesammelten Vermögenswerte eher zufällig gewachsen und sind nicht das Ergebnis einer strategischen Vermögensstrukturierung. Der unsystematische Vermögensaufbau dürfte der Regelfall sein, denn die meisten Anleger handeln spontan „aus dem Bauch" heraus oder befolgen die Vorschläge ihres (unter Umständen auch mehrere) Beraters. Im Vordergrund stehen bei Anlageentscheidungen oft partielle oder zeitlich begrenzte finanzielle Ziele.

- *Häufig keine finanzielle Transparenz:* Viele Kunden sind sich der finanziellen Konsequenzen für sich und ihre Familie im Falle des Ruhestandes, der Invalidität oder des Todes nicht ausreichend bewusst, es besteht keine Transparenz über die finanzielle Lage der Familie bei langfristigen Zielen, wie die rechtzeitige Sicherstellung der Ausbildung der Kinder, die Sicherung des Lebensstandards im Ruhestand oder die Situation der Familie bei einem Todesfall des Hauptverdieners. Die Realisierung solcher langfristigen Ziele erfordert aber auch eine langfristige Planung. Diese Planung kann im Rahmen der Privaten Finanzplanung erfolgen.

- *Pläne und Wünsche für die Zukunft:* Oft sind Führungskräfte oder Selbständige an einem Ruhestand ohne finanzielle Einbußen zu einem möglichst frühen Zeitpunkt interessiert. Auch die Erfüllung besonderer finanzieller Wünsche, wie die Anschaffung von Ferienimmobilien oder der Verkauf der eigenen Firma, stehen damit im Zusammenhang. Die Realisierbarkeit dieser Wünsche kann mit Hilfe einer Privaten Finanzplanung zuverlässig überprüft werden.
- *Sicherheitsbedürfnis:* Geldanlage und Vermögensaufbau nehmen für die große Mehrheit der besser Verdienenden eine wichtige Position ein, weil nur auf diese Weise persönliche Zukunft, Alter, Familie und Lebensstandard abgesichert werden können. Man kann sich schon für die Gegenwart persönliche Unabhängigkeit und Freiheit und das beruhigende Gefühl, nicht immer ans Geld denken zu müssen, verschaffen. Ein hohes Einkommen verpflichtet geradezu zu Geldanlage und Vermögensbildung, da man das hart erarbeitete Geld ansonsten schnell wieder verlieren kann. Es lassen sich auf diese Weise Werte schaffen, die man den Kindern hinterlassen kann. Man möchte natürlich auch die Sicherheit haben, dass diese Ziele tatsächlich erreicht werden können. Dazu müssen entsprechende Absicherungsmaßnahmen getroffen werden, ob im persönlichen (Lebensversicherung, Krankenversicherung, Altersvorsorge) oder im materiellen (Sachversicherung) Bereich. Mit der Privaten Finanzplanung können die Kunden natürlich nicht „in die Zukunft sehen", aber es können wesentliche Unsicherheitsfaktoren eliminiert werden.

2.5 Nutzen der Privaten Finanzplanung aus Kundensicht

Den Nutzen der Finanzplanung kann man in zwei Gruppen aufteilen: in eine qualitative und eine quantitative. Qualitativ ist der ideelle, subjektive und nicht direkt messbare Nutzen, quantitativ ist der in Geldbeträgen nachweisbare Vorteil. Diese beiden Bereiche sind sowohl für den Kunden wie auch für den Anbieter vorhanden. Vorteile für den Kunden sind:

- Transparenz in allen Bereichen der privaten finanziellen Situation.
- Absicherung der Zukunftsvorsorge durch eine intensive, unverbindliche Beratung und einen hierfür zuständigen Berater (Finanzplaner).
- Optimale Umsetzung der eigenen finanziellen Leistungsfähigkeit unter Berücksichtigung steuerlicher Gegebenheiten.
- Steigerung der bereits geschaffenen Lebensqualität.
- Individuelle, zeitlich und örtlich flexible Beratung.
- Nutzung der gesamten Beratungskompetenz eines Anbieters (Spezialisten sämtlicher Fachbereiche stehen zur Verfügung) bei der Umsetzung eines individuell auf den Kunden zugeschnittenen Maßnahmenplanes, der helfen soll, aufgedeckte Engpässe zu vermeiden und erkannte Chancen zu nutzen.
- Schriftliche Dokumentation der Empfehlungen in einem Gutachten (Expertise) mit der Darstellung der Auswirkungen der ausgearbeiteten Maßnahmen (Überprüfung des finanziellen Nutzens).

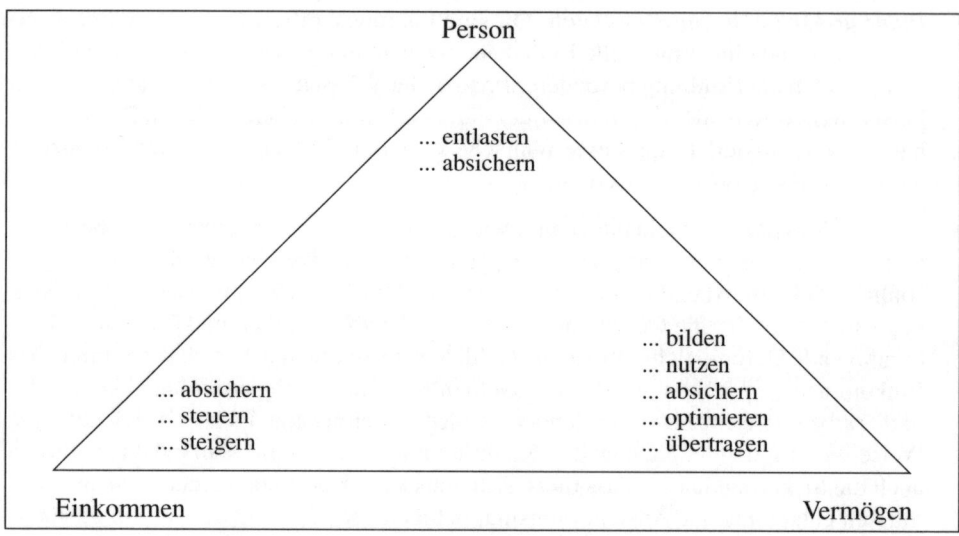

Abbildung 12: Nutzen durch die Private Finanzplanung

Eine Private Finanzplanung ist für den Auftraggeber insbesondere dann von Nutzen, wenn seine finanziellen Verhältnisse und persönlichen Vorstellungen sehr komplex sind. Für ihn ist es zu zeitaufwendig, alle wichtigen Planungsgrundlagen selbst zu quantifizieren. Dies kann z. B. bei einem überdurchschnittlichen Einkommen oder bei einem größeren Vermögen der Fall sein. Die genaue Kenntnis der bereits getätigten Investitionen ist natürlich die erste Voraussetzung für erfolgreiche Anlageentscheidungen. Der qualitative Nutzen für den Kunden liegt in den drei Kernbereichen (vgl. Kloepfer, Marketing für die Private Finanzplanung, 1998, S. 119 ff.):

- Wissen (Kenntnis des finanziellen Status quo, Transparenz),
- Koordination (Abstimmung der persönlichen Ziele mit den Anlageentscheidungen, Komfort/Convenience) und
- Absicherung (Sicherung des persönlichen und finanziellen Status quo).

Der quantitative Mehrwert der Privaten Finanzplanung wird für den Kunden durch den geldwerten Nutzen erbracht:

- Renditesteigerung und
- Ausgabenminderung.

Der qualitative und quantitative Nutzen hängen eng zusammen: eine abgeschlossene Versicherung kann in einem Schadenfall genau feststellbare Ausgaben vermeiden. Bei einer anderen möglichen Alternative (kein Abschluss einer Versicherung) sind die Kosten als Nachteil dieser Handlungsalternative anzusehen. Mit der Privaten Finanzplanung erhält der Kunde einen Überblick über die Konsequenzen möglicher Handlungsalternativen sowohl im finanziellen wie auch im persönlichen Bereich. Die Realisierung des geldwerten Nutzens wird erst durch das nach der Beratung vorhandene Wissen über das Gesamtvermögen ermöglicht. Somit bauen die quantitativen Vorteile auf die qualitativen auf.

2.5.1 Wissen

Die Kenntnis der eigenen finanziellen Lage ist Grundvoraussetzung für das Treffen von fundierten Anlageentscheidungen. Die dadurch erreichte Transparenz ermöglicht dem Anleger die Berücksichtigung aller relevanten Informationen ohne zusätzlichen Zeitaufwand. Eine ganzheitliche und vernetzte Betrachtung der finanziellen Situation setzt die Auswertung aller relevanten Daten voraus. Diese werden bei der Datenaufnahme durch den Finanzplaner erfasst. Über die statische Betrachtung der aktuellen Situation hinaus erfolgen dann die Prognoserechnungen, welche die Liquiditätsentwicklung sowie die Entwicklung des Geld- und Sachvermögens dynamisch abbilden. Dabei werden sowohl die persönlichen Präferenzen als auch die diversen Rahmenbedingungen, insbesondere die steuerlichen Gegebenheiten für den gesamten Prognosezeitraum, berücksichtigt. Die Private Finanzplanung ermöglicht dem Kunden eine ganzheitliche, vernetzte und dynamische Betrachtungsweise der vorhandenen Liquiditätsflüsse und des Gesamtvermögens.

Mit der Privaten Finanzplanung erhält der Anleger einen vollständigen Überblick über seine finanzielle Situation und über die möglichen Perspektiven. Ihm wird der optimale Einsatz seiner finanziellen Mittel aufgezeigt. Detailinformationen über einzelne Bestandteile des Vermögens (z.B. Kapitallebensversicherungen, Immobilien, Wertpapiere) sind jederzeit abrufbar. Die Ergebnisse der Finanzplanung werden – zusätzlich zur detaillierten Analyse – vom Anbieter in einer Zusammenfassung aufbereitet, sodass die wesentlichen Kennzahlen und Trends schnell erkannt werden können. Dieser Aspekt soll hier näher am Beispiel der steuerlichen Situation erläutert werden: Der Steuerberater des Kunden wird eng in den Beratungsprozess der Finanzplanung eingebunden. Somit entsteht kein Spannungsfeld zwischen Steuerberatung und Finanzplanung. Die Finanzplanung geht über die alleinige Betrachtung der Steuerkomponente hinaus und bezieht neben der Steuer die Liquiditätsplanung und den Vermögensaufbau bzw. die Vermögensstrukturierung in die Analyse mit ein. Die Finanzplanung ist nicht statisch – sie wird nicht wie die Einkommensteuererklärung für ein fixes Jahr erstellt. Vielmehr ist die Finanzplanung eine dynamische, in die Zukunft gerichtete Analyse, die Tendenzen und Trends aufzeigt. Aufgrund dieser Analyse kann ein Kunde nachvollziehen, wie sich Vermögen, Liquidität und Steuerbelastung voraussichtlich entwickeln werden. Der Steuerberater oder Rechtsanwalt befasst sich dagegen in der Regel nur mit den laufenden Veranlagungszeiträumen. Eine Beurteilung einzelner Anlagewerte, Renditebetrachtungen, Zukunftsprognosen und Szenarien wird nicht erbracht. Die steuerlichen Auswirkungen können z. B. in prognostizierten Übersichten über die Belastung (Steuerzahllast) oder über die Steuersätze aufgezeigt werden (vgl. Abbildung 13).

Der Finanzplaner berechnet zunächst die Entwicklung von Vermögen, Liquidität und Besteuerung auf Basis der Ausgangssituation, ohne dass empfohlene Maßnahmen in die Prognoserechnung einfließen. Anschließend können die vorgeschlagenen Maßnahmen isoliert oder als Handlungspaket in die Finanzplanung integriert und damit der Effekt der Empfehlungen einzeln oder in der Gesamtheit aufgezeigt werden. Der Kunde kann die *Auswirkungen jeder einzelnen Maßnahme* oder Empfehlung auf das Gesamtvermögen nachvollziehen. Diese Betrachtungsweise wird durch die Trennung von Analyse und Empfehlung ermöglicht.

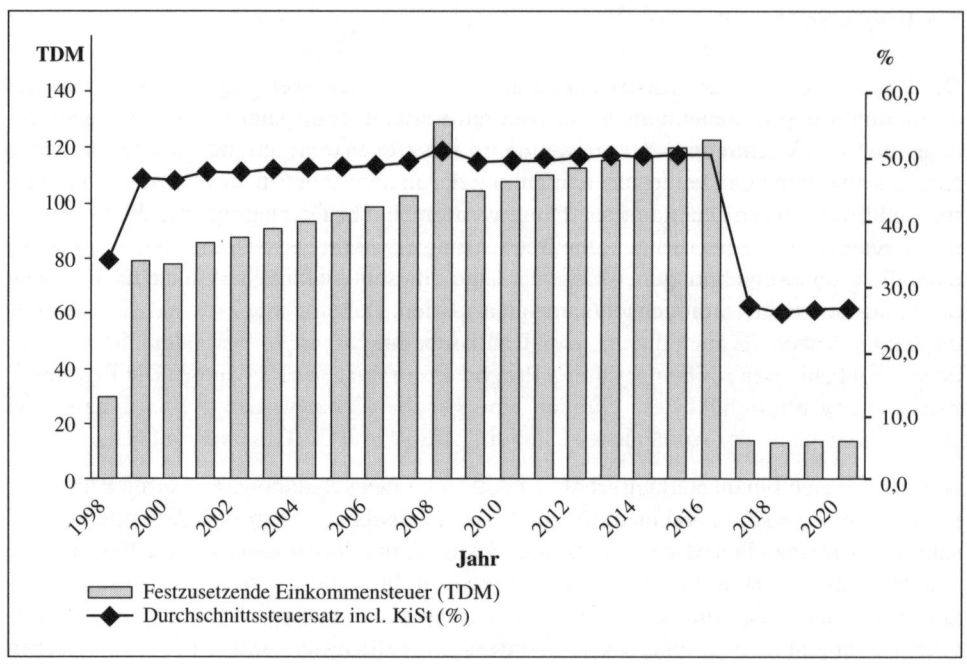

Abbildung 13: Prognose steuerlicher Kennzahlen

Transparenz z. B. in der Dokumentation der Beratungsergebnisse bedeutet auch, dass jede außenstehende fachkundige Person die Maßnahmen und Empfehlungen im Rahmen der Finanzplanung überprüfen und nachvollziehen kann. Dies ist besonders wichtig als Voraussetzung für eine spätere Aktualisierung der Privaten Finanzplanung. Denn ein wesentlicher Vorteil der Finanzplanung liegt darin, dass der Aufwand für die Datenerfassung hauptsächlich bei der Erstberatung anfällt. Die Daten sind nach der Beratung entweder beim Anbieter (unter Wahrung des Datenschutzes) gespeichert oder der Kunde erhält diese auf einem Datenträger zur persönlichen Verwahrung. Somit ist bei gravierender Änderung der Planungsprämissen in der Einkommens- oder Vermögenssituation, in der Besteuerung oder im wirtschaftlichen Umfeld (Zins- und Inflationsdaten) eine Wiederholung der Finanzplanung leicht möglich. Die Aktualisierung der Finanzplanung ist in regelmäßigen Zeitabständen zu empfehlen, damit der Kunde stets über eine aktuelle und aussagefähige Finanzplanung verfügt.

2.5.2 Koordination

Wie erlebt der Kunde heute den Finanzmarkt? Zahlreiche Spezialisten kümmern sich ständig um die bestehenden und geplanten Anlagen oder sie werden bei Bedarf temporär als Berater für spezielle Fragen hinzugezogen. Ansprechpartner für die Geldanlage ist der Bankberater oder der Vermögensverwalter, um die Immobilien kümmert sich der Immobilienberater, bei geplanten Neuanschaffungen wird der Immobilienmakler hinzugezogen. Der Steuerberater sorgt für die rechtzeitige Abgabe der Steuererklärung und berät seinen

Mandanten bei den allgemeinen Möglichkeiten der Reduzierung der steuerlichen Belastung. Er kann meistens nur reagierend eingreifen und nur einzelne Maßnahmen treffen. Dazu gehört oft die Auswahl der entsprechenden Anlagen. Diese kann der Steuerberater oft nicht auf Merkmale wie Sicherheit oder Solidität der zugrundeliegenden Annahmen überprüfen (z. B. geschlossene Immobilienfonds). Dies kann ein Immobilienspezialist tun, er kennt aber die steuerliche Situation des Anlegers nicht in der Form, die ihm die Auswahl der optimal geeigneten Anlage ermöglicht. Der Anlageberater, bei weiteren Bankverbindungen auch mehrere, kümmert sich um die Wertpapieranlage, weiß z. B. aber nicht, dass der Kunde eine Schenkung plant, die ihm sein Anwalt empfohlen hat, und kann die Anlagestrategie daher nicht entsprechend ausrichten.

Die vielen Ansprechpartner erfordern eine intensive zeitliche Beschäftigung mit den einzelnen Problemstellungen und einen hohen Aufwand für die Koordination der einzelnen Berater, damit eine einheitliche Strategie im gesamten finanziellen Bereich möglich wird. Eine große Entlastung kann in einer solchen Situation die Finanzplanung bringen. Die umfassende und vernetzte Betrachtung der gesamten finanziellen Situation ermöglicht dem Finanzplaner die für die Identifizierung der potenziellen Problemfelder notwendige Gesamtperspektive. Die Private Finanzplanung kann nicht die Tätigkeit des einzelnen Fachmanns ersetzen, sie kann ihn ergänzen und die Qualität seiner Beratung durch den gewonnenen Gesamtüberblick verbessern. Der Vermögensinhaber wird durch die Private Finanzplanung und den Finanzplaner in der Koordination der einzelnen Betreuer und Berater wesentlich entlastet. Damit wird die optimale Abstimmung der persönlichen Ziele des Kunden mit seinen Anlageentscheidungen ermöglicht auf eine für ihn komfortable und bequeme Art und Weise: Der Finanzplaner erstellt einen individuellen Maßnahmeplan und zeigt konkrete Lösungskonzepte auf zu Vermögensaufbau, Vermögensumstrukturierung, Absicherung der Familie, Schaffung von Immobilieneigentum, Optimierung der steuerlichen Situation etc. Die Private Finanzplanung bietet ein *umfassendes und maßgeschneidertes Handlungskonzept* aus einer Hand. Die Ergebnisse werden dem Kunden ausführlich schriftlich dokumentiert.

Die Finanzplanung ist ein recht zeitintensiver Beratungsprozess. Der Finanzplaner muss sich nach den zeitlichen und örtlichen Präferenzen des Kunden richten und die Beratungs-

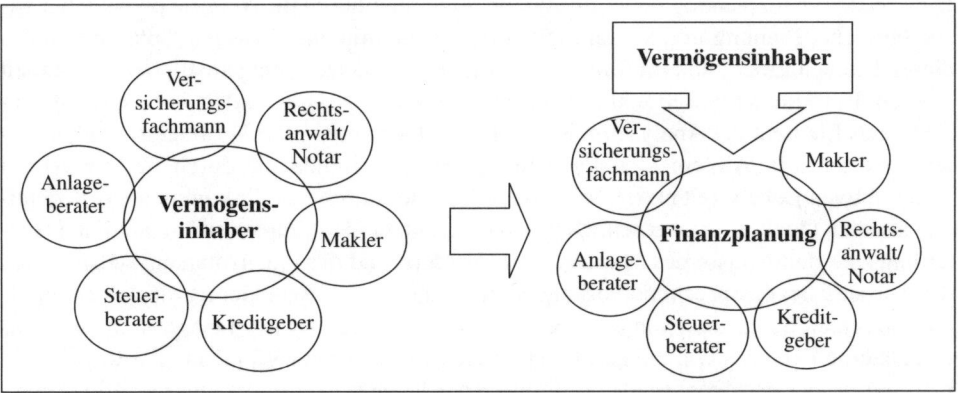

Abbildung 14: Die Private Finanzplanung koordiniert die gesamte Vermögensbetreuung

gespräche örtlich mobil und zeitlich flexibel gestalten. Für einen vielbeschäftigten Kunden ist eine solche Beratung von großem Vorteil. Für die Mitarbeiter entstehen zusätzliche Belastungen, die wiederum höhere Kosten verursachen können. Bei der Preiskalkulation des Angebotes sollte man das berücksichtigen.

Die Finanzplanung ist ein unabhängiges Gutachten. Der Kunde ist in keiner Weise verpflichtet, bei der Umsetzung der vorgeschlagenen Maßnahmen Produkte des Anbieters in Anspruch zu nehmen. Mit der Professionalität und Unabhängigkeit der Finanzplaner, die in einem Expertenteam arbeiten, findet das Wissen von Spezialisten aus verschiedenen Bereichen Eingang in die Private Finanzplanung. Natürlich sollte auf Wunsch der Anbieter bei der Umsetzung der Empfehlungen mit der gleichen Professionalität zur Verfügung stehen. Die für die Beratung notwendige Aktualität wird durch ständige Weiterbildung der Finanzplaner und permanente Anpassung der Beratungssoftware an Veränderungen, z. B. der steuerlichen Rahmenbedingungen oder der Altersversorgung, erreicht.

Die dem Anbieter bekannten persönlichen Daten des Kunden werden streng vertraulich behandelt. Ein Unterschied zu der sonst bei der Produktberatung üblichen Verarbeitung von personenbezogenen Daten besteht darin, dass die Daten auch innerhalb der internen Informationskanäle des Finanzdienstleisters vertraulich behandelt werden. Das heißt, dass z. B. bei Banken die Daten intern nicht weitergegeben und auch nicht zu Werbezwecken eingesetzt werden. Dies ist besonders bei Firmenkunden wichtig, die beim Anbieter der Finanzplanung auch auf der Unternehmensseite engagiert sind. Manchmal ist auch die Kenntnis der persönlichen Daten des Anlegers aus verschiedenen Gründen unerwünscht (meistens Misstrauen gegenüber dem Anbieter, trotz Erkenntnis über die Notwendigkeit der Finanzplanung). In solchen Fällen kann eine Beratung „anonymisiert" durchgeführt werden. In diesem Fall werden keine personenbezogenen Daten des Kunden dem Anbieter mitgeteilt, auch sämtliche Vermögens- und Einkommensdaten werden so aufbereitet, dass keine Identifizierung möglich ist. Als „Vermittler" für solchen Analysen dient meistens der Rechtsanwalt des Kunden.

2.5.3 Absicherung

Die Private Finanzplanung bietet finanzielle Sicherheit durch die Analyse potenzieller Risikobereiche, Planung und Sicherung der Altersvorsorge und Erbschaftsplanung. Jedes dieser Themenfelder kann im Rahmen der Privaten Finanzplanung ausführlich behandelt werden. Besonders die Betrachtung der Altersversorgung ist bei allen Anbietern ein wesentliches Element der Analyse im Rahmen der Optimierung der Vermögensstruktur. Altersvorsorge ist im Allgemeinen der Wunsch, das Einkommen, das durch die Arbeitskraft in der aktiven Lebenszeit erzielt wird, dann im Alter durch das Einkommen aus Kapital- und anderen Quellen zu ersetzen. Dieser Wunsch kann nicht immer erfüllt werden. Da allerdings die Bedürfnisse des Mandanten im Vordergrund der Finanzplanung stehen, muss der Anbieter bei entsprechend vorhandenem Bedarf auf diesem Gebiet die Altersversorgung als einen Bestandteil von zentraler Bedeutung für die Private Finanzplanung betrachten. Externe Faktoren wie die gesetzliche Rentenversicherung können in der Regel nicht bzw. nur in sehr geringem Maße (z. B. durch Nachzahlen von Beiträgen) beeinflusst werden. Die Finanzplanung konzentriert sich im Wesentlichen auf den Aufbau und die Sicherung der privaten Altersvorsorge, hier liegen für den Kunden die Vorteile der Analyse der Versorgungssituation. Es wird eine Vermögensaufbaustrategie für den Lebensabschnitt entwickelt, in dem die Einkünfte ausreichen, um genügend Vermögensmasse zu bilden, die dann im Alter die Erträge zur Erhaltung des Lebensstandards oder zur Realisierung zusätzlicher Investitionsvorhaben generiert. Der Aufbau einer langfristigen Strategie ist auch im Bereich der Altersversorgung unerlässlich. Hier kann die Private Finanzplanung wertvolle Dienste leisten, denn auch beim Aufbau der Altersvorsorge kann man viele Fehler machen, die die Vorsorgestrategie gefährden könnten.

Die Analyse der potenziellen Risiken beschränkt sich in der Privaten Finanzplanung nicht nur auf den persönlichen Bereich mit den typischen Situationen Berufsunfähigkeit, längere Krankheit oder Todesfall in der Familie. Vorhandene Risiken im Anlagebereich werden oft erst durch die umfassende und vernetzte Betrachtung des Gesamtvermögens erkannt. Auch eine Überprüfung bestehender Sachversicherungen (z. B. Hausratversicherung) wird von einigen Finanzdienstleistern im Rahmen der Privaten Finanzplanung angeboten.

2.5.4 Geldwerter Nutzen

Das unmittelbare materielle Ergebnis einer Beratungsleistung lässt sich naturgemäß schwer messen. Bei der Privaten Finanzplanung ist es nicht anders. Durch die erstellten Prognosen kann die künftige – zumindest kurzfristige – Entwicklung von verschiedenen Vermögenssegmenten recht verlässlich bestimmt werden. Damit kann man mit hoher Wahrscheinlichkeit die erwarteten Auswirkungen durch die Finanzplanung ermitteln.

Der geldwerte Nutzen der Finanzplanung lässt sich hauptsächlich über zwei Kenngrößen aufzeigen:

- Steigerung der Rendite des (in verschiedenen Anlageformen) gebundenen Eigenkapitals und
- Ausgabenreduzierung durch Optimierungsmaßnahmen.

Bei einer Untersuchung der Commerz Finanz-Management („Vermögende machen zu wenig aus ihrem Geld" in Handelsblatt vom 7.5.1996 und „Commerz Finanz verdient mit Beratungen" in Süddeutsche Zeitung vom 7.5.1996) hat man festgestellt, dass die Rendite der reinen Vermögensanlagen (ohne eigengenutzte Immobilien) im Mittel bei 3,85 % liegt. Die Strukturierungs- und Optimierungsmaßnahmen mit Hilfe der Finanzplanung erhöhen die Rendite im ersten Jahr nach der Beratung auf durchschnittlich 5,3 %. Überträgt man diese Kennzahl auf einen Vermögenswert von 2 Mio. DM, ergibt sich durch die Renditesteigerung ein Vorteil von 29 000 DM. Geeignete Maßnahmen bewirken auch steuerliche Effekte, die sich auf die Liquiditätsbelastung vorteilhaft auswirken. Nach Angaben eines Anbieters beträgt bei Kunden mit Spitzensteuersatz die Steuerersparnis im ersten Planungsjahr 37 %. Die Auswirkung der Optimierungsmaßnahmen lässt sich auch nach einzelnen Anlagebereichen aufzeigen (vgl. *W. Reittinger* „Die Finanzplanung in der Praxis", 1993). So wurde ein durchschnittlicher Nettonutzen von 16 500 DM nach einem Jahr ermittelt. Die Aufteilung dieses Betrages auf einzelne Vermögenskategorien ist in Übersicht 7 dargestellt.

Übersicht 7: Erzielter durchschnittlicher Nutzen durch die Finanzplanung

Anlagebereich	Nettonutzen
Liquide Anlagen/Wertpapiere	5 800 DM
Immobilien	900 DM
Direktbeteiligungen	600 DM
Sonstige Anlagen (z. B. Lebensversicherungen)	1 800 DM
Verbindlichkeiten	1 300 DM
Vermögensübertragungen u. a.	3 100 D
Gesamt	**16 500 DM**

Quelle: W. Reittinger „Erfolgsfaktoren der Finanzplanung", 1996

Eine durchgeführte Umfrage über den persönlichen Nutzen durch die Finanzplanung zeigt, dass für den Kunden der Hauptnutzen nicht in der Erzielung von Geldvorteilen, sondern in der Transparenz der finanziellen Situation und in der gegebenen Sicherheit für Anlageentscheidungen liegt (vgl. Abbildung 15). Der qualitative Nutzen der Privaten Finanzplanung wird höher als der quantitative eingeschätzt. Durch die Ergebnisse der Beratung ist der Anleger stets in der Lage, seine Anlageentscheidungen rechtzeitig und unter Berücksichtigung der relevanten Einflussgrößen zu treffen. Der qualitative Nutzen der Finanzplanung lässt sich daher in dem Satz „Agieren, nicht reagieren" zusammenfassen. Keine andere Finanzdienstleistung ermöglicht eine solche Handlungsweise des Anlegers in der Gesamtheit seiner Vermögensanlage.

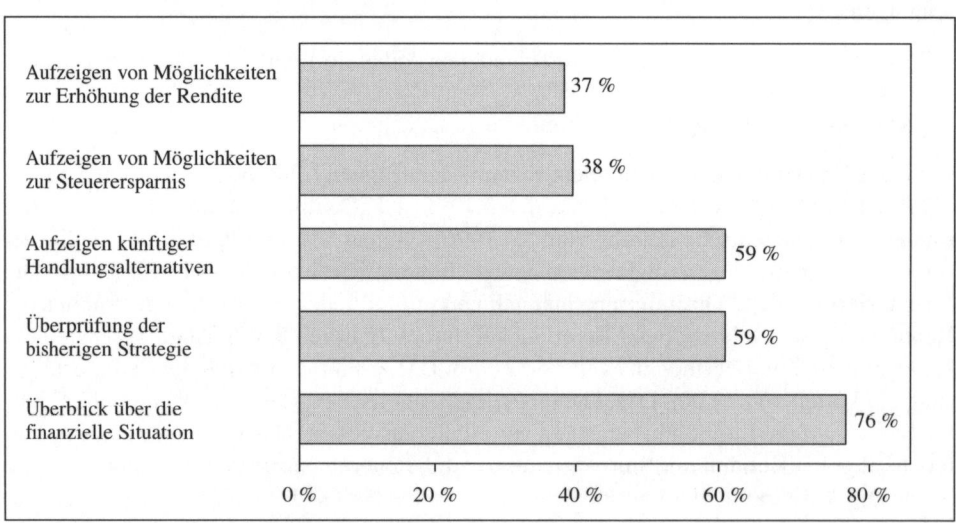

Abbildung 15: Interne Umfrage eines Anbieters nach dem persönlichen Nutzen der Privaten Finanzplanung

2.6 Wahl des Finanzplaners

Für die Wahl des richtigen Anbieters kann der Anleger die dafür notwendigen Informationen aus den Informationsunterlagen der verschiedenen Anbieter entnehmen, oder er führt zur eigenen Klärung persönliche und unverbindliche Gespräche mit ihnen.

Als Hilfe für die Vorgehensweise bei der Wahl eines Anbieters kann der Anleger wie in Übersicht 8 beschrieben vorgehen.

Übersicht 8: Checkliste zur Wahl des Finanzplaners

Vorgehensweise	Inhalt
Hat der Berater oder das Beratungsunternehmen bereits Erfahrung im Bereich Finanzplanung?	☐ Der Berater (das Beratungsunternehmen) bietet seit Jahren ausschließlich Finanzplanung an ☐ Der Berater (Beratungsunternehmen) bietet neben der Finanzplanung auch andere Finanzdienstleistungen an
Die Private Finanzplanung kann sowohl von unabhängigen Finanzberatern wie auch von großen Finanzdienstleistern angeboten werden. Die Größe des Anbieters allein sagt wenig über die Beratungsqualität aus. Finanzdienstleister haben in der Regel Zugriff auf hausinterne Spezialisten, die bei der Lösung spezieller Probleme den Finanzplaner unterstützen können.	
Wie wird die Datenaufnahme durchgeführt?	☐ Mit Hilfe eines Vordrucks (auf Papier) ☐ Eingabe direkt in einen Computer
Bei der Fülle der Informationen, die in der Finanzplanung berücksichtigt werden müssen, ist eine sorgfältige Datenerfassung unerlässlich. Oft ist es notwendig, Daten zu aktualisieren oder zu überprüfen. Die schriftliche Erfassung der relevanten Daten auf Papier und die spätere Übertragung in ein Computersystem sind bei der Privaten Finanzplanung die Regel. Die Aufnahme der Daten mit Hilfe eines Vordrucks ermöglicht später die Kontrolle über deren Richtigkeit und dem Finanzplaner die fehlerfreie Datenübertragung in die EDV-Unterstützungssysteme. Die Eingabe direkt in den Computer ist nicht zu empfehlen.	
Wie lange dauert die Datenaufnahme?	☐ unter einer Stunde ☐ über zwei Stunden
Die umfassende Finanzplanung erfordert die detaillierte Aufnahme von sämtlichen Vermögenswerten. Das sind Versicherungspolicen, Verträge, Konto- und Depotauszüge etc. Auf der Grundlage der nur nach Vermögensbereichen zusammengefassten Daten (z. B. alle Immobilienwerte, alle Finanzierungen), die eine schnelle Datenerfassung ermöglichen, sind detaillierte und tiefergehende Analysen nicht möglich. Die Dauer der Datenaufnahme kann somit indirekt einen Hinweis über die Vollständigkeit der Datenerhebung geben.	
Wo findet in der Regel die Datenaufnahme statt?	☐ Beim Kunden zu Hause ☐ Beim Anbieter im Büro ☐ Die Unterlagen müssen per Post verschickt werden

Die Datenaufnahme sollte dort stattfinden, wo sich die zu erfassenden Unterlagen befinden, meistens beim Kunden zu Hause. Der Finanzplaner hat so die Möglichkeit, eventuell auftretende Fragen sofort zu klären. Der Postweg ist für Originaldokumente (Versicherungspolicen, Verträge) nicht der optimale Beförderungsweg, es sollten nach Möglichkeit nur Kopien verschickt werden.

Sind die Vergütung des Beraters und die Kosten für den Auftraggeber bereits vor der Beratung klar?	☐ Die Beratung ist kostenlos ☐ Die Beratung erfolgt zum Pauschalpreis ☐ Der individuelle Preis wird im ersten Gespräch mit dem Berater festgelegt ☐ Der individuelle Preis wird nach der Datenaufnahme festgelegt ☐ Der individuelle Preis wird nach Abschluss der Beratung festgelegt

Kostenlose Beratung gibt es im Finanzdienstleistungsbereich nicht. Der Preis ist meistens in Konditionen oder Gebühren enthalten und für den Kunden oft nicht deutlich erkennbar. Wenn hochwertige Beratung wie die Private Finanzplanung „kostenlos" angeboten wird, erwartet der Anbieter vom Kunden meistens die anschließende Umsetzung der Maßnahmen. Wenn ein Beratungshonorar vereinbart wird, sollten die anfallenden Kosten bereits beim Vertragsabschluss, d. h. am *Anfang* der Beratung, dem Kunden bekannt sein. Preismodelle, die sich an der Höhe des liquiden Vermögens orientieren, das in der Regel nach *Abschluss* der Beratung bekannt ist, können u.U. unangenehme Überraschungen verursachen.

Ist der Berater bei der Beschaffung von fehlenden Informationen behilflich?	☐ Kunde muss alle notwendigen Informationen selbst beschaffen und liefern ☐ Mit entsprechenden Vollmachten besorgt der Berater die fehlenden Informationen

Nicht immer hat der Kunde alle relevanten Informationen griffbereit. Oft ist es notwendig, bei verschiedenen Finanzdienstleistern oder Institutionen aktuelle Daten zu beschaffen. Dies ist der Fall z. B bei der Feststellung von Ablaufleistungen von Versicherungen oder von Rentenansprüchen. Bei Wahrung der Vertraulichkeit ist es für den Kunden bequemer, die Daten vom Finanzplaner besorgen zu lassen.

Was passiert mit den erfassten Daten nach der Beratung?	☐ Kunde bekommt alle Unterlagen zurück ☐ Kunde bekommt alle Unterlagen zurück, geordnet und vorbereitet für eine spätere Aktualisierung ☐ Kunde bekommt keine Unterlagen zurück

Die Datenaufnahme ist ein aufwendiger Vorgang, bei dem auch personenbezogene Daten erfasst werden. Sollte später eine Aktualisierung des Finanzplanes mit geringem Aufwand durchgeführt werden, sollten die Kundenunterlagen geordnet dem Kunden zurückgegeben werden.

Ist die Umsetzung der Maßnahmen freiwillig?	☐ Die Analyse erfolgt mit dem Ziel, die vorgeschlagenen Maßnahmen auch umzusetzen ☐ Die Umsetzung der vorgeschlagenen Maßnahmen ist freiwillig ☐ Die Umsetzung der vorgeschlagenen Maßnahmen ist freiwillig, das Beratungshonorar wird jedoch bei Umsetzung angerechnet

Die Private Finanzplanung ist eine Beratungsleistung, die unabhängig und objektiv eine strategische Planung im Einkommens- und Vermögensbereich ermöglicht. Ein wichtiges Ergebnis der Beratung ist ein für den Kunden unverbindlicher Maßnahmenplan. Dieser kann konkrete Produktvorschläge (Kauf oder Verkauf von Vermögensbestandteilen), aber auch qualitative Hinweise enthalten, die z. B. auf vorhandene Risiken aufmerksam machen. Der Aufwand für die Beratung wird über das Honorar vergütet. Daher muss die Realisierung der empfohlenen Maßnahmen freiwillig bleiben. Eine Verrechnung des Beratungshonorars erzeugt aber beim Kunden Druck, die Umsetzung beim gleichen Anbieter vorzunehmen.

Welche Produktbandbreite kommt bei der Beratung zur Problemlösung zum Einsatz?	☐ Hauptsächlich Versicherungen ☐ Produktpalette eines einzigen Anbieters ☐ Unterschiedliche Produkte mehrerer Anbieter ☐ Auswahl der besten Angebote aus dem gesamten Markt für Finanzdienstleistungen ☐ Angebote von Modellen (keine konkreten Lösungen)

Dem Anbieter von Privater Finanzplanung muss die ganze Produktpalette, die zur Lösung der Kundenprobleme geeignet ist, zur Verfügung stehen. Es geht nicht so sehr darum, das beste Produkt am Markt überhaupt auszuwählen, sondern das beste für die konkrete Kundensituation. Modelldarstellungen helfen dem Kunden, geeignete Produktlösungen mit anderen Partnern zu realisieren. Für kleine Finanzdienstleister, die keinen Zugriff auf eine breite Produktpalette haben, ist dies oft die einzige Lösung, um die Beratung neutral und objektiv durchzuführen. Grundsätzlich ist es für einen Finanzdienstleister nicht möglich, Zugriff auf alle Produkte aller Anbieter auf dem Markt zu haben.

Welche EDV-Unterstützungssysteme werden bei der Erstellung der Finanzplanung genutzt?	☐ Spezielle Software für umfassende Finanzplanung ☐ Computergestützt, aber Sammlung von Einzellösungen ☐ Die Analyse wird manuell erstellt

Bei der Komplexität des Privatvermögens der anspruchsvollen Kunden ist die Erstellung eines Finanzplanes ohne den Einsatz von softwaregestützten Werkzeugen nicht denkbar. Besonders wichtig ist die Vernetzung zwischen den einzelnen Vermögensbestandteilen. Diese kann mit einzelnen Problemlösungen oder mit manuell erstellten Gutachten nicht zufriedenstellend realisiert werden.

Werden Aktualisierungen (Updates) der Finanzplanung angeboten?	☐ Die Analyse erfolgt einmalig, Aktualisierungen sind nicht vorgesehen ☐ Eine Aktualisierung wird angeboten und in regelmäßigen Abständen empfohlen

Die Private Finanzplanung ist ein Beratungsprozess, der ständig an die aktuelle Situation des Auftraggebers angepasst werden muss. Eine Aktualisierung ermöglicht die Überprüfung der bereits getroffenen Anlageentscheidungen, die Anpassung der Anlagestrategie und die Erarbeitung von neuen Maßnahmen.

3. Der Beratungsprozess

Die Private Finanzplanung überträgt den Ansatz einer professionellen finanziellen Planung, wie sie in Unternehmen eine nicht wegzudenkende Selbstverständlichkeit ist, auf die Privatsphäre. Eine ganzheitliche und bedarfsorientierte Finanzplanung löst den unsystematischen und oft zufallsbedingten Vermögensaufbau ab. Die Abbildung 16 zeigt den Ablauf einer Privaten Finanzplanung. Der kontinuierliche Charakter der Finanzplanung wird deutlich erkennbar.

Bei einer anspruchsvollen Beratung wie der Privaten Finanzplanung ist die strukturierte Vorgehensweise von entscheidender Bedeutung. Je nach Betrachtungsweise können zwischen sechs und neun Bestandteile des Beratungsprozesses unterschieden werden. Ausgangspunkt der Privaten Finanzplanung ist eine umfassende Bestandsaufnahme sämtlicher Einkommens- und Vermögensteile des Kunden. Die Daten aus der Bestandsaufnahme werden computergestützt analysiert und – unter Berücksichtigung der persönlichen Erwartungen des Kunden – in die Zukunft projiziert. Aus den wechselseitigen Einflüssen der einzelnen Vermögensbestandteile und der Einkünfte ergibt sich das Bild der steuerlichen Situation des Kunden. Bei der Prognoserechnung sollte das Computerprogramm die Simulation von mehreren Lebenssituationen (Szenarien) erlauben:

- die Entwicklung der Einkommens- und Vermögensbestandteile während des Berufslebens und danach,
- die Versorgungslage im Fall einer Berufsunfähigkeit des Hauptverdieners,
- die Situation der Hinterbliebenen im Todesfall und
- die Vermögensübertragung (z. B. steuerliche Betrachtung bei der Gestaltung von Testamenten).

Die Betrachtung aller Situationen ermöglicht eine fundierte und relativ zuverlässige Zukunftsplanung, da die wesentlichen Aspekte, die eine Anlageentscheidung beeinflusssen, einbezogen werden.

Nach der EDV-Analyse können erste Aussagen über die Liquidität (Cash-flow) und über das Nettovermögen (Aktiva abzüglich Passiva) gemacht werden. Gerade für größere und komplexe Vermögen erhält man so zunächst einen strukturierten Überblick. Es wird ersichtlich, ob mit der bisherigen Vermögensstrukturierung die Umsetzung der Ziele des Kunden möglich ist oder ob Handlungsbedarf besteht. Sollte der Kunde nach Meinung des Anbieters aktiv werden – d. h. es zeichnen sich für die Zukunft Liquiditäts- oder Versorgungslücken ab – so sollten für die Umstrukturierung des Vermögens auch konkrete Lösungsvorschläge aufgezeigt werden. Die entsprechenden Empfehlungen werden dem Kunden im Rahmen eines ausführlichen Strategiegesprächs erläutert und anschließend in einem individuell ausgearbeiteten Gutachten (Finanzplan) dokumentiert. Damit hat der Kunde die Möglichkeit, auch zu einem späteren Zeitpunkt die Einzelheiten nachvollziehen zu können.

Die in der Abbildung 16 beschriebenen Einzelschritte sind typisch für die Durchführung einer Privaten Finanzplanung. Bei einzelnen Anbietern unterscheiden sich diese Schritte ausschließlich in der Ausprägung, die durch unterschiedliche Ziele, die vom Anbieter verfolgt werden, bedingt sind.

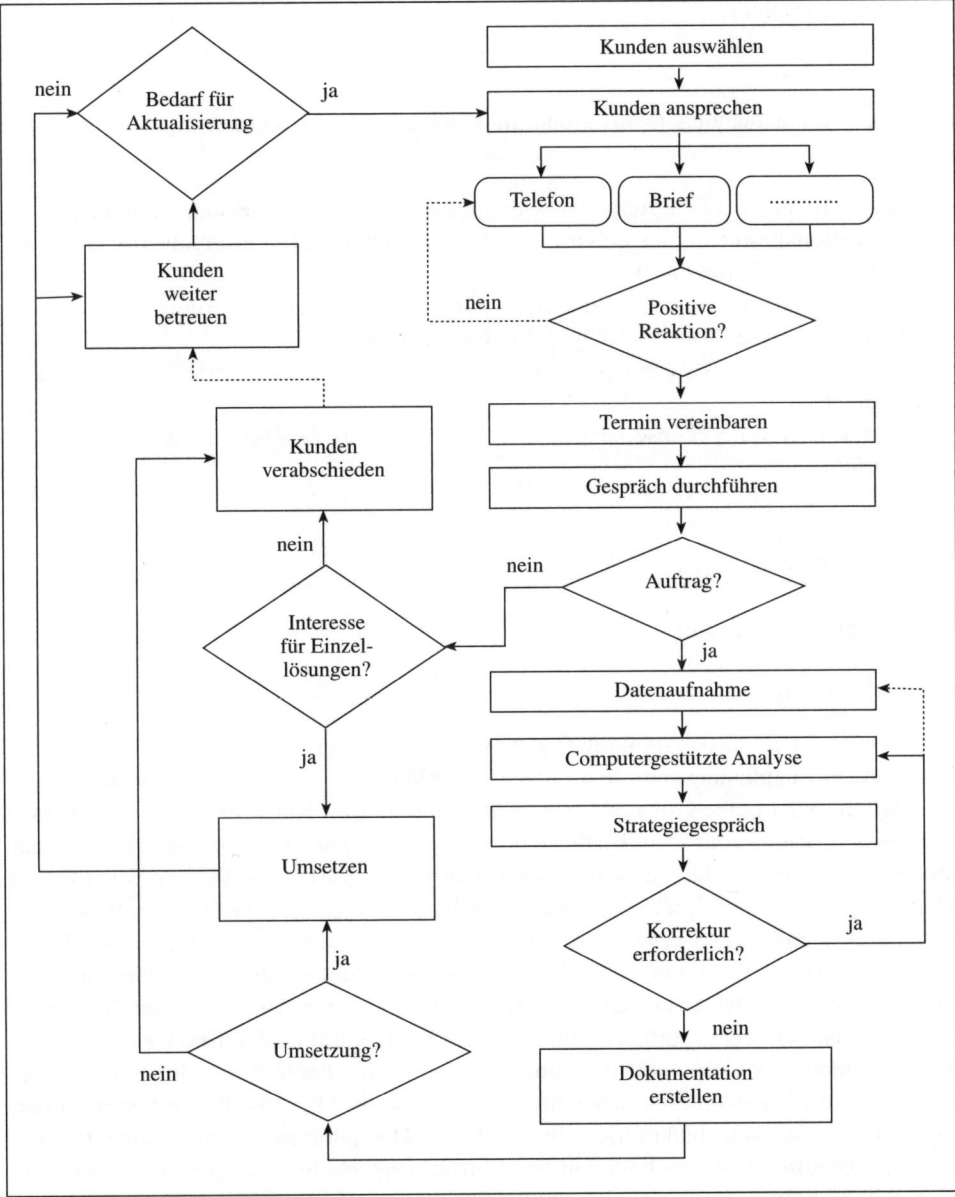

Abbildung 16: Durchführung einer Privaten Finanzplanung (gestrichelte Linien kennzeichnen optionale Vorgänge)

Die Finanzplanung ist eine Dienstleistung mit einem strukturierten Ablauf. Der Beratungsprozess (die einzelnen Phasen und ihre Bestandteile zeigt die Abbildung 6 auf S. 23) besteht aus drei Phasen:

- Informationsphase,
- Analysephase und
- Strategiephase.

Jede Phase bsteht aus zwei Hauptabschnitten, die wiederum mehrere Einzelschritte beinhalten:

- Bedarfserkennung (Zielgruppenbestimmung, Kundenauswahl, Kundenansprache),
- Akquisitionsgespräch (Vorstellung der Dienstleistung, Auftragsvergabe mit Honorarvereinbarung, Zielsetzung),
- Datenaufnahme (finanzieller Status quo, Kundenprofil, Zieldefinition),
- Computeranalyse (Soll-Ist-Analyse, Maßnahmenplanung),
- Strategiegespräch (Ergebnispräsentation, Detailabstimmung, Erstellung der Dokumentation),
- laufende Betreuung (Umsetzung vom Maßnahmen, Erfolgsüberwachung, ggf. Aktualisierung).

3.1 Informationsphase

3.1.1 Bedarfserkennung

Kundenauswahl

In der Phase der Bedarfserkennung findet eine Auswahl der potenziellen Adressaten für die Private Finanzplanung statt. Je nach gewählter Vertriebsstruktur und Größe des Anbieters wird diese Aufgabe entweder zentral über den ganzen Kundenbestand des Finanzdienstleisters oder dezentral in den einzelnen Vertriebsstellen vorgenommen. Die Kundenauswahl ist eine der wichtigsten Aufgaben des Vertriebsmitarbeiters. Den Aufwand für die Akquisition kann man durch eine sorgfältige Kundenselektion vermindern. Bereits im Vorfeld der Kundenansprache muss man die Kunden finden, die einen erhöhten Beratungsbedarf haben. Da dieser nicht ohne weiteres bestimmt werden kann, wird zunächst eine grobe Kundenselektion anhand von quantitativen Kriterien vorgenommen. Diese Kriterien müssen von jedem Anbieter anhand der in Frage kommenden Kundengruppen bestimmt werden. Nach dieser ersten groben Selektion kann der Vertrieb eine feinere Gliederung aufgrund von qualitativen Kriterien vornehmen. Diese Kriterien betreffen den tatsächlichen Beratungsbedarf, den ein Kunde hat. Die qualitative Bestimmung des vorhandenen Beratungsbedarfs kann nur von Vertriebsmitarbeitern vorgenommen werden, die bereits Kontakte mit dem Kunden hatten. In größeren Finanzdienstleistungsinstituten sind das die Kundenbetreuer, die in einzelnen Filialen oder Geschäftsstellen Kontakte mit den Kunden haben. Diese Mitarbeiter müssen die Private Finanzplanung, deren Inhalte und Möglichkeiten zur Lösung von Problemen kennen, dann verspricht die angestrebte Kundenansprache auch Erfolg. Wenn diese Anforderungen nicht erfüllt sind, zeigt die Kundenansprache geringe Erfolgschancen. Anbieter von Finanzplanungen ohne eigene Kundenbetreuung haben es enorm schwer, an potenziell geeignete Kunden heranzukommen. Um potenzielle Kunden zu gewinnen, sind spezielle Maßnahmen bei ihrer Auswahl und Akquisition erforderlich. Ein Anbieter kann zur strukturierten Vorgehensweise bei der Kundenauswahl geeignete Informationsunterlagen entwickeln, um sicherzustellen, dass alle Kunden, die entsprechenden Bedarf haben, erkannt und später auch angesprochen werden. Die richtige Kundenauswahl bei der Finanzplanung beeinflusst maßgeblich den Erfolg oder Misserfolg der Kundenansprache.

Kundenansprache

Honorarpflichtige Beratung stellt eher die Ausnahme im Angebot von Finanzdienstleistern dar. Daher kann die Kundenansprache bei der Finanzplanung nur dann erfolgreich sein, wenn der Kundennutzen bereits am Anfang klar herausgestellt wird. Die bei der Kundenauswahl deutlich gewordenen Problemfelder eines Kunden müssen bereits im ersten Gespräch mit dem potenziellen Interessenten angesprochen werden. Die Private Finanzplanung und der besondere Nutzen für den Kunden daraus lässt sich am besten in einem persönlichen Gespräch darstellen. Daher ist das primäre Ziel der Kundenansprache die Vereinbarung eines persönlichen Gesprächstermins (telefonisch, schriftlich). Man kann ein persönliches Gespräch, das aus einem anderen Anlass geführt wird (z. B. Jahresgespräch in einer Bank), als Einstieg für eine Private Finanzplanung nutzen. Wichtig ist, dass man sich auch auf die Darstellung des Nutzens der Finanzplanung für den Kunden konzentriert und andere Randaspekte (insbesondere Preise) zunächst nicht behandelt. In dieser Anfangsphase ist der voraussichtliche Beratungsaufwand für die Finanzplanung in der Regel nicht bekannt, daher wirken Preisangaben oft kontraproduktiv und berücksichtigen nicht den tatsächlichen Aufwand, der für die Finanzplanung notwendig ist. Es ist grundsätzlich nicht zu empfehlen, die Finanzplanung über den Preis zu verkaufen, nur um Akzeptanz beim Kunden zu erreichen.

Das persönliche Gespräch im Rahmen der Kundenansprache ist die Vorstufe für den nächsten Schritt der Finanzplanung, dem Informations- oder Akquisitionsgespräch. Preisfragen sind ausschließlich in diesem Gespräch zu erläutern. Alle Informationsunterlagen für den Kunden müssen aussagekräftig sein, um sein Interesse zu wecken und zu festigen. Allgemeine Aussagen, auch wenn sie ansprechend gestaltet sind, aber die inhaltliche Darstellung des Nutzens für den Kunden nicht vermitteln, sind nicht ausreichend. Diese Unterlagen sollten bereits auf den konkreten Bedarf des Kunden eingehen. Dafür kann der Vertriebsapparat vorab eine Analyse der vorhandenen Kundenverbindung vornehmen, sodass der Berater, der dieses Gespräch führt, dem Kunden ein auf ihn zugeschnittenes Angebot unterbreiten kann. Um Reibungsverluste oder Doppelansprachen von Kunden zu vermeiden, sollte die Aufgabenverteilung in der Vertriebskette klar geregelt sein.

Bei beabsichtigter Ansprache von Neukunden ist die strukturierte Vorgehensweise bei der Durchführung von externen Kommunikationsmaßnahmen wichtig. Die Maßnahmen für eine direkte oder indirekte Ansprache von vermögenden Kunden ohne eine bestehende Verbindung zum Anbieter der Finanzplanung sind in der Übersicht 9 aufgelistet.

Wenn man in der Lage ist, bei einem potenziellen Kunden mit einem ganzheitlichen Beratungsansatz auf seine speziellen Probleme einzugehen, ist man als Anbieter in der besten Position, auch die im Ergebnis der Beratung empfohlenen Produkte aus dem eigenen Angebot zu verkaufen. Der Erfolg bei der Kundenakquisition für die Finanzplanung hängt dabei sehr eng mit der Persönlichkeit des Akquisiteurs zusammen. Erfahrungsgemäß sind die Akquisitionsgespräche, an denen zwei Mitarbeiter des Anbieters teilnehmen, erfolgreicher, da dadurch dem Kunden die Bedeutung des Gespräches verdeutlicht und eine positive und offene Gesprächsatmosphäre geschaffen wird.

Übersicht 9: Maßnahmen zur Gewinnung von Neukunden

Kundenansprache durch	Eignung für die Finanzplanung	Bemerkungen
Direct Mailing	bedingt	Hochwertige Adressen notwendig, Anschreiben an Privatadresse unbedingt zu empfehlen
Empfehlung durch Kunden	sehr gut	Vertraulichkeit, „Nachahmungseffekt" bei vermögenden Bekannten
Anzeigen in überregionalen Printmedien	schlecht	Zu große Streuung der Zielgruppen und nur aus Imagegründen zu teuer
Anzeigen in fachspezifischen Printmedien	mittel	Zielgruppen besser erreichbar. Als „Aufhänger" ist die Betrachtung von berufsspezifischen Produkten im Rahmen der Privaten Finanzplanung geeignet (Fonds, Versicherungen)
Presse- und Öffentlichkeitsarbeit	gut	Preiswert, Erzielung starker öffentlicher Wirkung. Kombination mit anderen Kommunikationsinstrumenten möglich
Allgemeine Kundenveranstaltungen	schlecht	Breit gestreute Interessen erschweren das Setzen von Schwerpunkten und die persönliche Identifikation. Kleiner Teilnehmerkreis vorteilhaft
Zielgruppenorientierte Kundenveranstaltungen	gut	Mittelstand (Handwerker, Ärzte), Sportler, Künstler, Manager. Ähnliche Probleme ermöglichen gezielte Ansprache. Solidaritätsgefühl bei den Teilnehmern
Multiplikatorenveranstaltungen	mittel	Veranstaltungen mit Vertretern beratender Berufe im Finanzbereich (z. B. Steuerberater) müssen speziell auf diese zugeschnitten werden. Interessenkonflikte möglich!
Kontakte durch erste Führungsebene	sehr gut	Nicht allgemein einsetzbar, eingeschränkte Verfügbarkeit
Über Vermittler	schlecht	Nicht mit den typischen Vertriebsstrukturen von Finanzdienstleistungsvermittler vereinbar, hohe fachliche Qualifikation auch im Vertrieb erforderlich

3.1.2 Akquisitionsgespräch

Das Akquisitions- bzw. Informationsgespräch mit dem potenziellen Interessenten ist entscheidend für den Akquisitionserfolg in der Privaten Finanzplanung. Daher sollte es besonders sorgfältig vorbereitet und durchgeführt werden.

Vorbereitung und Durchführung

Alle Informationswege, die einem Finanzdienstleister die Identifikation der potenziellen Problemfelder des Kunden erlauben, sollten vom Finanzplaner im Vorfeld des Informationsgesprächs ausgeschöpft werden, z. B.:

- Persönliches Gespräch mit dem Hauptansprechpartner des Kunden (Kundenbetreuer). Bei langjährigen Kundenbeziehungen kennt dieser nicht nur das Anlageverhalten des Kunden, sondern auch seine persönlichen Einstellungen. Der Berater kann den Finanzplaner über die Einstellung des Kunden zu Dienstleistungen (z. B. delegiert gerne Aufgaben, hat gute/schlechte Erfahrungen mit Bankdienstleistungen gemacht) oder zu Geldangelegenheiten (z. B. schätzt die Kompetenz des Kundenbetreuers, stellt Detailfragen über Bankprodukte, kennt sich in Steuerfragen aus) informieren. Die Kenntnis der Art der Geschprächsführung des Kunden (z. B. umgänglich, kontaktfreudig, schüchtern, überheblich, redet viel/wenig) hilft dem Finanzplaner, sich besser auf den ihm unbekannten Gesprächspartner einzustellen.
- Auswertung des Anlageverhaltens (WpHG-Bogen).
- Gespräche mit Kollegen aus anderen Geschäftsbereichen, falls der Kunde weitere Geschäftsverbindungen unterhält (Baufinanzierung, Kredit).
- Kontobewegungen auf dem Girokonto (Leasing-, Kreditraten).

Die Informationsauswertung sollte nur mit dem Ziel erfolgen, dem Kunden bereits in der Vorbereitungsphase eine individuell zugeschnittene Dienstleistung anzubieten. Dabei ist die Erfahrung des Finanzplaners bei Erstkontakt mit Neukunden sehr wichtig und entsprechende Unterlagen zur Strukturierung der Gesprächsvorbereitung und -führung notwendig. In der Informationsphase müssen die Ziele des Kunden, die er mit der Privaten Finanzplanung erreichen kann, anhand der Problemfelder schon grob definiert werden. Das Informationsgespräch mit potenziellen Interessenten hat zwei Ziele:

- die Vorstellung der Dienstleistung Private Finanzplanung und des konkreten Nutzens für den Kunden und
- die Ermittlung des individuellen Honorars für die Erbringung der Dienstleistung.

Der Nutzen der Privaten Finanzplanung muss für den Kunden nachvollziehbar sein und die voraussichtlichen Ergebnisse müssen seinen Vorstellungen entsprechen. Der Inhalt des Gespräches sollte die Bereiche *Absatzproblemfragen* (Probleme und Defizite mit der bestehenden Vermögensanlage), *Auswirkungsfragen* (Auswirkungen von möglichen Problemen, z. B. die fehlende Familienabsicherung) und *Nutzenfragen* (Problemlösungen) abdecken.

Ein Kunde sieht in der Regel selten Probleme in seiner gesamten Vermögensstruktur, vielmehr handelt es sich in seinen Problembereichen um einzelne Anlageformen, mit denen er nicht zufrieden ist. Auch wenn diese Probleme ideale Gesprächsaufhänger und Gesprächsgrundlagen sind, sollten im Akquisitionsgespräch keine Produktempfehlungen gegeben werden, weil der vorgestellte ganzheitliche Beratungsansatz in Frage gestellt wird. Die Lösungswege für die Probleme des Kunden werden in einer späteren Phase der Privaten Finanzplanung definiert. Auch sollten Bewertungen von Kundenaussagen, z. B. zu Einzelanlagen oder deren Anbietern, vermieden werden. Auch bei Neukunden ist der Finanzplaner in der Regel nicht der erste Ansprechpartner des Kunden. Daher ist der Informationstransfer von der Person, die den Kunden bereits kennt, zum Finanzplaner sehr wichtig. In Fällen, wo der Finanzplaner doch als erster mit dem Kunden in Kontakt kommt, muss er das Gespräch anhand seiner Erfahrung führen. Wenn der Kunde vom Nutzen der Finanzplanung überzeugt ist, will er dann natürlich wissen, was diese Dienstleistung kostet. Damit kommen wir zum zweiten wichtigen Teil des Akquisitionsgespräches, der Honorarvereinbarung.

Honorarvereinbarung

Sensibel in der Akquisitionsphase ist das Preisthema. Dass eine hochwertige Beratung nicht umsonst zu haben ist, wird in der Regel eingesehen. Die „Empfindlichkeit" gegenüber der am Markt vorhandenen Preisbandbreite von einigen Tausend bis mehreren Zehntausend Mark variiert dagegen stark. Das Verständnis des Finanzplaners als kompetenter und neutraler Berater hilft, die Honorarhöhe überzeugend zu begründen. Sehr hinderlich bei der Preisargumentation sind kostenlose Beratungsangebote einiger Marktteilnehmer, die auch unter der Bezeichnung „Finanzplanung" vermarktet werden. Eine Vermarktung über den Preis hilft sicherlich kurzfristig, Volumen zu akquirieren, schafft langfristig aber keine Qualität und eine daran orientierte Akquisitionskultur.

Wenn der Kunde an dieser Stelle des Gesprächs von dem persönlichen Nutzen der Finanzplanung überzeugt ist, geht es dann darum, dem Kunden einen möglichst genauen Preis für die Dienstleistung zu nennen. Das Problem ist dabei nicht, die absolute Höhe des Honorars zu begründen, sondern diese Höhe als angemessen im Sinne eines Preis-Leistungsverhältnisses darzustellen. Zu diesem Zeitpunkt muss sich der Vertriebsmitarbeiter ein relativ gutes Bild von der Vermögenssituation und den Zielen des Kunden gemacht haben. Danach richtet sich das Leistungsangebot für den Kunden. Falls der Anbieter mehrere Leistungsstufen oder Ausprägungen der Privaten Finanzplanung anbietet, muss zu diesem Zeitpunkt die richtige Leistungsstufe ausgewählt werden. Mit Hilfe der dafür geeigneten Unterlagen wird dann der individuelle Preis für den Kunden festgelegt. Wenn der Kunde den Preis akzeptiert, wird der Auftrag für den Anbieter vergeben. Das Führen einer Preisdiskussion seitens des Kunden zeigt, dass er den Nutzen der Finanzplanung für sich noch nicht erkannt hat, entsprechend muss der Vertriebsmitarbeiter diesen nochmals überzeugend darstellen. Ganz deutlich soll auch das Wesen der Finanzplanung als Beratungsdienstleistung herausgestellt werden, die im Erbringen von Werten besteht, die für den Kunden wichtig sind. Das Einhalten der vorgegebenen Preise ist für alle Anbieter von Interesse, denn nur so kann sich langfristig eine entsprechende Kultur durchsetzen.

Obwohl es kaum einen Anleger gibt, für den eine Private Finanzplanung nicht sinnvoll wäre, sind nicht alle Kunden von ihrem Nutzen überzeugt. Daher führt nicht jedes Akquisitionsgespräch zum gewünschten Vertragsabschluss. Will der Kunde die Entscheidung aufschieben, ist dann die Vereinbarung eines Nachfolgetermins sinnvoll. In diesem Falle sollten dem Kunden aussagekräftige Unterlagen ausgehändigt werden, die ihm helfen, in Ruhe seine Entscheidung nochmals zu überdenken. Der Vertriebsmitarbeiter oder der Finanzplaner muss in diesem Fall die Entscheidung des Kunden nach einer angemessenen Zeitspanne überprüfen (Nachfassen des Informationsgesprächs). Auch bei einer völligen Ablehnung seitens des Kunden sollten die Ergebnisse des ausführlichen Gesprächs ausgewertet werden. Wenn man dem Kunden im Rahmen einer Privaten Finanzplanung nicht zu einer komplexen Problemlösung verhelfen kann, können sich im Laufe des Gespräches Ansätze für Detaillösungen ergeben. Auf jeden Fall ist ein schriftliches Festhalten der Ergebnisse des Akquisitionsgespräches ratsam. Nach einem erfolgten Vertragsabschluss sollten die nächsten Schritte festgelegt und Termine vereinbart werden. Der zeitliche Abstand zur nachfolgenden Phase der Finanzplanung, der Analysephase mit der Datenaufnahme, sollte nicht zu lang sein. Zusammenfassend die wichtigen Inhalte der Informationsphase:

- Bedarfserkennung mit Kundenauswahl und Kundenansprache.
- Klärung der Auftrags- und Vertragsgrundlagen (ggf. mit Verweis auf die Grundsätze ordnungsmäßiger Finanzplanung).
- Klärung des Auftragsumfangs und Priorisierung der übernommenen Tätigkeiten.
- Klärung der Auftragshonorierung und Offenlegung der Vergütungskomponenten in Beratungs- und Provisionsbestandteile.
- Klärung eventueller Haftungsfragen.
- Niederlegung der Vereinbarung in schriftlicher Form.

Kundeneinwände und deren Behandlung

In Beratungsgesprächen ergeben sich oft typische Situationen, die auf Einwände des Kunden zurückzuführen sind, wenn er noch nicht vom Nutzen der Finanzplanung überzeugt ist. Die folgende Aufstellung in der Übersicht 10 basiert auf Praxiserfahrungen und stellt nur eine Auswahl der möglichen Fragen und Antworten dar.

Übersicht 10: Kundeneinwände und mögliche Antworten

Einwand	Mögliche Antworten
• Das Ganze ist mir zu kompliziert!	• Die Private Finanzplanung ist ein transparenter Beratungsprozess. Die Ergebnisse der Beratung werden von Spezialisten klar und verständlich dargestellt. Am Vorgang der Anlageentscheidung (Ihrem „persönlichen Investmentprozess") ändert sich für Sie wenig, nur die Grundlagen sind wesentlich fundierter.
• Warum soll ich ein Beratungshonorar zahlen?	• Die Private Finanzplanung ist ein unabhängiges Gutachten. Wir zeigen ihre Entwicklung sowie Maßnahmen zur Optimierung auf. • Bei der Umsetzung der Vorschläge sind Sie in der Wahl Ihres Geschäftspartners völlig frei. Natürlich betreuen wir Sie gerne bei der Realisierung der empfohlenen Maßnahmen. • Ein wirklich neutrales und objektives Gutachten muss honorarpflichtig sein.
• Das Honorar ist mir zu hoch!	• Womit vergleichen Sie den Preis? • Die Private Finanzplanung ist als Investition zu betrachten. Eine Investition, die sich rechnet. In vielen Fällen ist schon im ersten Jahr der Nutzen höher als die Investition. Der finanzielle Vorteil ist ein echter Gewinn. • Darüber hinaus können Sie das Honorar in Ihrer Einkommensteuererklärung als Werbungskosten bei Einkünften aus Kapitalvermögen absetzen (eine Garantie hierfür können wir jedoch nicht geben). Somit reduziert sich Ihr Nettoaufwand bei Ihrem Steuersatz von 50 % Prozent auf die Hälfte. • Herr/Frau ..., ich verstehe Ihre vorsichtige Haltung. Es gilt immer, das Für und Wider abzuwägen. Auf der einen Seite ist die Investitionssumme von ... DM und auf der anderen Seite steht ein Nutzen aus Kosteneinsparung, Senkung der Steuerbelastung und Erhöhung Ihrer Nachsteuerrendite. • Herr/Frau ..., dies ist ein wichtiger Hinweis. Ich deute ihn so, dass Sie wissen möchten, wie sich diese Investition für Ihr Vermögen rechnet. Dann lassen Sie uns noch einmal zusammenfassen, welchen finanziellen Nutzen Sie im Einzelnen aus der Finanzplanung ziehen können: ... . • Die Vergangenheit hat gezeigt, dass das Honorar regelmäßig im ersten Jahr nach Abschluss der Finanzplanung erwirtschaftet werden kann. Insoweit stellt sich die Frage, ob Sie in Ihrer Vermögensstruktur von einem Optimierungspotenzial bzw. einem Vorsteuerfehler in Höhe des Honorars ausgehen.
• Was habe ich von der Privaten Finanzplanung?	• Sie haben folgende qualitativen Vorteile... • Der konkrete Nutzen für Sie besteht in... (vgl. Abschnitt 2.5)

• Sie wollen doch bestimmt nur etwas verkaufen, damit Ihre Bank gut verdienen kann!	• Die Finanzplanung ist ein neutrales Gutachten, für das Sie ein Honorar entrichten. Ob Sie die Maßnahmen bei uns umsetzen, ist eine andere Sache. • Bei der Umsetzung der Vorschläge sind Sie in der Wahl Ihres Geschäftspartners völlig frei. Natürlich betreuen wir Sie gerne bei der Realisierung der empfohlenen Maßnahmen.
• Das macht alles mein Steuerberater/ Rechtsanwalt/ Wirtschaftsprüfer	• Gerne binden wir Ihren Steuerberater in die Finanzplanung ein. Die Finanzplanung geht jedoch über die alleinige Betrachtung der Steuerkomponente hinaus. Sie bezieht neben der Steuer zusätzlich die Liquiditätsplanung und den Vermögensaufbau bzw. die Vermögensstrukturierung in die Analyse mit ein. • Die Finanzplanung ist nicht statisch – sie wird nicht wie die Einkommensteuererklärung für ein fixes Jahr erstellt. Vielmehr ist die Finanzplanung eine dynamische, in die Zukunft gerichtete Analyse, die Trends aufgezeigt. Sie können nachvollziehen, wie sich Ihr Vermögen, Ihre Liquidität und Ihre Steuerbelastung voraussichtlich entwickeln werden. • Der Steuerberater oder Rechtsanwalt befasst sich in der Regel nur mit den laufenden Veranlagungszeiträumen. Eine Beurteilung einzelner Anlagewerte, Renditebetrachtungen, Zukunftsprognosen und Szenarien werden nicht erbracht. Insoweit sind Steuerberater und Rechtsanwälte auch potenzielle Kunden der Finanzplanung.
• Da sich mein Einkommen von Jahr zu Jahr ändert, ist eine Planung gar nicht möglich!	• Gerade bei schwankenden Einkünften ist eine Finanzplanung besonders wichtig. Da die Finanzplanung bei ihrer Betrachtung nicht die Einkommensspitzen, sondern die erzielbaren Einkommensdurchschnitte zugrunde legt, können Aussagen über die weitere Vermögensentwicklung getroffen werden. Weiterhin besteht selbstverständlich auch die Möglichkeit einer Aktualisierung sowie die Erarbeitung von Szenarien.
• Was bieten Sie denn anderes als Ihre Wettbewerber?	• Im Vergleich mit anderen Mitbewerbern liegen unsere Stärken bei ... • Der besondere Mehrwert für Sie besteht .....
• Das habe ich bisher immer selbst gemacht. Meine Finanzen sind gut organisiert	• Das finde ich gut. Herr/Frau ... , es ist schön, mit Kunden zusammenzuarbeiten, die ihre Finanzen gut organisiert haben. Sie können die Finanzplanung als unabhängige Instanz nutzen, um Ihre getätigten Investitionen überprüfen bzw. bestätigen zu lassen. Somit wird Ihre Entscheidungsbasis für zukünftige finanzielle Dispositionen zusätzlich abgesichert. • Müsste es Sie nicht reizen, durch ein neutrales, unabhängiges Gutachten eine Bestätigung hierfür zu haben? • Sie benötigen doch weiterhin Ihre Berater wie Steuerberater, Rechtsanwalt, Versicherungsmakler, Bankberater etc. Wie koordinieren Sie die Zusammenarbeit der einzelnen Berater

	und wieviel Zeit wenden Sie hierfür auf? Wir können sie fachlich unterstützen und zeitlich entlasten.
• Nicht umsonst arbeitet die Finanzplanung EDV-gestützt. Die vernetzte Betrachtung der Bereiche Liquidität, Bilanz und Steuern – und das noch über einen Prognosezeitraum von mehreren Jahren – kann „mit der Hand am Arm" nicht berechnet werden. Eine professionelle Finanzplanung kann nur von entsprechenden Spezialisten durchgeführt werden.
• Da ich demnächst in den Ruhestand gehe, lohnt sich bei mir eine Finanzplanung nicht mehr!	• Gerade bei Lebensveränderungen ist eine Planung besonders wichtig, da mit dem Ruhestand oftmals Einkunftsarten wegfallen und durch andere ersetzt werden. Der persönliche Steuersatz bzw. der persönliche Lebensstandard ändert sich. Auf diese Veränderungen gilt es, sich mit Hilfe der Finanzplanung rechtzeitig einzustellen.
• Ich bin bei Ihnen bereits als Firmenkunde. Ich möchte nicht, dass der Firmenkundenabteilung meine gesamte persönliche Situation bekannt ist.	• Für die Durchführung einer Privaten Finanzplanung ist ein besonders enges Vertrauensverhältnis zwischen Auftraggeber und Finanzplaner Voraussetzung. Die erfassten persönlichen und Vermögensdaten werden ausschließlich für die Erstellung der Finanzplanung verwendet. Die Arbeitsabläufe stellen sicher, dass keine Daten zu anderen Zwecken ausgewertet werden. Die internen Informationssperren (bekannt als „Chinese Walls") werden konsequent berücksichtigt, sodass kein Kunde Bedenken wegen der Offenlegung von Daten haben muss.
• Da müsste ich mich Ihnen gegenüber ja vollkommen offenbaren. Mit Finanzplanung werde ich zum gläsernen Kunden. Das wünsche ich nicht.	• Richtig ist, dass eine Finanzplanung nur bei vollständiger Erfassung aller relevanten Daten durchgeführt werden kann. Das ist wie beim Arzt, der zunächst einmal eine profunde Untersuchung durchführen muss, um die richtige Diagnose stellen zu können. Diskretion steht auf jeden Fall an erster Stelle!
• Die Qualität des Gutachtens hängt entscheidend von der Vollständigkeit und Richtigkeit der von Ihnen gemachten Angaben ab. Um bei dem Vergleich mit dem Arzt zu bleiben: Wir müssen uns darüber unterhalten, wie Sie einem finanziellen Check-Up – und das ist die Finanzplanung – gegenüberstehen. Bei der Finanzplanung geht es darum, die Gesamtstruktur Ihres Vermögens zu berücksichtigen. Wo das Vermögen investiert ist, ist hierbei völlig irrelevant. Angaben über Depotbanken bei Wertpapieranlagen oder Anschriften von Immobilien sind für die Analyse nicht notwendig.
• Ich kann doch Ihre Berechnungen gar nicht nachvollziehen! Finanzplanung ist zu langfristig, zu ungenau und die Annahmen unrealistisch!	• In Unternehmen ist finanzielle Planung absolut selbstverständlich. Sie ist ein unabdingbarer Baustein in der Unternehmensplanung und -steuerung. Komplexes Vermögen bzw. hohes Vermögensbildungspotenzial erfordern – auch im privaten Bereich – eine strategische Planung. Finanzplanung

Bei einer langfristigen Betrachtung gibt es zu viele Unsicherheitsfaktoren. Eine Planung ist da gar nicht möglich!	ist nicht ein einmaliger Vorgang mit Gültigkeit für alle Zeit. Realistische Annahmen können wir nur für die nächsten ein bis drei Jahre treffen; den nachfolgenden Planungszeitraum betrachten wir als Trendkanal. In regelmäßigem Turnus werden die Daten aktualisiert und die Planungen adjustiert. Die -Finanzplanung ist ein kontinuierliches Betreuungskonzept, das in regelmäßigen Abständen an die Veränderungen im persönlichen und wirtschaftspolitischen Umfeld angepasst werden muss. Die Annahmen und Planungsprämissen, z. B. Inflationsrate oder Kapitalmarktrenditen, erfolgen auf der Basis langjähriger statistischer Durchschnitte.
• Für eine Finanzplanung ist mein Vermögen zu klein!	• Entscheidend ist nicht die Größe eines Vermögens. Zu fragen ist, ob in der Vermögensstruktur ein „Vorsteuerfehler" bzw. ein Optimierungspotenzial in Höhe des Honorars vorliegt. In diesem Fall hätte sich eine Finanzplanung schon gelohnt.
• Da sich mein Einkommen von Jahr zu Jahr wenig ändert, habe ich selbst einen guten Überblick. Eine Planung ist gar nicht sinnvoll!	• Bei relativ konstanten Einkünften ist es wichtig, diese möglichst effizient einzusetzen. Mit der Finanzplanung besteht die Möglichkeit, eine optimale Anlagestrategie zu bestimmen. Sollte sich später die Einkommenssituation ändern, kann dies im Rahmen einer Aktualisierung berücksichtigt werden.
• Im Augenblick habe ich dafür keine Zeit!	• Berufliches und familiäres Engagement stehen ständig in einem zeitlichen Spannungsfeld. Mit Hilfe der Finanzplanung wollen wir Ihnen helfen, dieses Spannungsfeld zu lösen. Anhand der Finanzplanung können Sie sich schnell über Ihre derzeitige und zukünftige Vermögenssituation ein Bild machen. Mittels des Maßnahmenkataloges können Entscheidungen rechtzeitig getroffen werden.
• Finanzplanung macht mir zu viel Arbeit!	• Für eine fundierte und aussagekräftige Finanzplanung ist ein gewisses Minimum an Zeitaufwand unumgänglich. Für die Beratung müssen Sie mit einem Zeitaufwand von insgesamt etwa 5 bis 6 Stunden rechnen. Hierzu zählen das Zusammenstellen der Unterlagen für die Datenerhebung anhand einer Checkliste, die Datenerhebung selbst (Dauer ab 2 Stunden), die Besprechung der Analyseergebnisse sowie der Maßnahmenvorschläge (Dauer ca. 2 Stunden). Die Finanzplanung ist als Investition in die Zukunft zu betrachten. Die jetzt investierte Zeit entlastet Sie künftig – nicht nur zeitlich – bei Ihren Investitionsentscheidungen. • Wir lassen Sie mit der Arbeit für die Finanzplanung nicht alleine. Für die Zusammenstellung der Daten geben wir Ihnen eine Checkliste, nach der Sie vorgehen können. Die Datenerhebung führen wir gemeinsam durch. Alles weitere erledigen wir.

• Meine Vermögenssituation wird sich demnächst verändern. Sprechen Sie mich bitte später an.	• Gerade im Vorfeld von größeren Vermögensänderungen ist eine Planung sinnvoll, da im Nachhinein Korrekturen oft nicht möglich sind bzw. zusätzliche Kosten verursachen Die Durchführung einer Finanzplanung ist gerade jetzt notwendig!
• Mit Immobilien, Wertpapieren, Beteiligungen etc. kenne ich mich aus.	• Schön, wenn dieser Vermögensbestandteil (z. B. Immobilie) von Ihnen bereits optimal gemanagt ist. Selbstverständlich bauen wir Ihre Ergebnisse und Anregungen in die Finanzplanung ein. Darüber hinaus beinhaltet die Finanzplanung aber noch mehr. Es geht um die Abstimmung der Vermögensteile aufeinander. Wir betrachten die Interdependenzen von Vermögensgegenständen, Liquiditätsströmen und Steuern.

3.1.3 Erfolgsfaktoren in der Akquisition

Erfahrungsgemäß hängt die erfolgreiche Akquisitionsarbeit von bestimmten Faktoren ab. Diese muss jeder Finanzdienstleister für sich definieren und die Umsetzung von Maßnahmen zur Realisierung vornehmen. Die hier aufgeführten Erfolgsfaktoren bilden sicherlich nur einen Teil der Möglichkeiten im Akquisitionsbereich ab, müssen noch präzisiert, erweitert und in Praxismaßnahmen umgesetzt werden.

Interne Kommunikation positiver Erfahrungen

Der informelle Austausch von Informationen in größeren Organisationen ist ein etabliertes Kommunikationsmittel. Nicht anders ist es auch bei kleineren Finanzdienstleistern, die ausschließlich auf ihren guten Ruf angewiesen sind. Positive wie negative Erfahrungen mit der Privaten Finanzplanung werden auch auf dem informellen Weg ausgetauscht. Erfahrungsgemäß verbreiten sich auf dem informellen Weg vorwiegend negative Erfahrungen, was dazu führt, dass ein oder zwei negative Fälle (z.B. Kundenbeschwerden), unabhängig von der Anzahl der positiv gemachten Erfahrungen, grundsätzlich zur Ablehnung der Privaten Finanzplanung führen können. Da die informelle Kommunikation nur schwer zu kontrollieren ist, müssen entsprechende Maßnahmen eingeleitet werden, die positiven Erfahrungen bekannt zu machen und die sachliche Behandlung von internen und externen Einwänden zu ermöglichen.

Fachliche und persönliche Qualifikation des Finanzplaners

Der Finanzplaner muss ein breites fachübergreifendes Wissen in allen Bereichen der Finanzdienstleistung und besonders im spezifischen Bereich der Finanzplanung besitzen. Neue Methoden und Weiterentwicklungen, z.B. in der Beratungssoftware, müssen beherrscht werden, um auch in der Akquisition den Mehrwert und die Inhalte der Beratung dem Kunden vermitteln zu können. Wichtige Inhalte bei der fachlichen Weiterbildung des Finanzplaners sind die sichere Beherrschung der Abläufe der Finanzplanung, Festigung der argumentativen Basis des Finanzplaners gegenüber den Kunden und Schulung der notwendigen Akquisitionstechniken.

Gute Ausbildung und Qualifikation des Beraters garantieren alleine noch keinen Erfolg im Vertrieb. Wichtig ist die Erfahrung im Umgang mit der Klientel der Privaten Finanzplanung. In der Akquisition sollten erfahrene Berater, die die Kundengruppe gut kennen, eingesetzt werden. Dafür müssen diese als Person geeignet sein und vom Kunden sowie von anderen Beratern akzeptiert werden.

Rahmenbedingungen

In einer größeren Organisation bewegt sich der Finanzplaner im Rahmen bestehender Strukturen und hat mit seiner Umwelt diverse Schnittstellen, über die er kommuniziert und über die er auch seine Ziele erreicht. Diese bilden die Rahmenbedingungen für seine Tätigkeit. Dazu zählen z.B. die Unterstützung durch das Management vor Ort, die vorhandenen Kompetenzen des Finanzplaners, die vorhandenen organisatorischen Strukturen, in denen er sich bewegt, sowie die Überzeugung und Unterstützung seiner Ansprechpartner.

- *Unterstützung durch das Management:* Die Praxis hat gezeigt, dass die Etablierung der Finanzplanung durch die unmittelbare Unterstützung des Managements vor Ort am erfolgreichsten ist. Der Finanzplaner muss das uneingeschränkte Vertrauen des Managements besitzen und jederzeit Unterstützung bei Problemen oder bei Maßnahmen, die er durchführt, bekommen. Für einen Finanzplaner, der neu in eine Vertriebsorganisation einsteigt, ist die Erreichung dieser Voraussetzung ungleich schwerer als für einen, der bereits längere Zeit bei einem Anbieter in anderen Bereichen erfolgreich tätig war.

- *Kompetenzen des Finanzplaners:* Die Finanzplanung als noch wenig bekannte Dienstleistung erfordert besonderes Fingerspitzengefühl bei der Akquisition der Kunden. Der Finanzplaner muss entsprechende Spielräume und Kompetenzen haben, um flexibel vor Ort entscheiden zu können, welche Leistungen für den Kunden in Frage kommen sowie welche Preise dafür verlangt werden können. Die Spielräume für die Gewährung von Preiszugeständnissen müssen auf jeden Fall klar geregelt sein und bei einem strukturierten Beratungsangebot voll in der Verantwortung des Finanzplaners bzw. des Kundenbetreuers liegen. Es ist grundsätzlich davon abzuraten, die Private Finanzplanung über den Preis zu verkaufen.

- *Organisatorische Strukturen:* Um eine flächendeckende Akquisitionsarbeit erfolgreich zu gestalten, muss der Finanzplaner in die bestehenden organisatorischen Strukturen eines Finanzdienstleisters optimal eingebunden werden. Wichtig ist, dass der Finanzplaner keine weiteren Aufgaben außer Finanzplanung hat. Weiterhin wichtig ist die organisatorische Zuordnung des Finanzplaners zu einer Stelle, die direkte Ergebnisverantwortung für die Finanzplanung trägt. Diese kann den Finanzplaner wirksam bei seiner Akquisitionsarbeit unterstützen.

- *Persönliches Engagement des Managements in der Akquisition und in der Kundenbetreuung:* Dieser Aspekt ist besonders wichtig, da die Erfahrung gezeigt hat, dass das persönliche Engagement des Managements, z.B. der Geschäftsleitung, in der Akquisition einen positiven Effekt auf die Vertriebsleistung hat. Voraussetzung dafür ist, dass auch das (Top-)Management die Private Finanzplanung kennt und bei Kontakten zu geeigneten Kunden vorstellt. Ein solches Engagement hat einen Vorbildcharakter und trägt deutlich zur Steigerung der Akzeptanz der Privaten Finanzplanung bei den Vertriebsmitarbeitern bei.

3.2 Analysephase

3.2.1 Datenaufnahme

Mit der Datenaufnahme werden die Grundlagen für die Qualität der erstellten Analyse im Rahmen der Finanzplanung gelegt. Sie muss detailliert und sorgfältig erfolgen, sodass die erfassten Daten eine zuverlässige Basis für die computergestützte Analyse sind. Nur mit vollständigen Daten, die alle Vermögens- und Einkommensbereiche umfassen, lässt sich eine umfassende und vernetzte Analyse durchführen. Der Kunde muss davon ebenfalls überzeugt sein, denn bei der Datenerhebung ist der Finanzplaner auf die Mitarbeit des Kunden angewiesen. Es sind mehrere Möglichkeiten zur Durchführung der Datenaufnahme denkbar:

- Erfassung direkt in einen Computer ohne schriftliche Unterlagen,
- Ausfüllen von schriftlichen Unterlagen durch den Kunden oder
- Erfassen der von dem Kunden zur Verfügung gestellten Unterlagen durch einen Mitarbeiter des Anbieters.

Eine Erfassung der Daten direkt in den Computer ist nicht zu empfehlen, denn die Gefahr von Fehleingaben ist relativ hoch. Zudem hat der Kunde in den seltensten Fällen alle Unterlagen so zur Verfügung, dass die Datenaufnahme komplett durchgeführt werden kann. Bei der Durchführung der Analyse fehlt später die Möglichkeit der Überprüfung.

Die Datenaufnahme sollte so strukturiert erfolgen, dass die spätere computergestützte Analyse möglichst vereinfacht wird. Daher ist das Ausfüllen einer schriftlichen Unterlage zur Datenaufnahme durch den Kunden allein ebenfalls nicht zu empfehlen, denn der Kunde weiß oft mit spezifischen Fachtermini nichts anzufangen. Die Gefahr von Fehleingaben ist ebenfalls gegeben. Bei größeren oder bei komplex strukturierten Vermögen kann der Kunde möglicherweise beim selbständigen Ausfüllen der Unterlagen und auch bei der Datenaufnahme im persönlichen Gespräch zeitlich über Gebühr beansprucht werden, was der Anbieter vermeiden sollte. Für die Durchführung der Datenaufnahme ist daher ein guter Mittelweg empfehlenswert: Die Zusammenstellung der notwendigen Unterlagen erfolgt durch den Kunden, das schriftliche Festhalten durch den Finanzplaner. Alle wichtigen Unterlagen (Versicherungspolicen, Steuererklärungen usw.) sollten als Kopie für spätere Qualitätskontrollen vorliegen.

Das reduziert den zeitlichen Bedarf für die Durchführung der Datenaufnahme, der durch die zeitliche Inanspruchnahme von qualifizierten Beratern ein wesentlicher Kostenfaktor bei der Durchführung der Finanzplanung ist. Für die Durchführung der Datenaufnahme müssen erfahrungsgemäß zwischen zwei und vier Stunden veranschlagt werden, unter Umständen aber auch mehr. Dabei ist der zeitliche Aufwand für die Beschaffung von fehlenden Unterlagen nicht inbegriffen. Die Ergebnisse einer Untersuchung über die durchschnittliche Dauer der Datenaufnahme bei verschiedenen Anbietern gibt Abbildung 17 wieder. Gelegentlich wird die Bereitschaft der Kunden angezweifelt, die umfangreichen Daten, die für die Private Finanzplanung notwendig sind, dem Anbieter zur Verfügung zu stellen. Das Verständnis des Kunden für die Notwendigkeit der ausführlichen Datenerhebung ist immer dann vorhanden, wenn das Wesen der Dienstleistung Private Finanzplanung verstanden worden ist. Dabei spielt die organisatorische Anbindung des Anbieters (Privatbank, Großbank, unabhängiger Finanzdienstleister) keine wesentliche Rolle. Die von D. Lutz und J. Richter in „Das Geschäftsfeld ‚Strategische Vermögensberatung' in der Steuerberatung", 1997, aufgestellte These, dass gegenüber Banken eine besonders ausgeprägte Abneigung existiert, sämtliche Vermögensverhältnisse offenzulegen, kann aus Sicht der Praxis nicht bestätigt werden. Vielmehr zeigt die Marktentwicklung in Deutschland, dass gerade die Großbanken beim Angebot der Privaten Finanzplanung führend sind. Die Offenlegung der Vermögensverhältnisse ist eine Frage des Vertrauens und dieses wird primär zwischen Personen und weniger zwischen Institutionen aufgebaut.

Außerordentlich wichtig ist in dieser Phase die Festlegung der individuellen Ziele und der Planungsprämissen für die Finanzplanung. Spätestens zu Beginn der Datenaufnahme muss sich der Kunde über die konkreten Ziele, die mit der Finanzplanung erreicht werden sollen, im Klaren sein. Um die Übersichtlichkeit einer umfassenden Analyse zu erhalten,

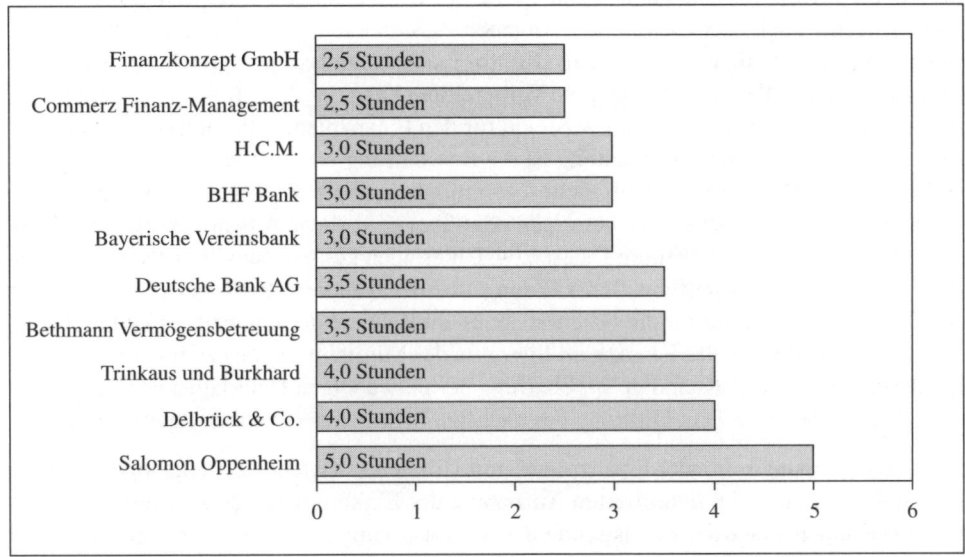

Quelle: nach Brüsehaber, a.a.O., 1996 und eigene Recherchen
Abbildung 17: Durchschnittliche Dauer der Datenaufnahme

sollte eine Priorisierung der Ziele vorgenommen werden, denn es ist von vornherein nicht klar, ob alle Ziele des Anlegers, die er im Rahmen der Finanzplanung definiert hat, realisiert werden können. Seine Ziele sollte der Kunde möglichst klar und strukturiert formulieren. So wird sichergestellt, dass die individuelle Analyse sich nach den konkreten Zielen des Kunden richtet. Spätestens in dieser Phase der Finanzplanung muss geklärt werden, ob bestimmte Vermögensbestandteile oder Anlageformen in der Betrachtung von Vermögensdispositionen nicht berücksichtigt werden sollen (z. B. Immobilien, die aus persönlichen Gründen nicht zur Disposition stehen). Angesichts der Wichtigkeit der Formulierung der persönlichen Ziele des Anlegers muss man überlegen, wann diese Formulierung in der notwendigen Tiefe erfolgen soll. Die wichtigsten Ziele hat der Anleger sicherlich im Rahmen der Entscheidung für eine Finanzplanung getroffen, dies sind allerdings meistens allgemeine Ziele wie „Sicherung des Lebensstandards" oder „Risikoabsicherung" sowie allgemeine Wünsche wie „Übersicht über das Vermögen schaffen" usw. Der Finanzplaner kann nach Kenntnis der Situation dem Anleger bei der Formulierung seiner konkreten Ziele helfen.

Nach der Durchführung der Datenaufnahme muss der Finanzplaner in der Lage sein, die finanziellen Problemfelder zu erkennen und sie dem Kunden zu nennen. Er kann die Auswirkungen der persönlichen Situation des Anlegers auf seine finanziellen Vorhaben abschätzen: die Finanzierung der künftigen Ausbildung der Kinder, die Vermögensübertragungen zu Lebzeiten (Schenkungen) oder die steuerliche Belastung durch Erbschaftsteuer im Ablebensfall etc. Da zum Teil die Realisierung solcher Ziele im Rahmen von speziellen Ausarbeitungen im Rahmen der Finanzplanung erfolgt, die mit zusätzlichem Aufwand erstellt werden, sind sie oft mit einer erhöhten Vergütung verbunden.

Bereits im Vorfeld der Datenaufnahme sollte der Kunde anhand einer klar formulierten Checkliste, die auch nachvollziehbare Angaben zu Sinn und Zweck der geforderten Daten enthält, die erforderlichen Unterlagen (Konto- und Depotauszüge, Versicherungspolicen etc.) zusammenstellen. Durch eine gute Vorbereitung kann der Zeitaufwand bei der Datenaufnahme sowohl für den Kunden wie auch für den Finanzplaner (Berater) erheblich verkürzt werden. Trotz guter Vorbereitung ist die Beschaffung von bestimmten Informationen im Rahmen der Datenerhebung oft nicht sofort möglich, wie z. B. Angaben über Ablaufleistungen von Kapitallebensversicherungen oder über erworbene Anwartschaften bei Rentenversicherungsträgern. Weitere Daten bzw. Unterlagen können dann beim Steuerberater vorliegen. Für die Beschaffung dieser Daten sollte der Kunde in der Regel eine Vollmacht erteilen, die natürlich nur für die Datenerhebung im Rahmen der Finanzplanung Gültigkeit hat. Diese Vorgehensweise ist auch im Interesse der Minimierung des zeitlichen Aufwandes für den Kunden. Vollständige Beschaffung der notwendigen Unterlagen ist auch im Interesse einer zeitnahen Durchführung des nächsten Schrittes der Privaten Finanzplanung.

Die Datenerhebung sollte der Finanzplaner mit Hilfe eines Datenerfassungsbogens durchführen. Dieser dient der detaillierten Aufnahme der Einkommens- und Vermögenssituation des Kunden sowie der Präzisierung der für ihn wichtigen Anlageziele. Der Datenaufnahmebogen hilft, die erfassten Kundendaten geordnet in die nächste Phase der Beratung zu übergeben. Nochmals zusammengefasst: bei der Datenaufnahme erfolgt die Erfassung aller relevanten Daten, insbesondere die Aufnahme aller Vermögensgegenstände und Verbindlichkeiten, die Erfassung aller notwendigen persönlichen Informationen und die genaue Abbildung des persönlichen Zielsystems.

Checkliste zur Vorbereitung der Datenaufnahme

Um die Datenaufnahme möglichst zügig abzuwickeln, müssen der Kunde und der Berater gut vorbereitet sein. Der Berater muss einen Datenerfassungsbogen haben, in den er die Werte aus den Originalunterlagen überträgt. Hier gibt es aus Kundensicht verschiedene Möglichkeiten, die einfachste ist die sogenannte „Waschkorbanalyse". Der Kunde bringt seine unsortierten Unterlagen in einem „Waschkorb" zum Anbieter, der die relevanten Dokumente aussucht und erfasst. Dieser Vorgang ist in der Regel für den Anbieter zeit- und kostenintensiv. Eine andere Möglichkeit ist die „anonyme" Datenerfassung, bei der die Unterlagen so aufbereitet sind, dass der Finanzplaner den Namen des Kunden nicht erfährt. Auf jeden Fall ist die Übersicht über die notwendigen Unterlagen die erste Voraussetzung für eine reibungslose Datenaufnahme, die dem Kunden oftmals auch eine Gelegenheit gibt, Ordnung in den eigenen Unterlagen zu schaffen. Folgende Unterlagen (sofern zutreffend) sollten für die Datenaufnahme zur Verfügung stehen:

1) *Letzte Steuererklärung* (letzter Steuerbescheid): Eine aktuelle Steuererklärung mit den dazugehörigen Anlagen ist eine ausgezeichnete Grundlage für die Erstellung einer Finanzanalyse, da sie in der Regel alle relevanten Daten enthält, die z. B. bei Immobilien notwendigerweise erfasst werden müssen.

2) *Versicherungspolicen* sowie aktuelle *Versicherungs- und Ablaufleistungen:*
   a) Kapitallebensversicherungen
   b) Risikolebensversicherungen
   c) Unfallversicherungen
   d) Haftpflichtversicherungen
   e) Krankenversicherungen

Sollten Angaben über Ablaufleistungen nicht vorliegen, können diese auch anhand von Erfahrungswerten geschätzt werden. Genauere Angaben sind von der jeweiligen Versicherung auf Anfrage erhältlich. Diese Unterlagen helfen dem Anbieter, die Lebensversicherungen als Vermögensbaustein aufzunehmen sowie verschiedene Szenarien (z. B. Berufsunfähigkeit und Todesfall) darzustellen, um eventuelle Über- oder Unterdeckungen zu erkennen.

3) *Informationen der Rentenversicherungsträger:*
   a) Gesetzliche Rentenversicherung: Versicherungsverlauf oder Aufstellung der bisher bezahlten Beiträge sowie beitragsfreie Zeiten. Ein Versicherungsverlauf kann bei der zuständiger BfA angefordert werden.
   b) Betriebliche Altersversorgung: z. B. Pensionszusagen, Angabe über erworbene Anwartschaften.
   c) Berufsständische Versorgungseinrichtungen: Mitteilung über erworbene Anwartschaften bzw. voraussichtliche Altersversorgung.

d) Zusatzversorgungen und sonstige Versorgungseinrichtungen: Mitteilung über erworbene Anwartschaften bzw. voraussichtliche Altersversorgung.

Die Daten der gesetzlichen Rentenversicherung und die der Zusatzversorgungen dienen zur Berechnung der Einkommenssituation im Ruhestand.

4) Zusammenstellung vorhandener *Immobilien* und zugehöriger *Finanzierungen:* Geschätzte Verkehrswerte, Einnahmen, Ausgaben und deren voraussichtliche Entwicklung, Kreditverträge, Kontostandsmitteilungen. Diese Angaben werden zur Berechnung der Nachsteuerrendite fremdvermieteter Immobilien genutzt, aus denen spätere Empfehlungen abgeleitet werden können und die für die Zukunftsprojektion der steuerlichen Situation wichtig sind.

5) *Steuerinduzierte Anlagen:* Emissionsprospekte von geschlossenen Immobilienfonds, Immobilien-Leasingfonds, Schiffsbeteiligungen, Mobilienleasingfonds und die eventuell dazugehörigen Finanzierungen.

6) *Unternehmensbeteiligungen:* Geschätzte Verkehrswerte, Einnahmen, Ausgaben und deren voraussichtliche Entwicklung. Die Beteiligungen werden in der Regel als Vermögensgegenstand in die persönliche Bilanz- und Liquiditätsberechnung aufgenommen.

7) Übersicht über *sonstige Vermögenswerte:*
   a) Wertpapier-Depotauszüge
   b) Darlehen nach §16 und §17 des Berlin-Förderungsgesetzes (Berlindarlehen)
   c) Sparguthaben, Festgelder, sonstige liquide Mittel etc.
   d) Edelmetalle
   e) Antiquitäten, Kunstgegenstände, Sammlungen
   f) Sonstige

Anhand der Depotauszüge und Angaben über sonstige Geldanlagen wird die Rentabilitätsrechnung erstellt, die auch die Punkte Steuern und Risiko umfasst. Beteiligungsprospekte nutzt man für eine steuerliche und wirtschaftliche Bewertung. Das verbleibende Vermögen wird in der Regel bilanzwirksam als Vermögensposition in die private Vermögensbilanz aufgenommen.

8) *Laufende private Aufwendungen:* Die privaten Aufwendungen werden in die persönliche Liquiditätsrechnung aufgenommen, relevante Ausgaben werden auch steuerlich berücksichtigt . Dazu gehören Ausgaben für Haushalt, Kleidung und persönliche Gegenstände, Freizeit und Hobbies, Urlaub, Miete, Spenden.

9) *Kredite und sonstige Verbindlichkeiten:* Die Kreditverträge geben Einblick in die Konditionen einzelner Finanzierungen und enthalten u. a. die jährlichen Zins- und Tilgungsleistungen, die als Aufwandsposten in die persönliche Liquiditätsrechnung eingehen.

10) *Ehevertrag/Testament/Erbvertrag:* Sofern Verträge bestehen, sollten diese mit in die Analyse einfließen, damit auf familienrechtliche und (erbschaft-)steuerliche Folgen für die Zukunft hingewiesen werden kann.

11) *Wert- oder Schätzgutachten* für verschiedene Vermögenswerte, z. B. für Kunstgegenstände. Diese werden mit einem realistischen Wert in die private Vermögensbilanz aufgenommen.

Checkliste zur Vorbereitung der Analyse

Falls der Berater, der die Datenaufnahme durchgeführt hat, nicht auch selbst die Analyse erstellt, muss er der Person, die die Analyse durchführt, alle dafür notwendigen Unterlagen zur Verfügung stellen. Wichtig sind dabei die Vollständigkeit der erhobenen Daten und die Informationen über die Kundenpräferenzen. Folgende Unterlagen (soweit beim Anbieter vorhanden) sind für die Analyse erforderlich:

1) Kopie der im Unternehmen vorhandenen Kundeninformationsunterlagen.
2) Kopie des Erhebungsbogens nach dem Wertpapierhandelsgesetz (WpHG).
3) Kopie des Kundenauftrages für die Durchführung der Privaten Finanzplanung.
4) Kopien aller Unterlagen, die vom Kunden bei der Datenerfassung bereitgestellt wurden. Auch die aktuelle Kundenübersicht, Konto- und Depotauszüge und Konditionsübersichten von Konten bei dem Anbieter sollten beigelegt werden.
5) Ausfüllen des Datenerfassungsbogens. Angaben, die aus den vom Kunden ausgehändigten Unterlagen ersichtlich sind, müssen nicht separat erfasst werden. Die Angaben des Kunden über besondere Ausgaben oder sonstige Vorhaben sind auf jeden Fall im Datenerfassungsbogen zu vermerken.
6) Externe Daten: Daten von dritten Stellen (Steuerberater, Wirtschaftsprüfer, Versicherungsträger) müssen besorgt (ggf. mit Vollmacht vom Kunden) und nach Punkt 4 bzw. 5 aufbereitet werden.
7) Angaben über besondere Kundenwünsche, die bei der Analyse berücksichtigt werden müssen, und besondere Kundenziele bei der Finanzplanung. Vermerk, ob für bestimmte Vermögensbestandteile (wie z. B. Immobilien, Kunstwerke) vom Kunden Restriktionen vorgegeben wurden (z. B. „unverkäuflich"), oder eine Disposition (Verkauf, Schenkung) für die nähere Zukunft bereits fest geplant ist.

3.2.2 Computergestützte Analyse

Datenübertragung in das Computersystem

Liegen die erfassten Kundendaten in schriftlicher Form vor, müssen diese vor der Analyse in das Beratungssystem übertragen werden. Dieser Vorgang kann je nach Organisation des Anbieters unterschiedlich durchgeführt werden: entweder wird die Datenerfassung von

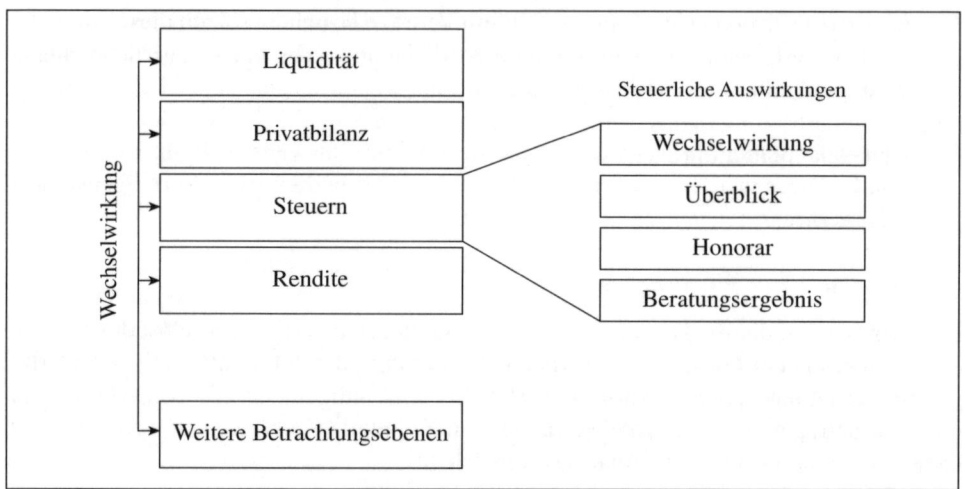

Abbildung 18: Wechselwirkung zwischen den Betrachtungsebenen der Vermögenssituation

einem Assistenten durchgeführt oder der Finanzplaner (also die Person, die die eigentliche Analyse durchführt) überträgt die Daten persönlich in das Beratungssystem.

Dies ist vor allem ein zeitkritischer Vorgang, denn die Übertragung der Daten beansprucht erfahrungsgemäß einen wesentlichen Teil des Zeitaufwandes für die Erstellung der Analyse. Dieser Zeitaufwand ist auf jeden Fall gerechtfertigt, denn nur die sorgfältige und richtige Datenübertragung stellt die Grundlagen für eine vollständige und richtige Analyse der Kundensituation dar. Oft stellt sich auch erst in dieser Phase heraus, dass wichtige Unterlagen oder Angaben für die Analyse fehlen. Die Vollständigkeit der notwendigen Daten sollte eigentlich bei der Datenaufnahme gewährleistet sein, man kann aber nie ausschließen, dass durch besondere Zielsetzungen des Kunden auch Eingaben erforderlich werden, die bei der Datenaufnahme noch nicht eingeschätzt werden konnten. In solchen Fällen kostet es zusätzlich Zeit, die fehlenden Angaben anhand der vorliegenden Vollmachten für die Datenbeschaffung zu besorgen. Die Aufgabe des Anbieters ist hier die Schaffung einer effizienten Organisation, die den zeitlichen Aufwand für die Datenübertragung in das Computersystem möglichst niedrig hält. Andererseits soll mit Hilfe geeigneter Qualitätssicherungsmaßnahmen sichergestellt werden, dass die (schriftlich) vorliegenden Daten grob einer ersten Plausibilitätsüberprüfung unterworfen werden, um sie dann möglichst richtig und vollständig in das Computersystem zu übertragen.

Der Prozess der Finanzplanung soll auch während der Durchführung für den Kunden transparent bleiben. Daher ist es wichtig, den Kunden auch in der Phase zwischen der Datenaufnahme und der Vorstellung der ersten Ergebnisse über den Fortschritt seiner Finanzplanung zu informieren. Der Kunde muss die Finanzplanung als einen kontinuierlichen Beratungsprozess erleben. Spätestens bei vollständigem Vorliegen der notwendigen Daten muss der Kunde eine Bestätigung über den aktuellen Stand seiner Finanzplanung und eine Schätzung über den Zeitpunkt ihrer Fertigstellung bekommen. Je nach Größe oder Organisation des Anbieters der Finanzplanung ist auch dafür zu sorgen, dass der Hauptansprechpartner des Kunden über den Fortschritt in der Finanzplanung informiert wird. Sollten während der Analyse Zeitverzögerungen auftreten, muss der Kunde darüber ebenfalls informiert werden. Die definierten Zeitabläufe sollten natürlich auch eingehalten werden. Der Datenübertragung in das Computersystem schließt sich die Analyse und Bewertung der vorhandenen Situation an.

Analyse und Bewertung der Situation (Soll-Ist-Analyse)

Bei der Analyse der Kundensituation werden mehrere Ebenen betrachtet: zunächst wird auf Grundlage der erfassten Daten eine erste Vermögensbilanz aufgestellt. Auf Basis dieser Bilanz erfolgt die Analyse der Liquiditätssituation. Die Rendite sowie die steuerlichen Auswirkungen der bestehenden Anlagen werden überprüft und bewertet. Eine solche Bewertung ist für den Kunden die Grundlage

- für eine Übersicht über die aktuelle steuerliche Situation und der Ausblick auf die künftige Entwicklung von Steuerbelastung und Steuersatz,
- für die Auswirkungen der Beratung (der einzelnen Maßnahmen als Ergebnis der Beratung) auf die zukünftige steuerliche Situation,
- für Wechselwirkungen der steuerlichen Situation auf die weiteren Betrachtungsebenen des Gesamtvermögens und
- für steuerliche Auswirkungen (Absetzbarkeit) auf das Beratungshonorar.

Die einzelnen Betrachtungsebenen der gesamten Vermögenssituation sind in der Abbildung 18 dargestellt. Deren Auswirkungen werden analog für den konkreten Fall ermittelt und fließen in die Bewertung der Kundensituation ein. Die Gewichtung der einzelnen Ebenen wird im Rahmen der Beratung durch die Präferenzen und Prioritäten des Kunden determiniert und in Zusammenarbeit mit dem Finanzplaner am Anfang des Beratungsprozesses festgelegt. Eine oder mehrere Alternativen für die künftige Entwicklung schließen sich an. Es ist sinnvoll, dass ein Szenario die gegenwärtige Situation des Kunden in die Zukunft projiziert, um eine Art Status quo-Referenzwert für die weiteren Betrachtungsalternativen zu haben bzw. einen Vergleich, ob die Ziele des Kunden erreichbar sind oder nicht. Prognosen sollten natürlich auf der Basis realistischer Annahmen erfolgen, wobei der Anbieter und der Anleger bedenken sollten, dass auch mit der Privaten Finanzplanung nicht alle Unsicherheiten ausgeschlossen werden können.

Die Darstellung der Alternativen kann im Rahmen weiterer Szenarien vorgenommen werden. In diesen werden die einzelnen Ziele des Kunden dargestellt oder es werden unterschiedliche wirtschaftliche Faktoren berücksichtigt, z. B. kann die Inflationsrate variiert werden, um die Entwicklung des Vermögens und des Einkommens in Abhängigkeit von der Inflation darzustellen. Einzelne Ziele des Anlegers, die zeitlich determiniert sind – vorgezogener Ruhestand oder größere Anschaffungen zu bestimmten Zeitpunkten – können auch im Rahmen von Szenarien dargestellt werden. Ein Vergleich mit dem normalen Verlauf des Status Quo ist somit möglich. Auch die Betrachtung von alternativen „Lebensverläufen", wie Berufsunfähigkeit oder Todesfall, lassen sich in dieser Weise darstellen. Das Ergebnis der Computeranalyse ist eine umfangreiche Darstellung, die nicht nur die Struktur der Vermögensanlage, sondern auch die Privatbilanz und eine Gewinn- und Verlust-Rechnung für die einzelnen Szenariobetrachtungen enthält.

Die kurzfristige Betrachtung der Kundensituation anhand der erfassten Kundendaten bereitet in der Regel kaum Schwierigkeiten, da auch die externen Einflussfaktoren sich in kurzen Zeiträumen (etwa 1 Jahr) recht gut einschätzen lassen. Verlässliche Prognosen für längere Zeiträume sind sorgfältig zu bestimmende Planungsgrundlagen. Es könnte, vor allem im Bereich der liquiden Anlagen, bei Berechnungen mit langjährigen Performance-Durchschnittswerten ohne Berücksichtigung der Art der Anlagen leicht passieren, dass der Kunde „reich" oder „arm" gerechnet wird. Wesentliche Themenkomplexe, bei denen die Probleme von Langzeitprognosen deutlich hervortreten, begleiten die Analyse durchgängig:

1. *Steuern:* Auch wenn für die Zukunft mit der längst fälligen Reform eine Vereinfachung der Steuergesetzgebung inklusive der Kappung der Spitzensteuersätze zu erwarten sein wird, müssen sämtliche Vermögensentscheidungen einer Steuerüberprüfung unterzogen werden. Dabei ist entscheidend, dass die seriöse Anlage neben dem Ertrag zusätzlich einen Steuervorteil aufweist. Es ist eine enge Zusammenarbeit mit dem Steuerberater, Wirtschaftsprüfer oder dem jeweiligen Fachberater des Kunden erforderlich. Diese kennen meistens den Kunden seit vielen Jahren und können deshalb den Finanzplaner in den jeweiligen Fachbereichen wirksam unterstützen.

2. *Altersvorsorge:* Dieses Thema ist bei allen Zielgruppen der Finanzplanung präsent, variiert aber durch die Aufgabenstellungen, die bei der Altersversorgung zu lösen sind. Die Entwicklung bei der gesetzlichen Rente lässt vermuten, dass diese bei der Erhaltung des gewohnten Lebensstandards in Zukunft eine untergeordnete Rolle spielt. Eine der wichtigsten Aufgabenstellungen der Finanzplanung im Rahmen der Analyse ist daher der Versuch des Nachweises, dass die aus der Analyse heraus vorgeschlagenen Strukturierungen des Vermögens ertragsseitig zu einer Entwicklung führen, bei der die gesetzliche Rente diese untergeordnete Rolle einnehmen kann. Dadurch kann der Unsicherheitsfaktor „gesetzliche Rentenversicherung" aus der künftigen Lebensplanung des Kunden eliminiert werden.

3. *Übergang des Vermögens auf die nachfolgenden Generationen:* Eine immer stärkere Beachtung finden Überlegungen, die mit Vererbung und Übertragung von Vermögen zusammenhängen. Im Rahmen der Analyse muss der Finanzplaner entscheiden, ob hier – orientiert an den Wunschvorstellungen des Kunden – Handlungsbedarf besteht oder nicht. Dabei ist der Rechtsberater des Kunden hinzuzuziehen, der Detailfragen klären und die Umsetzung vornehmen kann. Die Aufgabe des Finanzplaners ist, im Rahmen der Analyse die potenziellen Problemfelder und Lösungsvorschläge dem Kunden zu skizzieren.

Auch weitere Aspekte der Vermögensstruktur werden in die Private Finanzplanung einbezogen und in Einklang mit den Kundenzielen gebracht. Hierzu zählen u. a.: das Vermögensbildungspotenzial, Risikoaspekte einzelner Anlageformen und der persönliche Bereich. Die Analyse der Risikoaspekte ist keine umfassende Analyse einzelner Vermögensbestandteile, sondern als Hinweis auf mögliche Problemfelder zu verstehen. Die detaillierte Analyse von einzelnen Anlageformen (bei Steuermodellen z. B. geschlossene Immobilienfonds) bei vermögenden Kunden würde einen Umfang annehmen, der für den Anbieter vom Aufwand her und für den Kunden vom Preis her nicht mehr tragbar wäre.

Maßnahmenplanung

Die Situation des Kunden, der Verlauf des „Status quo-Szenarios" und weitere Szenarien und Projektionen bilden die Grundlage für die Maßnahmenplanung. Ziel dieser Planung ist, eine Auswahl geeigneter Finanzinstrumente aus dem vorhandenen Marktangebot zu treffen, die die Kundensituation optimal mit den Kundenwünschen verbinden. Die wichtigsten Einstellgrößen sind: Liquiditätsbindung, Rendite von einzeln geplanten und getätigten Anlagen, Vermögensbilanz, steuerliche Auswirkungen und eine Modelldarstellung von einzelnen Anlageformen (z. B. Risiko-Rendite-Profile). Das Zusammenspiel dieser Faktoren kann bei der Optimierung der Vermögensstruktur einen hohen Komplexitätsgrad erreichen. Dies ist u. a. eine der Ursache dafür, dass im Bereich der Vermögensoptimierung bislang keine automatische Optimierung realisiert worden ist. Diese Faktoren in einen optimalen Einklang zueinander zu bringen, ist im Rahmen der Maßnahmenplanung die Hauptaufgabe des Finanzplaners.

Da am Markt noch keine allgemein anerkannte Methode der Finanzplanung existiert, benutzt jeder Anbieter eigene Modelle und Methoden, um künftige Entwicklungen darzustellen. Auch verwenden nicht alle Anbieter die genannten Einstellgrößen für die Vermögensoptimierung gleichzeitig. Man darf natürlich nicht vergessen, dass bei der Beratung konkrete Ergebnisse erwartet werden und diese praktikabel und umsetzbar sein sollen. Umsetzbar heißt für den Kunden, dass die einzelnen Problemfelder mit Lösungen versehen werden, die auch für dritte Personen, die die vorgeschlagenen Maßnahmen eventuell umsetzen müssen, nachvollziehbar sind. Ist dies nicht gegeben, sollte man als Kunde den Anspruch des Anbieters auf Objektivität und Neutralität der Beratung einer kritischen Überprüfung unterziehen.

Die Art der Darstellung der ausgearbeiteten Anlage- bzw. Handlungsempfehlungen am Markt ist nicht einheitlich. Grundsätzlich gibt es die

- Maßnahmenplanung durch Darstellung eines hypothetischen Produktes mit bestimmten Eckwerten und
- Maßnahmenplanung mit konkreten Produkten.

Bei der theoretischen Darstellung werden allgemeine Aussagen zur Produktart getroffen, ohne sich auf die Produkte eines Anbieters festzulegen. Es handelt sich um eine Modelldarstellung mit bestimmten Eigenschaften in den einzelnen Bereichen Liquidität, Vermögensbilanz und steuerliche Auswirkungen. Eine Maßnahme im Vorsorgebereich könnte dann heißen, dass in einem Jahr der Abschluss einer Rentenversicherung empfohlen wird, die nach 12 Jahren eine bestimmte Auszahlungssumme zur Verfügung stellen muss. Damit werden die Eingangs- und die Ausgangsgröße für die Produktart sowie der Aktionszeitpunkt festgelegt. Der Kunde hat so die Möglichkeit, sich mit der Kenntnis dieser Rahmenbedingungen auf dem Markt mit dem entsprechenden Produkt zu versorgen oder der Anbieter der Finanzplanung bietet ihm ein ähnliches Produkt aus dem eigenen Angebot an. In beiden Fällen könnte ein zusätzlicher Aufwand sowohl für den Kunden wie auch für den Anbieter entstehen.

Einen anderen Ansatz verfolgt die Darstellungsweise mit der Unterlegung der Produktempfehlungen durch konkrete Produkte. Diese Möglichkeit kann z. B. eine Großbank wählen, die ein entsprechend großes Produktangebot führt, das eine breite Palette von Problemsituationen abdeckt. Auch ein neutraler Anbieter mit gutem Marktüberblick, aber ohne eigenes Produktangebot, könnte für den Kunden die besten am Markt verfügbaren Produkte empfehlen und für ihn auswählen. In diesem Fall hat der Kunde die Möglichkeit, diesen Empfehlungen zu folgen oder sich anderweitig mit den empfohlenen Produkten zu versorgen. Eine Darstellung mit konkreten Produkten ermöglicht dem Kunden zudem einen direkten Produktvergleich mit Produkten des Anbieters der Privaten Finanzplanung. Sollte er sich für die Realisierung einer vorgeschlagenen Lösung entscheiden, stehen die geplanten Maßnahmen sofort zur Verfügung, ohne dass die entsprechenden Produkte aus dem vorhandenen Angebot erst herausgesucht werden müssen. Der Aufwand sowohl für den Kunden als auch für den Anbieter ist hier geringer als im Fall der theoretischen Darstellung. Ein Maßnahmenplan kann folgende Handlungsempfehlungen beinhalten:

- Maßnahmen zur Umstrukturierung und Optimierung der gesamten Vermögensstruktur oder der Struktur einzelner Vermögensanteile (z. B. Wertpapiere).
- Konkrete Empfehlungen zur Renditeoptimierung anhand der Analysen und Vergleiche der bereits vorhandenen Anlageformen.
- Evaluierung alternativer Anlageformen, insbesondere die Nutzung von Steueroptimierungsmodellen.
- Empfehlungen und Maßnahmen zur Schließung eventuell vorhandener Unterdeckungen der Altersvorsorge.
- Aufzeigen des Handlungsbedarfs zur Absicherung der Familie, bei Berufs- und Erwerbsunfähigkeit sowie bei persönlichen Risiken.
- Hinweise auf Möglichkeiten zur Gestaltung des Vermögensüberganges.

Die Auswirkungen der Empfehlungen im Detail sowie in vernetzter Betrachtung auf die gesamte Vermögensstruktur und auf das Gesamtvermögen müssen transparent und nachvollziehbar erarbeitet werden. Bei der Maßnahmenplanung erfolgt in Zusammenfassung:

- Computergestützte Erfassung des Status quo (Einnahmen/Ausgaben, Vermögen, Verbindlichkeiten, steuerliche Situation, Alters- und Risikovorsorge).
- Berücksichtigung der Kundenziele, -wünsche, -bedürfnisse und -erwartungen.
- Formulierung der Sollsituation (Vermögensbilanz und -struktur, persönliche Gewinn- und Verlust-Rechnung, Versorgungsbedarf, Vermögensbildungspotenzial, Risikoaspekte).
- Erstellung von Berechnungen und Prognosen in Simulation von Szenarien.
- Ausarbeitung zielgerichteter, bedarfsorientierter, nachvollziehbarer und umsetzungsfähiger Anlageempfehlungen.

3.3 Strategiephase

3.3.1 Strategiegespräch

Die Ergebnisse der Analyse und der Maßnahmenplanung werden dem Kunden im Rahmen eines Strategiegespräches vorgestellt. Das Strategiegespräch kann, je nach gewählter Präsentationsform, entweder mit Hilfe von computergestützten Präsentationsmitteln oder aber anhand einer schriftlichen Ausarbeitung erfolgen. In beiden Fällen ist es für den Kunden wichtig, dass die Ergebnisse der Beratung in ansprechender, verständlicher Form vorgestellt werden. Das Strategiegespräch ist entscheidend für die Umsetzung der empfohlenen Maßnahmen. Entsprechend wichtig ist die intensive Vorbereitung. Die einzelnen Phasen der Beratung, bei denen der Kunde nicht unmittelbar involviert ist, von der Datenübertragung in das Computersystem bis zur Maßnahmenplanung, sollten ihm kurz mit Bezug zu seiner konkreten Situation erläutert werden. Wichtig für die Präsentation der Ergebnisse ist die nachvollziehbare Ausgangsbasis. Die Zahlen, die der Kunde selbst vorgegeben hat bzw. mit ihm zusammen erfasst worden sind und seinen Status quo abbilden, müssen in der Präsentation der Ergebnisse deutlich und erkennbar sein.

Wichtig für den Erfolg des Strategiegesprächs ist der Teilnehmerkreis. Neben dem Hauptansprechpartner des Kunden wird während der Durchführung der Finanzplanung wenigstens ein zusätzlicher Berater für die Analysephase hinzugezogen. Dieser kennt die Situation des Kunden am besten, da er die eigentliche Planung durchführt. Seine Teilnahme am Strategiegespräch kann daher von Vorteil sein. Es sollten aber nicht mehr als zwei Ansprechpartner für den Kunden während der Durchführung der Privaten Finanzplanung in Erscheinung treten, es sei denn, der Kunde möchte weitere Spezialisten für bestimmte Fachgebiete hinzuziehen.

Die Empfehlungen im Rahmen der Finanzplanung sind unverbindlich. Zeichnen sich konkrete einzelne Produktempfehlungen als Folge der Finanzplanung ab, wird die übliche Vorgehensweise im Rahmen eines Produktverkaufs notwendig. Das bedeutet, dass im Rahmen des Strategiegesprächs auch Elemente eines produktorientierten Beratungsgespräches vorhanden sind.

Die Ergebnisse werden von der Person präsentiert, die am besten die Kundensituation kennt und die Maßnahmenplanung durchgeführt hat. Ist es der Kundenbetreuer, muss er sich intensiv mit den schriftlichen Ausführungen zur Finanzplanung befassen. In einem effizient organisierten Vertrieb verursacht das einen zeitlichen Aufwand, der nicht vertretbar ist. Einige Kunden sind stärker maßnahmenorientiert. Diesen sind die erarbeiteten Handlungsalternativen wichtiger als der Inhalt der Analyse selbst. In anderen Fällen werden die Ergebnisse aus dem Blickwinkel der durchgeführten Analyse betrachtet. Solche Kunden wollen eine intensive Auseinandersetzung über die Inhalte und Hintergründe der Schlussfolgerungen haben. Der Berater, der die Ergebnisse präsentiert, muss imstande sein, beide Richtungen kompetent abdecken zu können.

Im Anschluss an das Strategiegespräch findet in der Regel das letzte „Fine tuning" mit den Ergebnissen aus diesem Gespräch statt, dann ist die Analysetätigkeit für den Anbieter abgeschlossen.

3.3.2 Dokumentation

Das Gelingen der Umsetzung der vereinbarten Strategie hängt mit der Präsentationsform der Analyseergebnisse zusammen: Papierausarbeitung oder Computerpräsentation.

Papierausarbeitung

Derzeit ist hauptsächlich die Papierform am Markt üblich. Jeder Kunde bekommt die Dokumentation für die durchgeführte Finanzplanung in schriftlicher Form ausgehändigt. Der Umfang dieser Dokumentation kann zwischen zehn und mehreren Hundert Seiten variieren. Es gibt natürlich Alternativen, einmal direkt die Technik einzusetzen oder künftig online, was die etwas weiter in der Zukunft liegende Variante ist. Um diese Möglichkeiten genauer zu betrachten, muss man die grundlegenden Kundenanforderungen an eine Finanzplanung in Erinnerung rufen. Ein Kunde erwartet Transparenz in seiner Vermögenssituation, Objektivität und Neutralität des Anbieters. Aus der Kombination von Geschäftsinteressen und Objektivität und Neutralität erwachsen Widersprüche und Interessenkonflikte für den Anbieter. Das Angebot soll einen angemessenen Preis haben und die Bequemlichkeit der konkreten Problemlösungen bringen. Etwa wie beim Arzt: man wird untersucht, bekommt ein Rezept oder wird krankgeschrieben. Man braucht nichs weiter zu tun als in die Apotheke zu gehen, sich die Arzneimittel zu kaufen, sich zu Hause hinzulegen und zu warten, bis man gesund ist. So sollte man sich einen Kunden vorstellen, der eine Private Finanzplanung durchführen lässt: er erwartet vom Anbieter, dem „guten Arzt", die entsprechenden Lösungen als „Rezept". Der Umfang dieses „Rezeptes" sollte bestimmte Grenzen nicht überschreiten, da ansonsten nicht klar wird, welche Medizin überhaupt verschrieben wurde.

Die Papierform existiert schon lange, ist vertraut und einfach zu handhaben, doch der Abstimmungsprozess zwischen den Kunden und den an der Analyse beteiligten Personen kann u.U. langwierig sein und Rücksprachen erfordern. Bis die richtigen Lösungen gefunden und in einer klaren schriftlichen Fassung dem Kunden ausgehändigt sind, kann eine größere Zeitspanne vergehen. Die Papierform der Ergebnispräsentation zeichnet sich durch folgende Merkmale aus:

- lange Abstimmungsvorgänge bis zur endgültigen Fassung,
- hoher Einarbeitungsaufwand für den Kundenberater (falls involviert),
- hoher manuelle Aufwand für den Finanzplaner bei der Erstellung,
- bildet die tatsächliche finanzielle Situation des Kunden nur bei Umsetzung der angegebenen Empfehlungen ab,
- hoher Zeitaufwand für den Kunden,
- Kundenkontakt ist nicht immer gewährleistet,
- teure Herstellung (Papier, Druck, Einband),
- Versandkosten,
- einfache Handhabung.

Die Papierform der Dokumentation erfordert für den Berater Zeit, sich einzulesen und mit der Materie wieder vertraut zu machen. Inzwischen vergeht die Zeit, die für die Umsetzung der vorgeschlagenen Maßnahmen vorgesehen war, und wenn der Kunde sich endlich entschließt, eine dieser empfohlenen Maßnahmen umzusetzen, egal ob beim Anbieter der Finanzplanung oder anderweitig, muss er sich zwangsläufig genau an die Vorgaben, die in der Analyse gemacht wurden, halten, damit die Analyse dann auch anschließend für ihn eine aktuelle Entscheidungsgrundlage darstellt. Wenn er dies nicht tut, bietet die Papierdokumentation nur eine Vermögensaufstellung und hat keine Aussagekraft mehr für die

Zukunftsplanung. Es müsste ein neues Dokument erstellt werden, das als Entscheidungsgrundlage dienen kann. Das Ganze erfordert oftmals einen hohen manuellen Aufwand, denn bei allen Bestrebungen, eine automatische Analyse zu erstellen, ist es (noch) nicht möglich, alle Produkte des Finanzmarktes, der sich sehr schnell entwickelt, immer parat zu haben, um sie so abzubilden, dass sie automatisch auswertbar sind oder in einem vertretbaren Zeitrahmen und mit vertretbarem Aufwand von den entsprechenden Analysten ausgewertet werden können.

Die schriftliche Dokumentation verursacht auch für den Kunden entsprechenden Zeitaufwand, wenn er sich diese durchlesen will, oder wenn er sich entschließt, die Maßnahmen selbst umzusetzen. Das widerspricht dann aber dem Gedanken, eine Bequemlichkeit mit der Analyse zu erzielen, die dem Kunden im Endeffekt Zeit ersparen soll. Hier geschieht das Gegenteil: die Ausfertigung des Gutachtens nur in schriftlicher Form (auch wenn diese aufwendig gedruckt und gebunden ist) bringt keinem den vollen Nutzen – weder dem Anbieter, für den zusätzliche Kosten entstehen, noch dem Kunden, der oft die Ergebnisse allein nicht umsetzen oder keinen geeigneten externen Partner finden kann.

Elektronische Präsentation

Die grundsätzlichen Nachteile der Papierfassung kann man durch entsprechende elektronische Mittel kompensieren, denn alle Anbieter verfügen über die notwendigen Computerprogramme, um die Vermögensstrukturanalyse mit Hilfe der Rechentechnik durchzuführen. Die Empfehlungen oder Maßnahmen, die für den Kunden ausgearbeitet werden, können ziemlich schnell zwischen Kunden, Finanzplanern und Beratern koordiniert werden. Dem engen Kundenkontakt und der einfachen Nachvollziebarkeit der Beratungsergebnisse stehen technische Schwierigkeiten und Akzeptanzprobleme gegenüber. Eine hochentwickelte Software, die Simulationen und Szenarien für den Kunden verständlich und anschaulich darstellen kann, haben nicht alle Anbieter. Auch die technischen Voraussetzungen für den Einsatz beim Kunden sind nicht immer gegeben (z. B. Großrechnerprogramme). Der Kunde muss nicht nur ein „Planungsgefühl" entwickeln, sondern die einzelnen Schritte der Entwicklung „live" nachvollziehen können. Denn die Aussagekraft einer grafischen Computerdarstellung liegt bei weitem über der einer Papierversion. Trotzdem lehnen oft vor allem konservative Kunden elektronische Medien ab. Ihnen geht es dabei weniger um die Erfassung und Verarbeitung persönlicher Daten, sondern nur um das Medium „Computer", mit dem die Beratungsergebnisse vorgestellt werden und das sie ablehnen. Für diese Kunden muss bereits vor dem Strategiegespräch die Papierfassung erstellt werden, die mit den oben beschriebenen Nachteilen behaftet ist.

Weitere Vorteile der elektronischen Präsentation der Beratungsergebnisse sind:

- einfache Vergleichbarkeit einzelner Szenarien,
- sofortige Darstellung der Auswirkungen auf die Steuer, die Liquidität und die Vermögensbilanz,
- geringe Zusatzkosten.

Die Präsentation der Ergebnisse der Analyse im Vorfeld der Erstellung einer schriftlichen Dokumentation hat noch den Vorteil, dass die Maßnahmen auch nachträglich an die Kundenanforderungen angepasst werden können. So enthält die Dokumentation nur mit dem Kunden abgestimmte Maßnahmen, was die Wahrscheinlichkeit späterer Reklamationen reduziert.

Die Präsentation und Beratung ausschließlich am Computer hat auch gewisse Nachteile:

- Qualitative Empfehlungen lassen sich schwer darstellen. Dazu zählen z. B. Ausarbeitungen, die Nachfolgeregelungen behandeln. Solche Ausarbeitungen können auch konkreten finanziellen Nutzen zum Ziel haben, wie z. B. Minimierung der im Ablebensfall eines Familienmitgliedes anfallenden Erbschaftsteuer. Solche Vorgaben ziehen auch konkrete Maßnahmen nach sich, deren Auswirkungen sich quantitativ darstellen lassen: Umschichtung von Barvermögen in Immobilienvermögen, Gestaltung von Lebensversicherungen. Die Darstellung solcher Maßnahmen, die die unmittelbare Reduzierung der steuerlichen Belastung nach sich ziehen, ist problemlos möglich. Im Rahmen von verschiedenen Szenarien kann die Situation vor und nach den Maßnahmen transparent dargestellt werden. Anders ist es, wenn auch qualitative Ziele erreicht werden sollen, z. B. der Erhalt des Vermögens innerhalb eines Familienzweiges oder Sicherstellung der betrieblichen Nachfolge.
- Der Kunde kann sich auf das Gespräch nicht immer optimal vorbereiten, da im Vorfeld des Strategiegespräches wichtige Informationen über die Schwerpunkte fehlen. Wichtiges Ziel der Vorführung der Ergebnisse der Beratung am Computer ist die transparente Darstellung der wechselseitigen Zusammenhänge der empfohlenen Maßnahmen, sodass der Kunde eine fundierte Grundlage für die Anlageentscheidung hat. Besonders wenn es um größere Anlagebeträge geht oder mehrere Alternativvorschläge vorliegen, kann sich der Kunde nicht sofort entscheiden. Das muss der Anbieter respektieren und eventuell einen neuen Gesprächstermin vereinbaren, da das Drängen auf kurzfristige Entscheidung, um die Analyse fertigstellen zu können, auf ablehnende Reaktionen des Kunden stoßen könnte.

Der Kunde sollte daher im Vorfeld des Strategiegespräches die Möglichkeit bekommen, sich mit den Kernergebnissen der Analyse auseinanderzusetzen. Das kann in Form einer Kurzaufstellung und einer Erläuterung der vorgeschlagenen Maßnahmen und Handlungsalternativen geschehen.

Zu den elektronischen Präsentationsmedien zählt auch die Online-Darstellung der Beratungsergebnisse. Diese Präsentationsart wird im Abschnitt 6 vorgestellt. Die wichtigen Schritte beim Strategiegespräch und bei der Präsentation sind:

- Darstellung und Dokumentation aller Analysen, Planungen, Ergebnisse und Empfehlungen in nachvollziehbarer Form.
- Erläuterung der für die Vermögensstrukturierung relevanten Einflussfaktoren und Offenlegung aller getroffenen Annahmen.
- Überreichung des schriftlichen Gutachtens in Form einer individuellen Expertise (Finanzplan).

Inhalte des Finanzplanes

Die Dokumentation der Finanzplanung muss nicht nur die Planungsergebnisse beinhalten, sondern auch alle sachdienlichen Informationen über die Erstellung des Finanzplanes. Die Dokumentation der Beratungsinhalte, die auch als *Finanzplan* bezeichnet wird, hat in der Privaten Finanzplanung sehr große Bedeutung. Diese bleibt nach Abschluss der Beratung für den Kunden für einen längeren Zeitraum die Planungs- und Entscheidungsgrundlage. Wichtig ist daher, dass die Dokumentation so genau wie möglich die Kundensituation nach dem Abschluss der Beratung abbildet. Wenn der Kunde die Empfehlungen, die in der Dokumentation festgehalten sind, nicht oder nur teilweise umsetzt, kann diese nicht mehr als Entscheidungsgrundlage dienen, da sie nicht mehr die Realität abbildet. Der Wert einer solchen Dokumentation ist für den Kunden gering. Dieser Zustand kann dadurch vermieden werden, dass die schriftliche Ausarbeitung als *Abschlussdokumentation* des Beratungsprozesses erstellt wird und nach Möglichkeit nur die Maßnahmen beinhaltet, die der Kunde auch umsetzt. Diese Vorgehensweise liefert dem Kunden später einen größeren Wert als eine rein theoretische „Was-wäre-wenn"-Betrachtung.

Die Inhalte der Finanzplanung müssen in der Dokumentation adäquat vermittelt werden. Die Form der Dokumentation ist weniger wichtig. Diese muss auf jeden Fall logisch und verständlich, das fachliche Niveau des Kunden berücksichtigend, aufgebaut sein. Denn der Kunde muss sich in dieser Dokumentation selbst wiederfinden. Dies wird z. B. dadurch erreicht, dass die Daten, die im Rahmen der Datenerhebung aufgenommen wurden, immer als Ausgangsbasis für die Planungen und Berechnungen aufgeführt werden. Die Gestaltung der schriftlichen Dokumentation stellt einen wesentlichen *Wettbewerbsfaktor* in der Finanzplanung dar. Der konkrete Aufbau ist je nach Anbieter sehr unterschiedlich. Möglich sind Darstellungen von einer kurzen Zusammenfassung bis zu umfangreichen Tabellen und Ausarbeitungen, die den Charakter eines Nachschlagewerkes einnehmen können. Wichtig ist, dass in der Dokumentation auch die Ziele, die mit der Finanzplanung und der damit verbundenen Beratung gestellt waren, auch dargestellt sind. In einem vollständigen Finanzplan (natürlich in Abhängigkeit der individuellen Situation und der Notwendigkeit der Darstellungen) müssen sich die folgenden 16 Elemente wiederfinden:

- *Persönliche Daten:* Diese sollten den für die Finanzplanung notwendigen Umfang nicht übersteigen. Angaben, die für die steuerlichen Berechnungen wichtig sind, wie Familienstand, Angaben zu Kindern und Bundesland, dürfen nicht fehlen.
- *Kundenziele und -wünsche:* Sie sind für den Kunden die Ausgangsparameter und der Grund für die Durchführung der Finanzplanung. Daher ist es besonders wichtig, dass die Ziele mit der entsprechenden Priorität und dem Zeithorizont für die Realisierung dargestellt werden. Es kann durchaus vorkommen, dass nicht alle Ziele realisiert werden können. Daher sollten diese in einer Form in den Finanzplan integriert werden, die auch dem Kunden die Nachvollziehbarkeit im Rahmen des Finanzplanes ermöglicht.
- *Identifikation der relevanten Problemzonen:* Im Rahmen der computergestützten Analyse stellen diese eine kurze Beschreibung der grundlegenden Probleme, für die es dann später entsprechende Lösungsvorschläge gibt, dar.

- *Offenlegung der Planungsannahmen:* Diese ist wichtig, um im Rahmen der Projektionen auf der Zeitachse einzelne Berechnungen nachvollziehen zu können. Besonders angenommene Steigerungsraten (Inflation, Wertsteigerungen) bzw. Veränderungen von gesamtwirtschaftlichen Faktoren (Zinsniveau) müssen dokumentiert sein.
- *Aufbereitung der Daten als persönliche Bilanz:* Die private Bilanz gibt einen Überblick und erlaubt die Analyse und Planung der Vermögensstruktur. Der Anbieter hat hier die Möglichkeit, durch geeignete Strukturierung der Vermögensbilanz deren Aussagekraft für den privaten Kunden zu steigern. Ein Beispiel für die Gliederung einer privaten Bilanz ist in Übersicht 11 aufgeführt.
- *Darstellung der privaten Gewinn- und Verlustrechnung:* Diese erlaubt die Rentabilitätsprüfung und die Planung des Vermögensaufbaus. Dadurch wird unter anderem das jährliche Vermögensbildungspotenzial sichtbar.
- *Liquiditätsmanagement:* Dieses beinhaltet die transparente Darstellung der Einnahmen und Ausgaben sowie deren Projektion in die Zukunft. Die Steuerung der Liquidität ermöglicht die Schaffung von Freiräumen für künftige Investitionen sowie für geplante Ausgaben. Wichtig ist, dass auch künftig anfallende Liquiditätsabflüsse und -zuflüsse berücksichtigt werden.
- *Steuerliche Problembereiche:* Bereits getätigte sowie geplante Investitionen wirken sich auch steuerlich aus. Die Betrachtung der steuerlichen Auswirkungen in deren Gesamtheit ermöglicht die Optimierung der Anlagestruktur im Hinblick auf steuerliche Belastung. Die aufgedeckten Defizite werden in Zusammenarbeit mit dem steuerlichen Berater des Kunden abgearbeitet. Es sollten möglichst alle gesetzlich erlaubten Möglichkeiten zur Steueroptimierung berücksichtigt werden. Die Darlegung von Steuervergünstigungen soll unter Beachtung des Steuerberatungsgesetzes und in Zusammenarbeit mit Steuerberater und/oder Rechtsanwalt des Kunden erfolgen.
- *Szenariobetrachtungen:* Die Darstellung einzelner Szenarien ermöglicht einen direkten Vergleich zwischen dem gegebenen Status quo und der voraussichtlichen Entwicklung der Situation nach der Realisierung der geplanten Maßnahmen. In einem Szenario sollten die Planungsprämissen klar und nachvollziehbar dargestellt sein. Die Simulation unter unterschiedlichen wirtschaftlichen Rahmenbedingungen (Inflation, Rentenentwicklung) kann am besten Aufschluss über die Risiken und Chancen in den einzelnen Vermögensbereichen und über die dann notwendigen Maßnahmen geben.
- *Risikomanagement/Versicherungsschutz:* Das individuelle Risikomanagement macht den Entscheidungsbedarf in diesem Bereich transparent. Betrachtet werden können nicht nur die Risiken im persönlichen Bereich, sondern auch bei getätigten Investitionen (z. B. im Wertpapierbereich). Die Situation der Familie sollte zumindest in den zwei grundlegenden Bereichen der Erwerbsunfähigkeit (Invaliditätsfall) sowie im Todesfall betrachtet werden. Weiterhin möglich ist die Untersuchung der Einkommenssituation im Krankheitsfall (z. B. Höhe des Krankentagegeldes), die besonders für Selbständige wichtig ist. Auch Fragen, die mit Sachversicherungen zusammenhängen, können erörtert werden. Der Bereich des Versicherungsschutzes außerhalb des persönlichen Bereiches kann für Inhaber größerer Vermögen von geringerem Interesse sein,

Übersicht 11: Gliederung einer Privatbilanz

Aktiva			Passiva		
	Betrag	%		Betrag	‰
1. Immobilien	___	___	1. Verbindlichkeiten	___	___
Selbstgenutzte			Annuitätendarlehen		
(Wohn-)Immobilien	___	___		___	___
Imobilien als			Tilgungsdarlehen		
Kapitalanlage	___	___		___	___
Gewerbeimmobilien	___	___	Endfällige Darlehen	___	___
2. (Unternehmens-)			2. Eigenkapital		
Beteiligungen	___	___		___	___
Aktiva Beteiligung	___	___			
Passiva Beteiligung	___	___			
(z. B. Medienfonds)					
3. Forderungen	___				
Berlindarlehen					
(§§ 16, 17)					
Beteiligungsfonds Ost	___	___			
Steuerguthaben	___	___			
Sonstige Forderungen					
(Gesellschafterdarlehen,					
private Darlehen)	___	___			
4. Kapitalversicherungen	___	___			
Kapitallebens-					
versicherung	___	___			
Rentenversicherung	___	___			
5. Sonstige Vermögenswerte	___	___			
Bausparguthaben	___	___			
Leasingfonds	___	___			
6. Liquides Vermögen	___	___			
Sparanlagen	___	___			
Festgeld					
Aktien (Aktienfonds)	___	___			
Festverzinsliche Wert-					
papiere (Renten, Ge-					
nussscheine, Zerobonds,					
Rentenfonds)	___	___			
Summe	___	100	Summe	___	100

es sei denn, eine Kunstsammlung o. ä. muss versichert werden. Für „kleinere" Kunden jedoch, bei denen sich die Beträge zu Sachversicherungen in der Liquiditätsplanung bemerkbar machen, können solche Fragen durchaus relevant sein. Sogar eine „Policenanalyse" mit der Bewertung von bestehenden Verträgen und dem Aufzeigen von Alternativen ist im Rahmen der Finanzplanung denkbar, aber sicherlich nicht von allen Anbietern zu erwarten.

- *Vermögensübertragung:* Darunter fallen Vermögensübertragungen zu Lebzeiten (Schenkungen) und im Todesfall (Erbschaft). Die rechtzeitige Gestaltung des Vermögensüberganges in diesen zwei Fällen kann unter steuerlichen Gesichtspunkten sehr sinnvoll sein. Aufgabe der Finanzplanung im Bereich der Erbschaftsplanung/Vermögensübertragung, aber auch im steuerlichen Bereich, ist die Sensibilisierung des Kunden auf potenzielle Problemfelder in diesen Bereichen. Dazu gehört die Darstellung der vorhandenen Gestaltungsmöglichkeiten mit Hinweis auf entsprechende Alternativen. Diese müssen zumindest modellhaft dargestellt und präsentiert werden. So ist z. B. bei Überlegungen zur Vermögensübertragung ein Hinweis auf die steuerliche Behandlung der Beiträge zu Lebensversicherungen (Bewertung mit 2/3 der gezahlten Beiträge) angebracht, wenn ein relevanter Bezug zur konkreten Kundensituation besteht. Die eigentliche Aufgabe des Finanzplaners besteht darin, in Zusammenarbeit mit dem Rechtsanwalt oder Steuerberater des Kunden eine detaillierte und umsetzungsfähige Ausarbeitung vorzunehmen.

- *Investitionspläne:* Es sollte eine vollständige Übersicht über die Anlagen und deren Liquidität, Verfügbarkeit, Diversifikation, Risiko sowie über die Einhaltung der persönlichen Risikopräferenzen des Kunden vorhanden sein. Diese Bereiche hängen eng mit der Zielsetzung des Kunden zusammen. Bereits geplante Investitionen sollen auf deren Realisierbarkeit überprüft werden sowie bei Bedarf die notwendigen Freiräume für diese Investitionen geschaffen werden. Berücksichtigt werden sollte der für die Verwaltung der Anlagen erforderliche Aufwand seitens des Kunden. Die Gestaltung sollte nach Möglichkeit natürlich unter Erhaltung der Vermögenssubstanz erfolgen.

- *Vorsorge:* Darunter fallen die Finanzvorsorge (Schaffung von Liquidität für unvorhersehbare Ereignisse oder Investitionen), die Planung der Altersvorsorge oder die Planung von Ausbildungsvorsorge für den Nachwuchs. Die Analyse sollte unter Ausnutzung der zukünftigen Projektionen den individuellen Kapitalbedarf für die Abdeckung dieser Bereiche bestimmen.

- *Immobilienplanung:* Eine fundierte Betrachtung des Immobilienvermögens unter Ertrags- und Rentabilitätspunkten ist besonders wichtig, da die Immobilie eine bevorzugte Anlagemöglichkeit in Deutschland ist. In diesem Bereich kann ein Anleger recht schnell den Überblick verlieren. Die Finanzplanung kann im Immobilienbereich die notwendigen Grundlagen für Anlageentscheidungen sowie für Vermögensdispositionen schaffen.

- *Handlungsempfehlungen:* Aus den aufgedeckten Problemen in den einzelnen Vermögensbereichen müssen konkrete Handlungsempfehlungen abgeleitet werden. Diese können sich sowohl auf konkretes Handeln in Bezug auf Produkte beziehen wie auch auf Vermögensdispositionen bei den vorhandenen Vermögensbestandteilen. Die Aktionen können in Form eines „Maßnahmenplans" dargestellt werden, in dem deren Inhalt, Priorität, Zeitpunkt und verantwortliche Partner für die Umsetzung aufgestellt sind. Dies erleichtert die spätere Realisierung der Maßnahmen.

- *Implementierungsmaßnahmen:* In diesem Abschnitt sollte die konkrete Darstellung der weiteren Vorgehensweise bei der Umsetzung der geplanten Maßnahmen vorgenommen werden. Auch die weitere Vorgehensweise im mittel- bzw. langfristigen Bereich sollte beschrieben werden. Falls die Realisierung einzelner Maßnahmen nicht im Kompetenzbereich des Finanzplaners liegen (abhängig von der Größe und Organisationsform des Anbieters), sollte seine Verantwortung für die Koordination mit anderen Spezialisten (unter Umständen mit Empfehlung solcher Spezialisten) dargestellt werden.

Die aufgeführten Bereiche müssten auf jeden Fall in der Grundstruktur eines Finanzplanes vorhanden und vom Anbieter fachlich abgedeckt sein. Da jeder Finanzplaner in unterschiedlichen Bereichen besondere Kompetenz bietet, wird auch der Finanzplan von Anbieter zu Anbieter unterschiedlich strukturiert sein. Einige Bereiche werden ausführlicher und vertiefter dargestellt werden als andere. Der Finanzplan muss eine Art Blick aus der Vogelperspektive auf das Gesamtvermögen bieten. Mit ihm werden die Grundlagen für die vorhergehenden Betrachtungen in einzelnen Vermögensbereichen geschaffen. Besonders die detaillierte Betrachtung der Bereiche Wertpapiere und Immobilien erfordern umfangreiches Know-how, das in der Regel gegen zusätzliches Entgelt von den einzelnen Anbietern offeriert wird. Entsprechend kann die Hinzuziehung solcher Spezialisten im Rahmen der Privaten Finanzplanung zusätzliche Kosten, oft in erheblicher Höhe, verursachen.

3.3.3 Betreuung

Der erste Schritt in der Betreuung besteht in der Hilfestellung für den Kunden bei der Umsetzung der Empfehlungen. Auf der Grundlage der empfohlenen Maßnahmen lassen sich die notwendigen Produkte leicht identifizieren und zu den im Finanzplan vorgeschlagenen Zeitpunkten umsetzen. Es muss natürlich beachtet werden, dass der Kunde auf Empfehlungen, die nicht sofort, sondern kurz- oder mittelfristig umgesetzt werden, rechtzeitig angesprochen wird, um diese auch umzusetzen. Die erstellte Analyse hat für den Kunden grundsätzlich nur dann einen Wert, wenn die dort vorgeschlagenen Maßnahmen und Empfehlungen tatsächlich umgesetzt werden. Dies ist eine wichtige Voraussetzung für die erfolgreiche Implementierung des Finanzplanes. Dem Kunden muss deutlich gemacht werden, dass der Erwerb eines Produktes zu einem bestimmen Zeitpunkt nicht ein weiterer Produktkauf, sondern eine Problemlösung für seine individuellen Probleme darstellt. Daher sollte der Anbieter den Kunden auch dann auf die vorgeschlagenen Maßnahmen ansprechen, wenn er diese nicht bei ihm umsetzt, sondern sich für externe Anbieter entschließt oder keine Umsetzung durchführt. Besonders im letzten Fall, grundsätzlich aber in regelmäßigen Abständen, sollte eine Überprüfung in Form einer Aktualisierung der Ergebnisse der Finanzplanung stattfinden. Als Anlass eignen sich Veränderungen im wirtschaftspolitischen Umfeld, wie Änderungen im Steuerrecht, die Einführung des EURO und deren Auswirkungen auf die künftige Einkommens- und Vermögenssituation, beson-

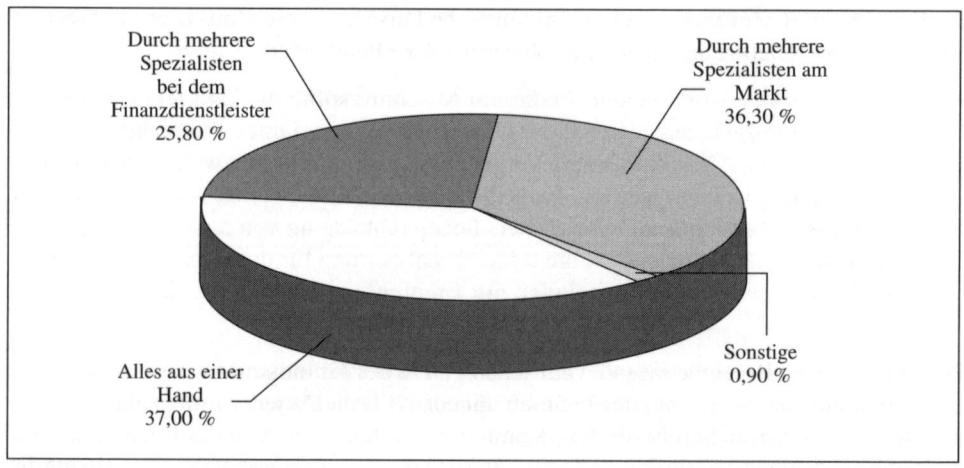

Abbildung 19: Umsetzung der empfohlenen Maßnahmen

ders gut. Für eine Aktualisierung der Finanzplanung müssen die Kunden neu angesprochen werden, da diese Veränderungen in den persönlichen Verhältnissen oder in der eigenen Zielsetzung, die eine Aktualisierung erforderlich machen, von ihm selbst nicht immer erkannt oder wahrgenommen werden.

Umsetzung der Empfehlungen

Die Ergebnisse jeder Beratung in der Privaten Finanzplanung werden wie ein schriftliches Gutachten verfasst und dem Auftraggeber je nach Art des Kundenkontakts entweder persönlich übergeben oder per Post zugestellt. Damit ist die Arbeit des Spezialisten zunächst beendet. Die Umsetzung der Ergebnisse liegt jetzt in den Händen des Auftraggebers – ein Schlüsselmoment in der Finanzplanung –, denn die ausgearbeiteten Empfehlungen und Maßnahmen wirken planmäßig nur bei tatsächlicher Umsetzung. Das Gutachten ist für die nächsten Jahre eine Orientierung bei anstehenden Anlageentscheidungen und eine detaillierte Darstellung der finanziellen Lage. Ein Bestandteil des Gutachtens ist der Vergleich des Status quo mit der zu erwartenden Entwicklung, die anhand der eingegebenen Daten und auf der Basis konkreter Produkte für den Kunden prognostiziert wurde. Eine solche Szenariodarstellung ist in der Regel nur dann möglich, wenn im Gutachten konkret „echte" Produkte genannt sind. Dabei handelt es sich um eigene Produkte des Anbieters (Bank) der Privaten Finanzplanung oder um Angebote verschiedener Finanzdienstleister (Makler, selbständige Berater, Privatbanken).

Unter Beachtung der Neutralität der Beratung soll der Finanzplaner dem Kunden seine Unterstützung für die Umsetzung der vorgeschlagenen Maßnahmen anbieten. Viele nutzen dieses Angebot und setzen die vorgeschlagenen Maßnahmen unmittelbar nach der Beratung um. Das zeigt auch eine an der European Business School von A. Sondermann durchgeführte Studie „Integriertes Investmentfondsmarketing auf Basis von Financial Planning: Empirische Untersuchung bei Privatkunden", wonach mehr als 50 % der Kunden bereit sind, die Umsetzung beim Anbieter der Finanzplanung mit einem oder mehreren Beratern durchzuführen (vgl. Abbildung 19). Die Praxiserfahrung zeigt, je präziser und exakter die Analyse erstellt ist, desto größer ist die Bereitschaft beim Kunden, die dort vorgeschlagenen Maßnahmen umzusetzen.

3.3.4 Überprüfung

Die Private Finanzplanung sollte in regelmäßigen Abständen oder bei Änderung der Planungsprämissen wiederholt werden. Besonders Änderungen im persönlichen Umfeld oder bei den existierenden makroökonomischen Rahmenfaktoren sind Anlass für eine Überprüfung oder Aktualisierung der Finanzplanung (vgl. Übersicht 12). Für diese ist die Berücksichtigung bereits kleinerer Veränderungen in der persönlichen Situation sinnvoll. Dafür ist es notwendig, in regelmäßigen Abständen (z. B. jährlich) zu prüfen, ob sich Problembereiche abzeichnen. Bei der Erstberatung, wo zunächst die strategische Zielsetzung des Anlegers für die Finanzplanung bestimmt werden muss, spielen solche Veränderungen keine Rolle (es sei denn, bestimmte zukünftige Ereignisse, z. B. die Geburt eines Kindes, sind bereits bekannt). Zu den wirtschaftlichen Rahmenfaktoren zählen z. B. Geldentwertung (Inflation), die zu erwartende Kapitalmarktentwicklung oder die Auswirkungen der Einführung des EURO. Der Einfluß des EURO auf das Gesamtvermögen kann unter den Gesichtspunkten Rendite einzelner Vermögenswerte und des Gesamtvermögens, Verfügbarkeit von liquiden Mitteln und der steuerlichen Einflüsse auf verschiedene Anlageformen bewertet werden. Diese Auswirkungen werden je nach Vermögenswert mehr oder weniger stark ins Gewicht fallen. So wird z. B. der EURO an der Eignung von Lebensversicherungen als einer langfristigen Anlage nichts ändern, da die Wertsicherheit der vereinbarten Verpflichtungen und Leistungen garantiert ist. Neben der von den Ökonomen erwarteten Stabilität der neuen Währung spielen auch die persönlichen Präferenzen des Anlegers eine wichtige Rolle. Die Auswirkungen auf die gesamte Vermögensstruktur ergeben sich als Gesamtergebnis aus der ganzheitlichen Analyse der einzelnen Vermögensbereiche unter Berücksichtigung der objektiven und subjektiven Faktoren. Im Rahmen von einzelnen Szenariobetrachtungen ist es möglich, die optimale Strategie für die weitere Gestaltung der Vermögensanlage zu finden. Die Entscheidungen über die konkreten Anlageformen kann der Anleger mit den entsprechenden Spezialisten im Rahmen der Gesamtstrategie treffen.

Die Private Finanzplanung als Grundlage für die Umsetzung des strategischen Vermögensmanagements in der Praxis leistet einen wesentlichen Beitrag für die sichere Bestimmung der Grundlagen künftiger Anlageentscheidungen nach der Einführung des EURO. Eine generelle Empfehlung zur Vermögensstrukturierung anhand der zu erwartenden Entwicklung des EURO ist nicht möglich, aber auch nicht notwendig. Vielmehr kommt es darauf an, wie das Vermögen derzeit strukturiert ist und wo die Schwerpunkte der gesamten Anlagestrategie künftig zu setzen sind. Die Private Finanzplanung wird dann auch künftig eine zuverlässige Grundlage für Anlageentscheidungen bieten. Bei der Betreuung erfolgt:

- Mögliche Begleitung bei der Umsetzung von Empfehlungen.
- Periodische Kontrolle und Aktualisierung der Analysen und Planungen.
- Mögliche Anpassung bestehender oder Entwicklung neuer Empfehlungen.

Übersicht 12: Checkliste zur Überprüfung des Finanzplanes seit der letzten Finanzplanung

Ehestatus von Familienmitgliedern

☐ Ein Mitglied der Familie hat geheiratet/wurde geschieden/lebt getrennt oder beabsichtigt dies zu tun.

Kinder

☐ Ein Kind/Enkelkind wird erwartet/wurde geboren/adoptiert/kam durch Heirat zur Familie.

Gesundheitliche Situation

☐ Mein Gesundheitszustand (meines Ehepartners) hat sich verschlechtert, sodass sich unsere Planung/Lebenshaltung geändert hat.
☐ Der Lebenspartner/Elternteil/Kinder/Enkelkinder wurde/wurden krank/behindert/ernst verletzt/unheilbar krank.
☐ Ein Familienmitglied ist/wird pflegebedürftig.

Verlust von Familienmitgliedern

☐ Ein Elternteil/Kind/Enkelkind ist gestorben.

Änderung im persönlichen Verhältnis

☐ Meine/unsere Einstellung zu einem Kind/Enkelkind hat sich geändert.

Vermächtnis

☐ Wir ziehen Vermächtnisse zu Personen und Institutionen in Betracht, die im letzten Finanzplan nicht berücksichtigt sind/wir wollen bereits getätigte Vermächtnisse ändern.
☐ Wir möchten Beträge in Vermächtnissen ändern.

Schenkung

☐ Wir erwägen eine Schenkung von Eigentum/Bargeld an minderjährige Kinder/Enkelkinder.
☐ Wir erwägen den Abschluss einer Lebensversicherung als Schenkung an minderjährige Kinder/Enkelkinder.
☐ Wir erwägen die Schenkung von Eigentum/Bargeld an erwachsene Kinder/Familienmitglieder.

Spenden

☐ Wir erwägen eine Spende an eine Wohltätigkeitsorganisation und möchten diesbezügliche frühere Vermächtnisse ändern.
☐ Wir erwägen eine Schenkung von Bargeld/anderen Gütern an Kultur- oder Wohltätigkeitsorganisationen.

Sonstige Vermögensübertragung

☐ Wir erwägen eine Nießbrauchsregelung.
☐ Wir möchten eine Vermögensübertragung gegen Bedingungen vornehmen (z. B. lebenslanges Wohnrecht in einer geschenkten Immobilie).

Änderung von Vermögenswerten

☐ Der Wert einiger Vermögensbestandteile hat sich im letzten Jahr wesentlich geändert.
☐ Ich/wir haben Immobilien erworben/veräußert/beabsichtigen dies zu tun.
☐ Ich/wir haben geerbt/werden in näherer Zukunft erben.
☐ Ich/wir erwarten einen Bonus/Vergünstigungen vom Arbeitgeber (z. B. als Teilhaber oder Teilnehmer an einem Optionsprogramm).

Lebensversicherung

☐ Ich/wir haben die Versicherungssummen erhöht/reduziert.
☐ Ich/wir haben den Begünstigten einer Police geändert (beabsichtigen dies zu tun).
☐ Es gibt Unklarheiten über Versicherungssumme/Ablaufleistung/Versicherungsfragen.

Unternehmensbeteiligung

☐ Wir haben eine Unternehmensbeteiligung erworben.
☐ Ich/wir sind als Partner/Teilhaber in ein Unternehmen eingetreten.
☐ Ich/wir haben Finanzprobleme mit einer Unternehmensbeteiligung.

Vormund, Testamentsvollstrecker und Treuhänder

☐ Wir möchten den Vormund wechseln.
☐ Wir möchten den Testamentsvollstrecker/Treuhänder/deren Nachfolger wechseln.
☐ Wir möchten eine bestimmte Person als Berater unseres Testamentsvollstreckers/Treuhänders benennen.

Persönliche Veränderung

☐ Wir planen einen Wohnortwechsel.
☐ Wir planen einen längeren Urlaub für das nächste Jahr.
☐ Unser Ausgabenverhalten hat sich wesentlich geändert.
☐ Wir möchten unsere Pläne für den Ruhestand ändern.
☐ Wir möchten eine Urlaubsimmobilie erwerben.
☐ Ich/mein Partner habe/hat eine erhebliche Gehaltssteigerung

Investmentportfolio

☐ Wir haben realisierte/nicht realisierte Kapitalgewinne in diesem Jahr.
☐ Wir haben realisierte/nicht realisierte Verluste in diesem Jahr.
☐ Wir haben eine steueroptimierte Anlage erworben/wollen eine steueroptimierte Anlage erwerben.
☐ Wir möchten größere Beträge in Geldmarktfonds/andere Investmentfonds anlegen.

Altersversorgung

☐ Ich habe eine Versorgungszusage erhalten.
☐ Es haben sich Änderungen in meiner betrieblichen Vorsorge ergeben.

Sonstiges

☐ Wir sind in einen längeren Rechtsstreit verwickelt.

- ☐ Wir haben Vermögensgegenstände dem Bankschließfach entnommen/hinzugetan.
- ☐ Unsere Berufsunfähigkeits-/Unfallversicherung muss überprüft/angepasst werden.
- ☐ Wir haben sonstige Verträge abgeschlossen, die sich auf unsere finanzielle Situation auswirken können.

Wirtschaftliche Rahmenbedingungen
- ☐ Die Inflationsrate hat sich seit der letzten Finanzplanung erhöht.
- ☐ Das Zinsniveau hat sich seit der letzten Finanzplanung verändert.

4. Qualitätsdimensionen der Privaten Finanzplanung

4.1 Inhaltliche Abgrenzung

Die bedarfsorientierte Beratung bietet Lösungen auch für Kunden mit einfacher Vermögensstruktur – unabhängig von der absoluten Höhe des Einkommens oder des Vermögens –, denn die Private Finanzplanung orientiert sich an dem tatsächlichen Beratungsbedarf und nicht an volumenabhängigen Größen. Für solche Kunden ist die zielorientierte Finanzplanung gut geeignet, es müssen jedoch die Einsatzbandbreite und die Grenzen der Privaten Finanzplanung beachtet werden. Diese werden durch feste quantitative Zielgruppenkriterien wie Einkommen und/oder Vermögen bestimmt. Wie diese mit der Komplexität des Vermögens und mit dem Beratungsbedarf korrelieren, ist noch nicht untersucht worden. Die Erfahrung aus der Praxis zeigt, dass hohes Vermögen nicht immer mit einem hohen Beratungsbedarf verbunden ist.

Die formelle Bestimmung der Einstiegsgrenze der Dienstleistung ist relativ einfach: Für jeden Kunden, bei dem der messbare finanzielle Vorteil das Beratungshonorar übersteigt (Grenznutzen), hat sich die Private Finanzplanung gelohnt. Damit wird der Nachweis erbracht, dass diese auch notwendig war. Nach den Angaben eines Anbieters („Commerz Finanz verdient mit Beratungen", in Süddeutsche Zeitung v. 7.5.1996) wird durch die Private Finanzplanung die Gesamtrendite des betreuten Vermögens („reine Vermögensanlage", dies sind Anlagen ohne selbstgenutzte Immobilien und tätige Beteiligungen) nach Steuern um 1,45 % (von 3,85 % auf 5,3 %) gesteigert. Um ein Honorar von 12 000 DM wieder „reinzuholen", muss demnach ein Vermögen von mindestens 830 000 DM vorhanden sein, bei 6 000 DM Honorar über 400 000 DM. Da die Einstiegshonorare der großen Anbieter (Commerzbank und Deutsche Bank) bei etwa 6 000 DM liegen, kann man 400 000 DM „reine Vermögensanlage" als untere Grenze für einen sinnvollen Einsatz der Privaten Finanzplanung ansehen. Jede der Großbanken in Deutschland hat mehrere Zehntausend Kunden dieser Größenordnung, nicht nur mit liquidem Vermögen, denen mit der Privaten Finanzplanung zu einer besseren Rendite der reinen Vermögensanlage verholfen werden kann. Es muss dabei berücksichtigt werden, dass die Private Finanzplanung einen sehr individuellen Charakter hat und daher Angaben zu „Durchschnittsnutzen" mit Vorsicht zu genießen sind. Die Herausstellung der Renditeaspekte bei der Nutzendarstellung birgt die Gefahr, dass der Blick für die überaus wichtigeren qualitativen Vorteile, wie z. B. Absicherung, versperrt wird.

Die erzielbare Qualität der Beratung und damit auch die inhaltliche Gestaltung der Dienstleistung bleiben bei der Nutzendarstellung unberücksichtigt. Ist für den Kunden eine zielorientierte Finanzplanung, die ihm geringe finanzielle Vorteile gegen geringes Honorar (oder kostenlos) verschafft, besser als eine „teure" umfassende Private Finanzplanung, die alle Optimierungspotenziale im gesamten Vermögensbereich aktiviert? Diese Frage kann nur dann beantwortet werden, wenn der Begriff „Komplexität" im Zusammenhang mit dem Vermögen eindeutig bestimmt ist. Die Methoden hierfür müssen von den Finanzdienstleistern aber erst entwickelt werden.

Etwas schwieriger ist die Beantwortung der Frage, ab welcher Vermögens- oder Einkommenshöhe die Private Finanzplanung keine qualitativen oder quantitativen Vorteile mehr bringt bzw. diese in keiner vernünftigen Relation zum Beratungsaufwand stehen (Abgrenzung nach oben). Die Private Finanzplanung ist kein „Allheilmittel", die Methodik dieser Beratungsleistung hat auch ihre Grenzen. Die Finanzplanung läuft zeitlich diskret (Aktualisierung in größeren Zeitabständen) ab und dauert zu lange, um auf sich täglich ändernde Anforderungen reagieren zu können. Erfolgreiche Unternehmer, die im Jahr mehrere Millionen verdienen oder Inhaber von Vermögen im zwei- bis dreistelligen Millionenbereich brauchen außer einem laufenden Liquiditätsmanagement weitere Dienstleistungen, die allgemein als „Vermögenscontrolling" bezeichnet werden. Diese Dienstleistungen können z. B. eine laufende, zeitnahe Asset Allocation des gesamten Vermögens beinhalten. Die Kundengruppe, die diese Art der Beratung in Anspruch nimmt, kann im Verhältnis zur vergleichsweise kleinen Zielgruppe der Privaten Finanzplanung als klein bezeichnet werden. Oft sind es vermögende Familien – und die Art des kontinuierlichen Managements des Gesamtvermögens ist in den angelsächsischen Ländern als „Family Office" bekannt. Für dieses Management ist ein sehr hoher personeller und technischer Aufwand erforderlich, um eine laufende Übersicht über Vermögensstand, -entwicklung und Performanceergebnisse zu geben und unter Berücksichtigung vorher festgelegter Kriterien eine schnelle Reaktion möglich zu machen (vgl. Exner, Vermögen brauchen ständige Betreuung, 1998). Diese Dienstleistung wird in Deutschland von wenigen Finanzdienstleistern angeboten, aktiv sind die Oppenheim Vermögens-Treuhand (OVT, Tochtergesellschaft von Sal. Oppenheim), Feri Trust und Deutsche Family Office GmbH (Tochtergesellschaft der Deutschen Bank Trust AG in Frankfurt).

Weitere Grenzen für die Inhalte des Dienstleistungsangebotes der Privaten Finanzplanung sind durch die gesetzlichen Rahmenbedingungen gegeben. So ist es Finanzinstitutionen untersagt, Rechts-, Steuer- oder Rentenberatungen durchzuführen, die nicht im Zusammenhang mit einer konkreten Beratungsleistung oder einem Produkt stehen. Je nach Auffassung des Anbieters von Finanzplanung werden diese Themen verschieden gesehen und in Zusammenhang mit konkreten Handlungsempfehlungen behandelt. Gegen Einwände, dass im Rahmen der Privaten Finanzplanung das Steuer- oder Rechtsberatungsgesetz verletzt wird, könnte man argumentieren, dass durch die umfassende Betrachtung der Einkommens- und Vermögenssituation so gut wie alle Bereiche, die eine Beratung des Kunden erfordern, betroffen sind. Damit wäre es dem Finanzplaner möglich, im Rahmen seiner Kompetenz ohne externe Spezialisten eine umfassende Steuer- oder Rechtsberatung im Rahmen der Finanzplanung durchzuführen. Die Zukunft wird zeigen, ob eine Entwicklung in diese Richtung stattfinden wird.

Eine vierte Grenze ist, potenziellen Kunden die Notwendigkeit der umfassenden Datenaufnahme zu vermitteln. Wünscht der Kunde eine Finanzplanung, möchte aber seine finanziellen Verhältnisse gegenüber dem Anbieter nicht offenlegen, kann man entweder eine Beratung ohne Möglichkeit zur Identifizierung des Kunden durchführen oder von der Durchführung einer Privaten Finanzplanung absehen. Der Finanzdienstleister kann entscheiden, ob alle potenziellen Kunden die Beratung auch unbedingt bekommen müssen.

Weiterhin ist zu beachten, dass eine zu sehr verkaufsorientierte Beratung, selbst bei guter inhaltlicher Qualität, dem Anspruch der Finanzplanung nicht gerecht wird und auf den

Kunden eher abschreckend wirkt. Der Eindruck einer verkaufsorientierten Beratung kann bei kostenlosen Beratungsangeboten leichter entstehen als bei Honorarberatung.

4.2 Organisation der Dienstleistung

Eine anspruchsvolle Finanzdienstleistung wie die Private Finanzplanung erfordert eine gut durchdachte und konsequent implementierte Organisationsstruktur. Diese Organisationsstruktur hängt von mehreren Faktoren ab: Größe des Anbieters, inhaltliche Schwerpunkte (Komplettanbieter mit Analyseerstellung und Realisierung der empfohlenen Maßnahmen oder nur Analyseerstellung), vorhandene Überschneidungen bei bereits bestehenden Angeboten. Bei der Organisationsstruktur wird unterschieden nach:

- *Leistungsangebot:* Hier wird nach dem Umfang der Leistungen bei der Akquisition, Erstellung und Umsetzung des Finanzplanes und nach der Produktauswahl bei der Umsetzung unterschieden.
- *Leistungserbringung:* Hier wird nach dem Umfang der Aufgabenteilung zwischen den Personenkreisen unterschieden, die einzelne Leistungen im Rahmen des Finanzplanungsprozesses erbringen. Danach richten sich auch die möglichen Organisationsmodelle der Anbieter.

Nicht alle der im Folgenden dargestellten Organisationsmodelle sind bisher am Markt realisiert worden. Beim Umfang des Leistungsangebotes kann man einen Anbieter ausschließlich der Gruppe zuordnen, die sich an den Wünschen des Kunden orientiert. Bei dem Umfang des Leistungsangebotes unterscheidet man:

- Angebot von Finanzplanung ohne Vermittlung von Produkten oder Unterstützung bei deren Auswahl und ohne Umsetzung der Empfehlungen (reine Beratungstätigkeit),
- Angebot von Finanzplanung ohne Vermittlung von Produkten, aber Unterstützung bei deren Auswahl und bei der Umsetzung der Empfehlungen,
- Angebot von Finanzplanung mit der Umsetzung der Empfehlungen mit eigenen oder fremden Produkten. Hier kann man nach der angebotenen Produktbreite (einige, mehrere oder alle Produkte) eine weitere Unterscheidung vornehmen.

4.2.1 Organisationsmodelle

Die strukturierte Vorgehensweise ist bei beratungsintensiven Dienstleistungen unerlässlich. Eine entsprechende Gestaltung ist die Grundlage für die effiziente Durchführung des Beratungsprozesses und ermöglicht dessen Optimierung im Hinblick auf Zeit, Kosten und Qualität. Die Aufteilung der Finanzplanung in einzelne Phasen und Vorgänge, wie Akquisition, Analyse- und Planungsprozess, Strategiefestlegung, Umsetzung, Kontrolle, interne Vorgänge, ermöglicht auch eine Vielzahl organisatorischer Implementierungen der Privaten Finanzplanung bei einem Finanzdienstleister. Verschiedene Organisationsmodelle sind anwendbar, doch richtet man sich überwiegend nach der Arbeitsteilung zwischen einzelnen Personen oder involvierten Stellen im Wertschöpfungsprozess der Dienstleistung. Die einzelnen Phasen der Finanzplanung lassen sich relativ gut voneinander abgrenzen, sodass einzelne Aufgaben verschiedenen Personenkreisen zugeordnet werden können. Von der Kundenansprache bis zur Nachbetreuung sind für den Prozessablauf drei allgemeine, übergreifende Phasen bestimmend (vgl. Abbildung 6, Seite 23):

- Die Informationsphase umfasst die Akquisitionsvorbereitung und die Kundenakquisition.
- Die Analysephase beinhaltet die Datenaufnahme und die Erstellung der computergestützten Analyse.
- Die Strategiephase umfasst die Umsetzung der Maßnahmen und die laufende Betreuung.

Die Voraussetzung für die Trennung der Prozesse sind gut funktionierende Schnittstellen zwischen den einzelnen Phasen. Diese Schnittstellen müssen definiert und die Aufgaben der einzelnen Beteiligten innerhalb der einzelnen Phasen klar umschrieben, definiert und voneinander abgegrenzt sein.

Die einfachste Art der Umsetzung der Privaten Finanzplanung – ohne Arbeitsteilung in einzelne Phasen – wäre die *Implementierung durch den Kundenbetreuer* bei einem Finanzdienstleister, d. h. Akquisition, Erstellung des Finanzplanes und Umsetzung der einzelnen Empfehlungen durch einen Generalisten. Obwohl dieses Modell leicht realisierbar ist, ist es nicht praktikabel. Wenn die Durchführung der Finanzplanung nicht die Hauptaufgabe eines Beraters ist, sind die Anforderungen an die fachliche Qualifikation sowie die sichere Beherrschung der Infrastruktur kaum zu erfüllen. Daher ist bei dieser Organisationsform die Erstellung einer qualitativ hochwertigen umfassenden Finanzplanung für den Kunden nahezu unmöglich. Anders ist es bei einer zielorientierten Finanzplanung. Diese einfachere Variante erfordert nicht unbedingt umfassende Kenntnisse über alle Vermögensbestandteile, sondern konzentriert sich auf einige wesentliche Bereiche, die auch von einem gut ausgebildeten Kundenbetreuer abgedeckt werden können. Bei der zielorientierten Finanzplanung stehen jedoch weniger der Bedarf des Kunden und die Erbringung einer Beratungsdienstleistung im Vordergrund, sondern vielmehr die Vertriebsoptimierung durch gezielten Produktverkauf.

Für die umfassende Finanzplanung ist ein Organisationsmodell, bei dem die Akquisition, die Erstellung des Finanzplanes und die Umsetzung der Empfehlungen durch eine Person vorgenommen werden, wenig geeignet. Eine Abwandlung dieses Organisationsmodells bei einem größeren Finanzdienstleister (z. B. Bank) ist der *Vertrieb und die Erstellung der Finanzpläne durch die Niederlassungen* (Filialen). Einzelne Phasen der Dienstleistung können dann vor Ort durch besonders geschulte Mitarbeiter übernommen und das notwendige Spezialistenwissen vor Ort vorgehalten werden. Eine solche Struktur hat z. B. die Deutsche Bank AG bis Anfang der 90er Jahre eingesetzt. Vorteile dieser Lösung sind der engagierte Vertrieb, die große Vertriebskapazität, die durch entsprechende Markterschließung vor Ort erreicht wird, und die Möglichkeit, auf die Anforderungen des Marktes und auf das vorhandene Marktpotenzial flexibel zu reagieren. Doch die Nachteile dieser Lösung sind gravierend: eine einheitliche Qualität bei der Erstellung der Finanzpläne und eine einheitliche Angebotsstruktur, die innerhalb eines größeren Finanzdienstleisters an den Kunden gerichtet ist, lassen sich nur sehr schwer realisieren. In einzelnen Niederlassungen können unterschiedliche Beratungsstandards vorkommen. Der dezentrale Aufbau von Personal und Infrastruktur verursacht hohe Kosten. Für kleinere Finanzdienstleister, die an einem Standort ihre Leistungen anbieten, wäre eine solche Organisationsstruktur für die Private Finanzplanung durchaus denkbar: die Informations- und die Strategiephase (Akquisition und Umsetzung) werden durch einen Kundenbetreuer übernommen, die Analysephase wird von einem internen Spezialistenteam begleitet. Vorteilhaft bei dieser Organisationsform ist die flexible Gestaltung der Schnittstellen zwischen den einzelnen Beratungsphasen, da der persönliche Kontakt der Spezialisten, die diese begleiten, jederzeit gegeben ist.

Nachteile der dezentralen Organisationsform können für größere Anbieter in Form einer *zentralen Erbringung der Dienstleistung* vermieden werden. Das interne Spezialistenteam kann z. B. nur in einer Niederlassung aufgebaut, dessen Leistungen von allen anderen Niederlassungen, die Bedarf haben, in Anspruch genommen werden. Die Art der organisatorischen Ansiedlung eines solchen Spezialistenteams innerhalb der Strukturen eines Finanzdienstleisters ist jedoch eher sekundär. Dieser kann entweder als eine Abteilung innerhalb einer operativen oder zentralen Einheit oder in Form einer Servicegesellschaft geführt werden. Die Kosten für die Inanspruchnahme dieser Abteilung oder Servicegesellschaft müssen nicht einzeln zugeordnet werden, alle involvierten Stellen tragen diese. Die Vorteile einer solchen Struktur sind der engagierte Vertrieb, die erreichbaren großen Vertriebskapazitäten, die Bündelung des notwendigen Fachwissens und die kosteneffiziente Erbringung der Dienstleistung. Der Gestaltung der Schnittstellen zwischen den einzelnen Abteilungen kommt dabei eine größere Bedeutung zu, denn der Umfang der von den einzelnen Beratern erbrachten Leistungen muss genau definiert werden. Ein solches Organisationsmodell haben z. B. die Commerzbank AG mit der Tochtergesellschaft Commerz Finanz-Management GmbH (CFM) und die Kölner Stadtsparkasse mit der Finanzdienste Köln GmbH (FDK) realisiert.

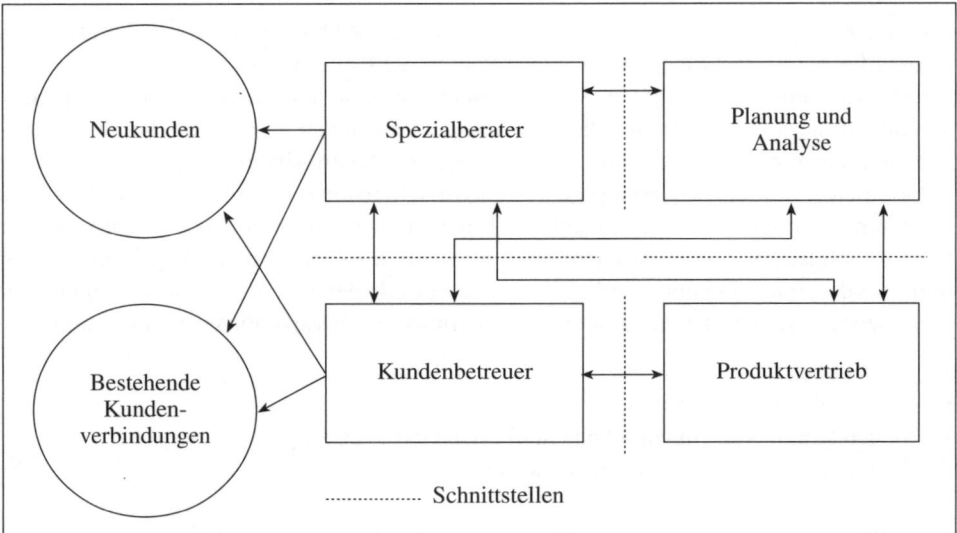

Abbildung 20: Schnittstellen im Vertrieb

Bei der „zentralen" Organisationsform ist das interne Spezialistenteam nur für die Analysephase verantwortlich. Bei einer anderen Gestaltung der Schnittstellen könnte ein Spezialistenteam nicht nur die Analysephase, sondern auch die Strategiephase übernehmen. In diesem Fall werden nur die Bedarfserkennung und die Kundenakquisition von einem Kundenbetreuer übernommen, die Erstellung des Finanzplanes, die Umsetzung der Empfehlungen sowie die laufende Betreuung bis zu einer erneuten Finanzplanung liegt in den Händen des internen Spezialistenteams. Bei dieser Organisationsstruktur ist eine noch höhere Bündelung der Fachkompetenz im Rahmen der Finanzplanung möglich. Solange das interne Spezialistenteam als interne Einheit geführt wird, ergeben sich in der Regel keine Probleme mit der Kosten- und Ertragszuordnung. Es können jedoch Akzeptanzprobleme des Spezialistenteams durch die Kundenbetreuer auftreten. Eine interne Lösung des Angebotes der Privaten Finanzplanung in verschiedenen Ausprägungen haben z. B. die BHF-Bank und die Hypovereinsbank realisiert.

Es ist auch denkbar, dass die Analysephase von einem externen Spezialistenteam (z. B. in Form von einer Tochtergesellschaft oder selbständigen Gesellschaft[4] erbracht werden. Eine solche Organisationsstruktur ist sowohl für eine Bank wie auch für unabhängige Finanzdienstleister denkbar. Wenn innerhalb einer Großbank eine Privatbank einzelne Aufgaben im Rahmen der Privaten Finanzplanung übernimmt (wie früher Hardy Privatbankiers innerhalb der Dresdner Bank AG), können sich weitere Probleme bei der Schnittstellengestaltung ergeben, denn eine Privatbank ist in der Lage, sowohl die Analyse- wie auch die Strategiephase zu begleiten (vgl. Abbildung 20). Der Vertrieb und die Abwicklung der Finanzplanung erfordern gut funktionierende Schnittstellen zwischen verschiedenen Fachabteilungen und eine genaue Leistungsdefinition, die die erbrachten Leistungen differenziert und die entsprechende Kostenzuordnung ermöglicht. Eine externe Gesellschaft kann durchaus in Konkurrenz zum eigenen Mutterinstitut stehen, mit allen daraus resultierenden Problemen.

Ein externes Spezialistenteam (z. B. ähnlich wie die DATEV bei den Steuerberatern) als Lösung für die Abwicklung von einzelnen Phasen der Privaten Finanzplanung ist für kleinere Finanzdienstleister denkbar. Somit könnten diese die Schaffung einer kostenintensiven Infrastruktur vermeiden und die notwendigen Leistungen im Rahmen der Privaten Finanzplanung zentral abrufen. Die Schaffung einer solchen Abwicklungsgesellschaft für die kleinen freien und unabhängigen Finanzdienstleister setzt eine kritische Masse in Form einer genügend großen Anzahl von Finanzdienstleistern voraus, die eine zentrale Gesellschaft tragen. Diese wird den freien Finanzdienstleister erst das Angebot von einer umfassender Finanzplanung ermöglichen. Die Vorteile der zentralisierten Erbringung der Analysephase als arbeitsintensivste Phase innerhalb der Privaten Finanzplanung sind:

- gebündeltes fachliches Wissen,
- kosteneffiziente Strukturen,
- Sicherstellung von einheitlichen Qualitätsstandards und
- flexible Reaktion auf die vorhandene Nachfrage.

---

[4] Hier und im folgenden Text ist unter Gesellschaft eine juristische Persönlichkeit (z. B. GmbH) zu verstehen.

Wichtig ist, dass diese Vorteile auch tatsächlich realisiert werden. Insbesondere der Aufbau und die Erhaltung des für die Private Finanzplanung notwendigen Fachwissens müssen gesichert sein. Dabei kommt dem Wissenstransfer zwischen den einzelnen Fachspezialisten eine besondere Bedeutung zu. Dieser ist dann gewährleistet, wenn die Fachspezialisten räumlich nicht getrennt sind. Aus dieser Anforderung kann die notwendige Mindestgröße eines Spezialistenteams abgeleitet werden. Diese liegt erfahrungsgemäß bei drei Spezialisten. Dabei ist deren organisatorische Einordnung (Abteilung, externe Gesellschaft, zentral, dezentral) unerheblich. Die Unterteilung einer Abteilung oder Gesellschaft, die die zentralisierte Abwicklung von einzelnen Phasen der Privaten Finanzplanung gewährleistet, in dezentrale Spezialistenteams ist nur für ganz große Finanzdienstleister sinnvoll, die entsprechende Vertriebskapazitäten haben und die Infrastruktur für eine reibungslose Schnittstellenfunktion bereitstellen können. In Deutschland kommen für eine solche Organisationsstruktur die großen Banken in Frage, sofern diese eine umfassende Finanzplanung anbieten. Ohne die Schaffung von effizienten internen Organisationsstrukturen gehen bei einer solchen Aufteilung der zentralisierten Abwicklung von einzelnen Phasen der Privaten Finanzplanung die dadurch gegebenen Vorteile verloren. Das Resultat sind fehlende Flexibilität bei der Reaktion auf Kundenanforderungen sowie Kostenineffizienz.

Einen Sonderfall bildet eine selbständige Gesellschaft, wenn die Private Finanzplanung ihr einziges Angebot ist. Diese kann sowohl ein unabhängiger Finanzdienstleister wie auch die Tochtergesellschaft eines größeren Finanzdienstleisters sein. Diese Gesellschaft kann die Definition des Leistungsangebotes und der notwendigen Schnittstellen zu den Auftraggebern vornehmen. Als Auftraggeber kommen sowohl andere Finanzdienstleister wie auch Privatkunden in Frage. Eine solche Gesellschaft wird sich in der Regel auf die

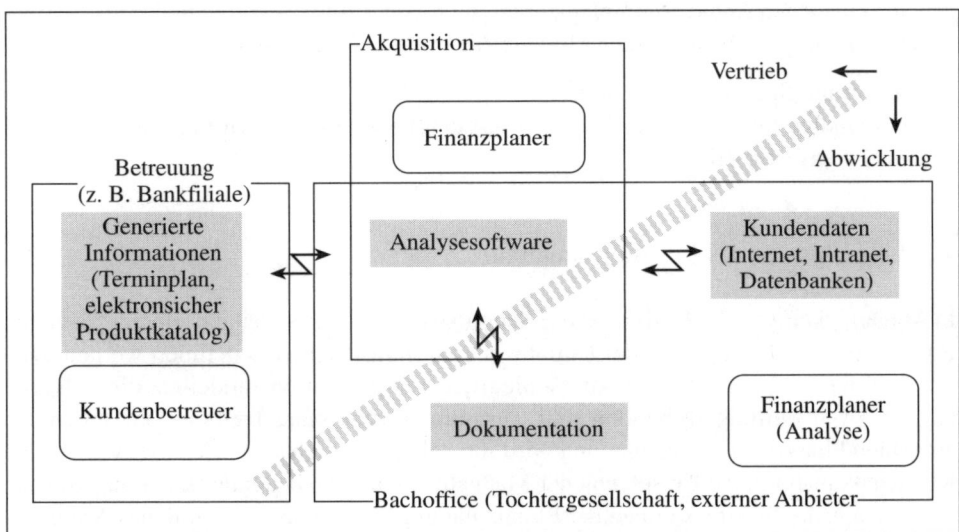

Abbildung 21: Infrastruktur bei Arbeitsteilung und Nutzung von Beratungssoftware in der Akquisition

Informations- und Analysephase der Privaten Finanzplanung konzentrieren und für Privatkunden auch die Umsetzung der Empfehlungen und die laufende Betreuung vornehmen müssen. Die Strategiephase auftraggebender Finanzdienstleister wird in der Regel durch diese selbst begleitet. Die Tochtergesellschaft einer Bank z. B. wird diese meistens exklusiv bedienen. Die Öffnung für externe Auftraggeber wird entweder nicht erfolgen oder nur in einem geringen Umfang möglich sein. Für die Inanspruchnahme der Leistungen einer solchen Gesellschaft unmittelbar durch Privatkunden fehlt in Deutschland noch die öffentliche Akzeptanz der Privaten Finanzplanung. Eine Gesellschaft, die die Private Finanzplanung zum einzigen Geschäftszweck hat, wird die Vorteile und Ideen dieser Finanzdienstleistung am besten umsetzen können. Eine objektive und neutrale Beratung wäre jederzeit gewährleistet. Der Erfolg und akzeptable Preise für die Beratung hängen von der Kundenanzahl ab, die groß genug sein muss. Obwohl die optimalen Voraussetzungen für eine solche Organisationsform in Deutschland noch nicht vorhanden sind, gibt es auf dem Markt einige Finanzdienstleister, die schwerpunktmäßig Private Finanzplanung anbieten. Dazu gehören z. B. die Analytica Finanz Research GmbH und mikroplan GmbH.

In der Praxis kann man feststellen, dass ab einem bestimmten Geschäftsvolumen (Anzahl Kundenaufträge) eine „Industrialisierung" des Finanzplanungsprozesses, den man dann auch tatsächlich „Produktion" nennen kann, unumgänglich ist. Faktoren wie Durchlaufgeschwindigkeit der Kundenunterlagen, Vorbereitung und Effizienz von einzelnen Arbeitsschritten fangen an, eine wesentliche Rolle bei der Erbringung der Dienstleistung zu spielen. In Wachstumsphasen einzelner Finanzdienstleister muss dies beachtet werden, ansonsten ist ein störungsfreies Angebot in der Finanzplanung nicht zu gewährleisten.

Zusammenfassend kann man feststellen, dass in der Bundesrepublik Deutschland die von den verschiedenen Anbietern implementierten Organisationsstrukturen in der Privaten Finanzplanung einem der folgenden Modelle zugeordnet werden können:

- Berater mit Spezialqualifikation,
- selbständige Abteilung oder Tochtergesellschaft eines Finanzdienstleisters,
- unabhängige Gesellschaft.

4.2.2 Reichweite des Leistungsangebotes

In Abhängigkeit von der Definition der Schnittstellen zwischen den einzelnen Phasen der Privaten Finanzplanung kann der Umfang des Leistungsangebotes definiert werden. Dieser Umfang hängt eng mit den unterschiedlichen Organisationsmodellen, die in Bezug auf die Arbeitsteilung vorhanden sind, zusammen. Eine klare Trennung zwischen den einzelnen Phasen der Finanzplanung wird nur selten möglich sein. Meistens werden die Kundenakquisition, die Umsetzung der Maßnahmen und die laufende Betreuung von den restlichen Aufgaben im Rahmen der Finanzplanung abgegrenzt. Wesentliches Argument bei der Gestaltung des Umfanges des Leistungsangebotes ist die Frage der Ertragszuordnung. Aus Sicht eines Anbieters beinhaltet die Private Finanzplanung zwei wesentliche Ertragsquellen: das Beratungshonorar und die Provisionen durch die Vermittlung von

Produkten bei der Umsetzung der Empfehlungen. Wenn er dazu in der Lage ist, wird ein Anbieter von Finanzplanungen die Abdeckung aller Ertragsquellen anstreben. Das heißt, dass der Finanzdienstleister die Private Finanzplanung anbieten kann und die notwendige breite Produktpalette für die Umsetzung der Empfehlungen haben muss. Fehlt in einem Bereich die notwendige Kompetenz, müssen die Schwerpunkte des Leistungsangebotes auf das vorhandene Know-how gesetzt werden. So kann z. B. ein Anbieter Private Finanzplanung anbieten, ohne eine Vermittlung von Produkten vorzunehmen und ohne entsprechende Unterstützung bei der Produktwahl und der Umsetzung anzubieten. In diesem Fall haben die Ergebnisse der Finanzplanung für den Kunden „theoretische" Bedeutung, da die Lösungsansätze für die Probleme des Kunden auf einer abstrakten Ebene erfolgen. So kann man z. B. bei Handlungsbedarf im steuerlichen Bereich entsprechende Produktgruppen mit allgemeiner Beschreibung der notwendigen Gestaltungsmerkmale dieser Produkte empfehlen, ohne dass man aber auf konkrete Angebote zurückgreift. Im Rahmen der Privaten Finanzplanung würde in diesem Fall keine produktbezogene Beratung stattfinden. Der Kunde muss selbständig am Markt tätig werden, um die Umsetzung vornehmen zu können. Eine theoretische Darstellung von Empfehlungen (ohne Bezug auf konkrete Produkte) trägt allerdings nicht dazu bei, dass sich der Kunde in den Ergebnissen der Beratung wiederfinden und eine Beurteilung der Qualität der Analyse machen kann.

Eine Erweiterung des Leistungsangebotes kann in der Unterstützung bei der Produktauswahl und der Umsetzung der Empfehlungen sowie bei der Koordination der dafür notwendigen und erforderlichen Tätigkeiten bestehen. In diesem Fall vermittelt der Anbieter der Finanzplanung ebenfalls keine konkreten Produkte, unterstützt aber den Kunden bei der Umsetzung der Maßnahmen. Dieses Angebot kann um die Vermittlung von Produkten aus dem gesamten Markt für Finanzdienstleistungen erweitert werden. In diesem Fall muss der Anbieter der Finanzplanung einen hervorragenden Überblick über alle Produktarten, die am Markt vorhanden sind, haben, um für den Kunden die besten auszusuchen. Dieser Umfang des Leistungsangebotes würde für den Kunden die optimale Lösung darstellen. Er könnte sicher sein, dass die Finanzplanung unabhängig und objektiv erbracht und die Umsetzung nur mit den besten Produkten, die von allen Anbietern am Markt vorhanden sind, vorgenommen wird. In der Realität ist es aber unwahrscheinlich, dass ein Anbieter von Finanzdienstleistungen den erforderlichen umfassenden Marktüberblick hat, sodass das Angebot der vermittelten Produkte eingeschränkt wird. Die Unabhängigkeit der Beratung wäre in diesem Fall nicht immer gewährleistet.

Die beschriebenen Ausprägungen des Leistungsumfangs kommen eher für kleinere Finanzdienstleister in Frage. Diese konzentrieren sich mehr auf die Beratung des Kunden und entwickeln keine eigenen Finanzprodukte, sodass sie von Drittanbietern abhängig sind. Größere Finanzdienstleister, wie z. B. Banken, definieren das Leistungsangebot anders. Diese verfügen in der Regel über die notwendige breite Produktpalette, sodass diese auch im Rahmen der Finanzplanung angeboten werden kann. Die Steigerung der Kosten bei größerer Sortimentsbreite (wie von A. Patterson in seiner Dissertation, S. 265 beschrieben) gilt nur für kleine Anbieter, die die Produkte nicht im Angebot haben und daher erst entwickeln oder zukaufen müssen. Bei „Vollsortimentern" wie Großbanken ist die Produktpalette ohnehin vorhanden, die Probleme bei deren Nutzung liegen in der fehlenden Vernetzung des vorhandenen Wissens und in den internen Abstimmungsproblemen, die eine Ausweitung des Angebotes verhindern. Mit entsprechender Infrastruktur, z. B. elektronische Produktkataloge und Wissensdatenbanken, sind diese Probleme auf jeden Fall lösbar.

Die Vermittlung von Produkten von Drittanbietern beinhaltet natürlich auch die Haftungsproblematik bei der produktbezogenen Beratung. Größere Anbieter werden sich daher neben der Erbringung der reinen Beratung im Rahmen der Privaten Finanzplanung auf die Vermittlung und Empfehlung von Produkten ausschließlich aus dem eigenen Angebot konzentrieren. Dies beschränkt die Haftung nur auf die eigene Produktpalette und ermöglicht zudem dem Anbieter die Partizipation an allen Ertragsquellen aus der Privaten Finanzplanung. Bei einer reinen Beratungstätigkeit besteht die Ertragsquelle des Anbieters hauptsächlich aus dem Honorar für die Beratung. Bei zusätzlich erfolgender Produktvermittlung kommt eine Beteiligung an den Erträgen aus den vermittelten Produkten hinzu. Die Produktvermittlung ist allerdings mit Glaubwürdigkeitsproblemen verbunden. Kaum ein Kunde wird sich davon überzeugen lassen, dass alle Produkte eines einzelnen Anbieters die besten am Markt sind. Wichtig ist es deshalb, dem Kunden die Freiheit bei der Umsetzung der Empfehlungen zu lassen. Die Vergleichbarkeit der Empfehlungen des Finanzplaners mit anderen Produkten muss auf jeden Fall gewährleistet sein, sodass der Kunde in der Lage sein sollte, geeignete Produkte auch von Drittanbietern erwerben zu können. Bei der Realisierung der Empfehlungen durch externe Anbieter gehen natürlich auch die dadurch anfallenden Erträge an ihn. Eine Lösung für den Anbieter der Privaten Finanzplanung wäre es, nicht nur eigene, sondern auch (zumindest ausgewählte) Produkte von Drittanbietern anzubieten.

Wichtig für den Finanzdienstleister bei der Gestaltung des Leistungsangebotes ist die *Definition von Anfang und Ende der Beratung*. Dadurch können Kostenrisiken durch umfangreiche Nacharbeiten vermieden werden, die dadurch entstehen, dass der Kunde z. B. nicht sofort die Anlagevorschläge aus der Finanzplanung umsetzt, später aber eine „korrekte" Fassung des schriftlichen Gutachtens fordert.

4.3 Qualitative Anforderungen

4.3.1 Qualitätsbegriff in der Privaten Finanzplanung

Die Qualität der Beratung ist die bestimmende Größe bei dem Erfolg einer Implementierung der Privaten Finanzplanung im Markt. Qualitätsbestimmend sind im Wesentlichen die drei Erfolgsfaktoren

- Personal,
- Beratungsprozess und
- Infrastruktur,

deren Gleichgewicht als „PBI-Erfolgsfaktor" bezeichnet werden kann. Unter *Qualität des Personals* versteht man die bestehenden Qualifikationen der Mitarbeiter sowie deren kontinuierliche Fort- und Weiterbildung. Für Finanzplaner, die im Vertrieb tätig sind, kommt die im Kundenkontakt erforderliche „emotionale Intelligenz"[5] hinzu.

Diese Fähigkeiten sind besonders wichtig, da eine umfassende Kenntnis der Produktpalette sowie der relevanten aktuellen Entwicklungen im steuerlichen und rechtlichen Bereich unerlässlich sind. Momentan wird in der Bundesrepublik Deutschland im akademischen Bereich keine Ausbildung im Bereich Private Finanzplanung angeboten, sodass die Finanzdienstleister bei der Ausbildung der Mitarbeiter teilweise auf sich selbst angewiesen sind. Die Ausbildung „on the job" kann dadurch lange dauern. Auch im Vertriebsbereich sind Mitarbeiter notwendig, die den ganzheitlichen und umfassenden Beratungsansatz nicht nur theoretisch kennen, sondern auch in der praktischen Vertriebsarbeit umsetzen können. Von der Erfahrung und Qualifikation der einzelnen Berater hängt entscheidend die Qualität der Ergebnisse der Beratung ab.

Ein weiterer qualitätsbestimmender Faktor in der Finanzplanung ist der *Beratungsprozess.* Darunter versteht man die Definition und die praktische Umsetzung der im Rahmen der Beratung erforderlichen Arbeitsvorgänge und -schritte. Dies erfordert vom Anbieter die exakte Bestimmung der Ziele, die mit der Privaten Finanzplanung verfolgt werden, die Integration mit anderen Fachbereichen und die Ausnutzung von vorhandenen organisatorischen Schnittstellen. Die Einhaltung der Qualitätsstandards im Rahmen der Beratung muss kontrolliert und überprüft werden. Ein gut definierter Beratungsprozess ermöglicht die Reduzierung der Qualitätsschwankungen, die durch Unterschiede in der fachlichen Qualifikation der Berater entstehen können. Die für die Beratung notwendigen Prozesse können am besten unter Berücksichtigung der Organisation des Anbieters und seiner Positionierung am Markt bestimmt werden. Ein selbständiger Finanzdienstleister wird die einzelnen Schritte bei der Beratung ganz anders definieren als eine Privatbank oder eine Universalbank. Bei größeren Anbietern sind weitere Gestaltungsmöglichkeiten des Beratungsprozesses denkbar. Die optimale Vorgehensweise bei der Beratung in der Privaten Finanzplanung kann nur in einem konkreten organisatorischen Umfeld realisiert werden. Denn unterschiedliche Methoden bei der Beurteilung der Vermögenssituation können zu unterschiedlichen und sogar gegensätzlichen Ergebnissen bei der Beratung führen. So ist die Frage der Berücksichtigung der Inflation bei künftigen Betrachtungen von erheblicher Bedeutung, wie von P. Romakowski in „Vermögensberatung: Ordnung ins Chaos" dargestellt. Dort wird ein Testfall beschrieben, bei dem ein Anbieter bei der Beratung die künftige Geldentwertung berücksichtigt hat, ein anderer jedoch nicht. Für dieselbe Immobilie haben die Finanzdienstleister unterschiedliche Empfehlungen ausgesprochen: ohne Berücksichtigung der Inflation wegen der schlechten Rendite verkaufen, mit Berücksichtigung der Inflation durch die höhere Wertsteigerung und damit Rendite behalten. Jeder Anbieter kann aus seiner Sicht die Vorgehensweise fundiert begründen und rechnet dabei mathematisch richtig. An diesem Beispiel sieht man die Wichtigkeit der Anforderung, dass die Annahmen, die zu den Planungsergebnissen führen, für den Kunden stets klar und nachvollziehbar dargestellt sein müssen. So wie es keine „richtige" Wirtschaftspolitik

---

5 Unter „emotionaler Intelligenz" (EQ) versteht man diejenige Intelligenz, die sich in dem Verständnis und der Handhabung menschlicher Gefühle zeigt. Damit können die persönlichen Fähigkeiten eines Menschen beurteilt werden.

gibt, ist es fraglich, ob es überhaupt eine verbindliche und „richtige" Methodik der Privaten Finanzplanung geben kann. Wichtig ist, dass die Beratungsprozesse am *Kundenbedarf* und nicht an der bei dem jeweiligen Anbieter existierenden *Infrastruktur* orientiert ist. Darunter versteht man die Werkzeuge, die für die Abwicklung der Finanzplanung notwendig sind sowie sämtliche Informations- und Kommunikationsmittel, die im Rahmen der Beratung eingesetzt werden. Die Infrastruktur ist der dritte bestimmende Qualitätsfaktor in der Privaten Finanzplanung. Wichtigstes Werkzeug des Finanzplaners ist die für die Analyse eingesetzte Software. Diese muss genau die Arbeitsschritte abbilden und unterstützen, die im Rahmen der Definition des Beratungsprozesses festgelegt worden sind. Überflüssiges hindert den Finanzplaner bei der Konzentration auf die wesentlichen Punkte, Defizite machen eine umfassende vernetzte Beratung unmöglich. Geeignete Instrumente zur Steuerung der Geschäftsvorfälle (Managementinformationssysteme) und des Workflows (Kundeninformationssysteme) im Rahmen der Privaten Finanzplanung gehören ebenfalls zur Infrastruktur. Ab einem bestimmten Geschäftsvolumen ist deren Einsatz unerlässlich. Effizientes Arbeiten ist nur im Rahmen von exakt definierten und eingehaltenen Prozessen möglich und mit den dafür notwendigen Werkzeugen.

Mit anderen Worten, man muss die Fragen beantworten: Wie umfassend möchte man einen Kunden beraten? Wie lange soll die Beratung dauern? Was würde das dem Kunden wert sein?

Die drei Qualitätsfaktoren Personal, Beratungsprozess und Infrastruktur sind eng miteinander verbunden, sodass Veränderungen in einem Bereich zwangsläufig Veränderungen in den anderen Bereichen nach sich ziehen. Hohe Qualität jedes Faktors ist notwendig, um die Qualität der Dienstleistung Private Finanzplanung insgesamt auf hohem Niveau realisieren zu können. Die fachlichen Inhalte, den Rahmen für die einzelnen Beratungsschritte und deren Qualität muss jeder Anbieter zunächst selbst definieren. Diese kann sich an formalen Kriterien wie Richtigkeit und Vollständigkeit oder an subjektiven („weichen") Faktoren wie Individualität und Verständlichkeit ausrichten. Ein weiteres Qualitätsmerkmal ist der Mehrwert, den die Beratung dem Kunden liefert. Dieser kann sich sowohl auf die Konkurrenten am Markt wie auch auf die anderen Produkte und Dienstleistungen des Anbieters neben der Privaten Finanzplanung beziehen. Als Maßstab für die Erreichung der angestrebten Qualität sollte daher die Kundenzufriedenheit herangezogen werden. Eine Messung der Kundenzufriedenheit sollte regelmäßig mit den Kunden der Privaten Finanzplanung durchgeführt werden. Diese kann jedem Anbieter von Finanzdienstleistungen (nicht nur im Rahmen der Finanzplanung) Erkenntnisse über die Deckungsgleichheit des eigenen Angebotes und deren Wahrnehmung beim Kunden ermöglichen.

Dienstleistungen sind Erfahrungsgüter, deren Qualität ein Kunde erst bewerten kann, wenn er sie bereits „erfahren" hat. Im Einzelfall können die Effizienz und Qualität von Finanzdienstleistungen nicht einmal nach deren Inanspruchnahme beurteilt werden, also auch nicht nach vorangegangener Erfahrung mit dem Angebot (vgl. Bühler, a.a.O., 1995). Deshalb ist es für die Anbieter in den Dienstleistungsbereichen auch so schwierig, die Qualität ihrer Leistungen zu belegen, wenn der Kunde noch keine positiven Erfahrungen mit der Firma und/oder dem konkreten Produkt bzw. Dienstleistung gemacht hat. Aus diesem Grunde werden bei Erfahrungsgütern häufig andere Merkmale hervorgehoben, von denen man dann auf die Qualität der eigentlichen Leistung schließen kann. Neben Referenzen sind die attraktive äußere Form von Inseraten, Exposés und Produktinformationen, die Auswahl der Angebote, die gesamte Corporate identity gerade bei schwer fassbaren Dienstleistungen wie Beratung und Vermittlung besonders wichtig (vgl. Wanzek a.a.O., 1998).

Eine Möglichkeit, Qualität zu belegen, besteht darin, eine Bewertung durch Dritte vornehmen zu lassen. Eine geeignete Bewertung kann mit dem Zertifikat nach der DIN EN ISO 9001 vorgenommen werden.

Übersicht 13: Kriterien zur Qualitätsmessung

Qualitätsmerkmal	Einschätzung der Erfüllung (von 1: schlecht, niedrig bis 10: gut, hoch)
Personal	
Bestehende Qualifikation	1 2 3 4 5 6 7 8 9 10
Bedarf an Fort- und Weiterbildung	1 2 3 4 5 6 7 8 9 10
Emotionale Intelligenz	1 2 3 4 5 6 7 8 9 10
Soziale Kompetenz	1 2 3 4 5 6 7 8 9 10
Beratungsprozess	
Definition der Arbeitsvorgänge	1 2 3 4 5 6 7 8 9 10
Kooperation mit anderen Bereichen	1 2 3 4 5 6 7 8 9 10
Ausnutzung von vorhandenen Schnittstellen	1 2 3 4 5 6 7 8 9 10
Dauer der Beratung	1 2 3 4 5 6 7 8 9 10
Kenntnis des Angebotes (intern, extern)	1 2 3 4 5 6 7 8 9 10
Image	1 2 3 4 5 6 7 8 9 10
Vertriebsorganisation	1 2 3 4 5 6 7 8 9 10
Infrastruktur	
Beratungswerkzeuge	1 2 3 4 5 6 7 8 9 10
Informationsmittel	1 2 3 4 5 6 7 8 9 10
Kommunikationsmittel	1 2 3 4 5 6 7 8 9 10
Management- und Kundeninformationssysteme	1 2 3 4 5 6 7 8 9 10

Mit dem ISO 9001 werden dem Kunden sichtbar die Erfüllung bestimmter Qualitätsanforderungen signalisiert. Für eine Institution als Finanzdienstleister und Anbieter von Finanzplanung würde ein Zertifikat ISO 9001 auch in der Außenwirkung wesentlich mehr Nutzen bringen als die Zertifizierung von einzelnen Mitarbeitern mit verschiedenen Qualifikationsnachweisen. In der Finanzplanung, wo der Fachberater, der die Analyse durchführt, selten oder sogar nie in direktem Kontakt mit dem Kunden steht, ist das Vertrauen in die *Institution* und nicht in die *Person* maßgeblich. Dies ist ein wesentlicher Unterschied zum klassischen Kundenberater, z. B. in einer Bank. Und solange der Finanzplaner im Vertrieb nicht der Hauptansprechpartner des Kunden bei einem Finanzdienstleister ist, gilt dies auch für ihn. Der Ruf und das Image eines Anbieters bei sonst fehlenden Orientierungsmöglichkeiten für den Kunden werden dadurch noch stärker als üblich zu entscheidenden Wettbewerbsfaktoren.

Ein weitere wichtige qualitätsbeeinflussende Größe ist die *Dauer* der Beratung. Darunter versteht man die Zeitspanne zwischen der Datenaufnahme und der Zustellung des fertigen Finanzplanes an den Auftraggeber. Diese Zeitspanne ist auf keinen Fall zu unterschätzen, denn in dieser Zeit sind die eventuell anstehenden Investitions- und Anlageentscheidungen „auf Eis gelegt". Nach Erhebungen eines Anbieters von Finanzplanungen dauert die Erstellung des Finanzplanes bei 30 % der Kunden zwischen einem und zwei Monaten, bei über 50 % über zwei bis vier Monate. Eine solche Dauer wäre für eine Anlageberatung inakzeptabel, da aber mit der Finanzplanung wesentlich breitere Problemfelder abgedeckt werden, die auch einen entsprechenden Aufwand verursachen, sind diese Zeitspannen nicht ungewöhnlich. Es ist klar, dass es Probleme im Vermögensbereich gibt, die wesentlich schneller gelöst werden müssen. In solchen Fällen könnte die Finanzplanung an Grenzen stoßen. Hier wären Beratungsdienstleistungen erforderlich, die ein zeitnahes Vermögensmanagement („Real-Time-Vermögensmanagement") ermöglichen.

Eine der Besonderheiten, die sich durch das Wesen der Privaten Finanzplanung als Beratung ergeben, ist die Erkenntnis, dass Kunden Qualitätsmängel bestrafen, besonders hohe Qualität aber nicht adäquat honorieren. Voraussetzung ist, dass für den Kunden überhaupt eine Vergleichsmöglichkeit vorhanden ist. Bei der Privaten Finanzplanung ist eine Markttransparenz nicht vorhanden, sodass oft ein einziges Qualitätskriterium für den Kunden die Eigenaussage des Anbieters ist. Bei der Kommunikation des Mehrwertes der Beratung nach außen muss beachtet werden, dass dabei Zielkonflikte durch den Vergleich der Finanzplanung mit den weiteren Angeboten des Finanzdienstleisters entstehen können. Die Kunden erwarten stets eine umfassende Beratung, kennen aber den Unterschied zwischen der produktbezogenen und bedarfsbezogenen Beratung nicht.

Die Qualität der einzelnen Erfolgsfaktoren kann und muss vom Anbieter selbst auch gemessen werden, z. B. mit Hilfe multiattributiver Verfahren (vgl. auch Bruhn, a.a.O., 1997). Hierzu kann die Aufstellung in Übersicht 13 als Beispiel dienen. Die dort dargestellten Kriterien stellen nur einen kleinen Teil der möglichen Auswahl dar. Jeder Anbieter kann in Abhängigkeit der eigenen Strukturen auch andere Größen zur Messung der Qualität in der Finanzplanung wählen. Für ein vergleichendes Qualitätsmodell müssten allerdings einheitliche Kriterien gefunden werden. Dazu eignet sich ein „PBI-Diagramm", mit dem ein Finanzdienstleister nicht nur im Bereich der Finanzplanung quantifizierbare Qualitätskennzahlen einführen, sondern auch die Ergebnisse der Qualitätsmessungen über längere Zeiträume miteinander vergleichen kann. Das PBI-Diagramm ermöglicht die Schaffung von messbaren Qualitätskennzahlen (vgl. Abbildung 22).

4.3.2 Kriterien für die Leistungsgestaltung

Durch die Weiterentwicklung der bestehenden Angebote und durch die Entwicklung weiterer Leistungspakete wird im Rahmen der Privaten Finanzplanung das Ziel verfolgt, sich langfristig gegenüber den Angeboten der Konkurrenz zu profilieren und insgesamt am

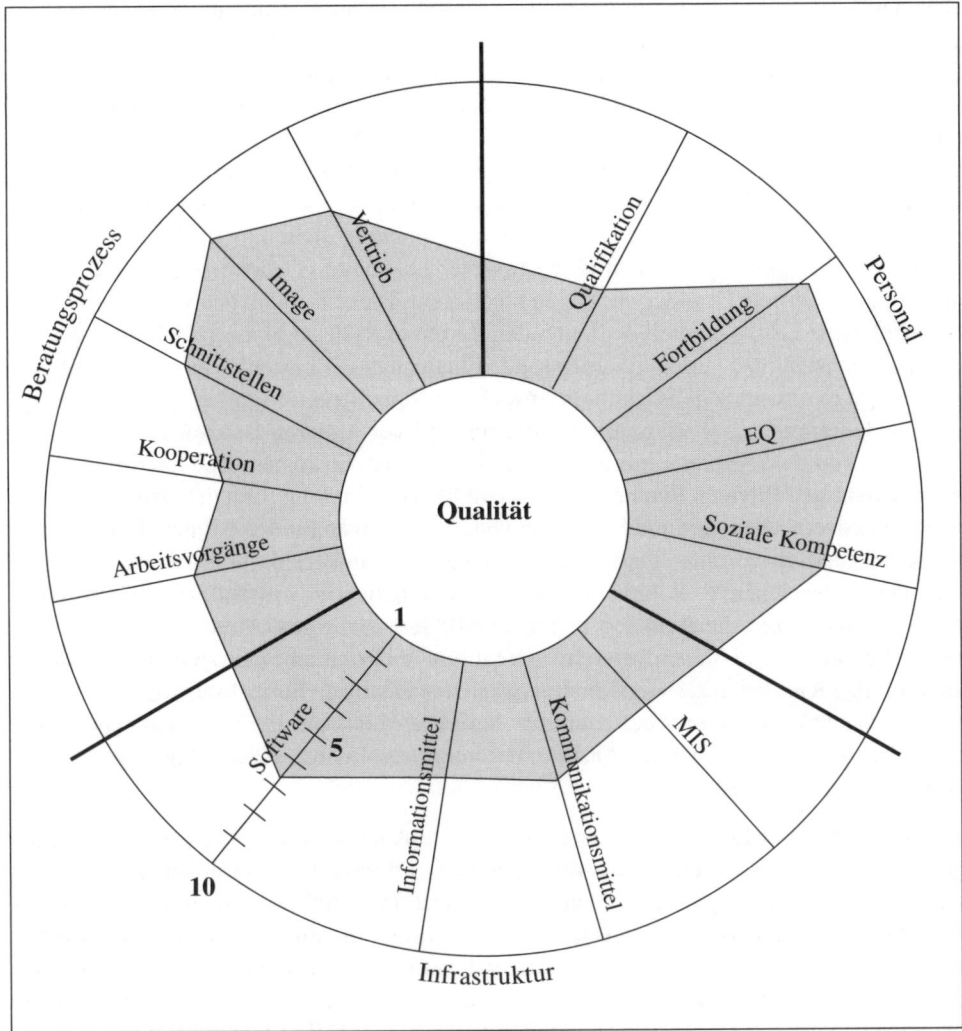

Abbildung 22: PBI-Diagramm

Markt zu behaupten. Unter strategischen Gesichtspunkten sind folgende Prämissen zu berücksichtigen:

- Mehrwert schaffen,
- zu viele Nebenleistungen vermeiden,
- Kernkompetenzen aufbauen,
- bestehendes Image berücksichtigen.

Servicequalität ist das Ergebnis einer subjektiven Beurteilung des Nutzens, den eine Finanzdienstleistung dem Kunden in Bezug auf seine individuellen, sachlichen und emotionalen Erwartungen ermittelt. Die Konkretisierung erfolgt dabei anhand von persönlichen Wahrnehmungen während und nach dem gesamten Finanzdienstleistungsprozess (vgl. Lacher, a.a.O., 1995). Im heutigen Wettbewerbsumfeld führen nur diejenigen Dienstleistungen zu einem positiven Qualitätsurteil, die die Erwartungen und Vorstellungen des Kunden deutlich übertreffen. Dadurch, dass der Mehrwert einer Finanzplanung für den Kunden nicht transparent genug ist, ergibt sich ein Problem. Die geringe Marktverbreitung hat noch nicht dazu geführt, dass ein Kunde die Private Finanzplanung als Unterscheidungsmerkmal im Sinne der Qualität des Dienstleisters wahrnimmt. Einige wenige Kunden, für die auch in der Vergangenheit ein besonders großer Betreuungsaufwand betrieben wurde, empfinden andererseits die Finanzplanung nicht unbedingt als Mehrwert, denn die Wahrnehmung der Qualität bestimmter Leistungen findet erst dann statt, wenn diese über bestimmte Grunderwartungen hinausgeht. Diese Kunden betrachten die Private Finanzplanung als Bestandteil der laufenden Betreuung. Dieser Umstand könnte einen Finanzdienstleister dazu verleiten, umfassende Finanzplanung kostenlos anzubieten. Für eine Bank ist es unwahrscheinlich, dass sie sich mit freundlichen Mitarbeitern und gepflegten Kundenräumen qualitätsmäßig profilieren und von anderen Banken absetzen kann. Dies wird von dem Anbieter einfach erwartet. Daher ist die kostenlose Durchführung einer aufwendigen Privaten Finanzplanung nicht der richtige Weg. Erst die Differenzierung von subjektivem Mehrwert und Schaffung von Zusatznutzen für den Kunden führt zu strategischen Qualitätsvorteilen gegenüber Mitbewerbern. Ansätze dafür ergeben sich in verschiedenen Bereichen, z. B. bei einzelnen Produkten, bei der vorhandenen Infrastruktur, bei der Schnelligkeit der Reaktion und in der zur Verfügung gestellten Qualität der Beratung. Die Vernetzung dieser Bereiche erfolgt mit der Privaten Finanzplanung. Dadurch kann für den Kunden in allen erwähnten Bereichen ein zusätzlicher Mehrwert geschaffen werden. Wichtig ist nur, dass der Kunde diesen Mehrwert wahrnimmt und dass der Anbieter in der Lage ist, dauerhaft die Qualität der interdisziplinären Vernetzung zu gewährleisten.

Bei der inhaltlichen Leistungsgestaltung der Finanzplanung ist zusätzlich zu berücksichtigen, dass sich die Erwartungen, die Rahmenbedingungen und die Voraussetzungen für die Anlageentscheidung der Kunden laufend verändern. Je mehr Erfahrungen Kunden mit einem Anbieter machen, aber auch je mehr Erfahrung ein Anbieter mit seinen Kunden macht, werden bestimmte Leistungsteile zum Standard. Umso schwieriger ist es dann, einen Zusatznutzen mit der Finanzplanung anzubieten. Dadurch, dass Kundenerwartungen „moving targets" darstellen, darf nicht der Zwang zu mehr Nebendienstleistungen und insgesamt zur Diversifikation des Angebotes entstehen. Eine Diversifikation ist nur dann erforderlich und sinnvoll, wenn durch den geschaffenen Zusatznutzen wesentlich breitere Kundengruppen angesprochen werden können. Mehrwert in der Finanzplanung schaffen bedeutet nicht zwangsläufig, dass die bestehenden Beratungsangebote mit immer neuen Leistungsmerkmalen ausgestattet werden müssen. Auch entgegengesetzte Konzepte können zum langfristigen Erfolg führen. Mehrwert kann auch erreicht werden durch:

- Beschränkung von Leistungen auf den tatsächlich notwendige Umfang,
- Konzentration auf das Erfolgreiche,
- Rückführung auf das tatsächlich Nutzbringende,
- Aufbau der Kernkompetenzen.

Das Marktangebot ist entscheidend für die Konzeption von leistungsorientierten Angeboten zur Abgrenzung von den Mitbewerbern. Nichtsdestotrotz muss sich ein Finanzdienstleister an den eigenen Möglichkeiten und Kompetenzen orientieren. Nicht immer sind die Strukturen, Fähigkeiten und Kompetenzen gegeben, um sofort strategische Vorteile realisieren zu können. Diese Voraussetzungen müssen oft erst ausgebaut werden. Die Kernkompetenzen und die strategischen Leistungsvorteile können z. B. durch Untersuchungen, die sich mit den anbieterspezifischen Fähigkeiten und Kompetenzen befassen, bestimmt werden. Auch allgemeine geschäftspolitische Analysen zählen dazu, wie z. B. Produkt- und Leistungsbeschreibung der Angebote, Stärken- und Schwächenprofile, Rentabilitäts- und Wirtschaftlichkeitsuntersuchungen, Analysen des bestehenden Kundenstammes und des -potenzials.

Zur Schaffung strategischer Qualitätsvorteile kommt den Mitarbeitern und Führungskräften eines Finanzdienstleisters eine besondere Bedeutung zu. In Deutschland, wo der Markt für Private Finanzplanung relativ eng, aber stark wachsend ist, ist die Beschaffung von qualifizierten Arbeitskräften nicht einfach. Es gibt keinen allgemein anerkannten Ausbildungsgang zum Finanzplaner und keinen staatlich anerkannten Abschluss. Die privaten Ausbildungsinstitutionen können als Anfang einer künftigen breiteren Angebotslandschaft angesehen werden. Die strategischen Vorteile eines Finanzdienstleisters beruhen natürlich nicht ausschließlich auf dem Human Capital. Auch andere Felder können für den Aufbau von strategisch wichtigen Kernkompetenzen wichtig sein. Auf dem Gebiet der Technologie ist der Aufbau einer reibungslos funktionierenden Infrastruktur von besonderer Bedeutung. Neben den eigentlichen Analysewerkzeugen zählen dazu die Informations- und Kommunikationsmedien, der strategische Einsatz und die Einbindung der Dienstleistung in den Betriebsprozess, der Automatisierungsgrad und die Bedeutung für die Vertriebs- und Backoffice-Funktionen. Auch die Zeitqualität (Reaktionsschnelligkeit und Abwicklungsgeschwindigkeit), die Kundenkommunikation (Marketing), die Vertriebskanäle, die Marketingansätze (Marktsegmentierung, Zielgruppenbestimmung) können zum Aufbau von Kernkompetenzen genutzt werden.

Neue Dienstleistungskonzepte sind nur dann erfolgreich, wenn sie auf einem bestehenden Image aufbauen. Da Finanzdienstleistungen im Vergleich zu Sachgütern schwer zu beschreiben und ebenso schwer zu erproben sind, kommt dem Image bei der Beurteilung des Leistungsangebotes eine große Bedeutung zu. Dies trifft bei der Finanzplanung in besonderem Maße zu. Bei fehlenden Möglichkeiten zur Leistungs- und Qualitätsunterscheidung am Markt ist der Name des Anbieters oft die einzige Garantie für die Qualität der Beratung. Dies begründet zum Teil auch die Schwierigkeiten kleinerer Anbieter, sich auf dem Markt für Finanzplanung erfolgreich zu etablieren. Ebenso von Bedeutung ist das Image der Dienstleistung selbst. Dafür müssen die Qualitätsmerkmale der Finanzplanung am Markt bekannt sein und eingehalten werden. Nur dann wird sie sich als eine qualitativ hochwertige Finanzdienstleistung am Markt etablieren und als Unterscheidungsmerkmal für die Anbieter am Markt dienen. Das Image reduziert die Unsicherheit[6] des Kunden, insbesondere gegenüber unbekannten oder neuen Leistungen. Große Namen haben es auch künftig wesentlich einfacher bei der Einführung der Finanzplanung als Dienstleistung. Sollte jedoch das Leistungsangebot nicht mit einem bestehenden Anbieterimage zusammenpassen, ist der potenzielle Kundenwiderstand und damit die Wahrscheinlichkeit eines Misserfolges wesentlich größer. In Deutschland sind bislang keine Untersuchungen darüber bekannt, ob die Private Finanzplanung als Kerndienstleistung von einem Finanzdienstleister erwartet wird, daher können keine allgemeinen Aussagen über die Sinnhaftigkeit der Einführung einer Dienstleistung wie die Private Finanzplanung gemacht werden. Untersuchungen (vgl. Bae/Sandager, a. a. O., 1997) aus den USA belegen, dass die Kunden das Angebot der Finanzplanung eher von unabhängigen Beratern als von großen Banken erwarten. Die Situation in Deutschland sieht anders aus, denn die meisten Angebote stammen von etablierten Groß- bzw. Privatbanken. Möglicherweise wird sich die Situation ändern, wenn sich ein Berufsbild und entsprechende Voraussetzungen für die Durchführung und Anerkennung einer Finanzplanung am Markt durchgesetzt haben. Neue Leistungsangebote können auch eingesetzt werden, um ein bestehendes Image zu verändern. Eine solche Strategie sollte vorsichtig angewendet werden, denn das Image wird durch eine Reihe weiterer Faktoren, wie Organisation, Menschen, Kultur usw. bestimmt und Imageveränderungen bedingen allgemein einen größeren Zeitbedarf. Es ist wenig sinnvoll, ein Beratungsangebot „Private Finanzplanung" zu nennen, um damit nur auf die allgemeine Marktentwicklung zu reagieren, denn die Nichteinhaltung der Inhalte kann oft genau das Gegenteil des angestrebten Zwecks bewirken. Auch der Missbrauch der Finanzplanung durch „schwarze Schafe" wird künftig nicht auszuschließen sein, man muss durch die allgemeine Etablierung von Qualitätsstandards am Markt erreichen, dass diese keinen Erfolg haben.

Abschließend folgt eine Übersicht der wichtigen Punkte, deren Beachtung beim Aufbau der Privaten Finanzplanung sinnvoll ist (frei nach M. Hüppauf-Jakober, a. a. O., 1997.):

(1) Die eigentliche Leistung transparent machen:
- Inhalte der Beratung vermitteln (differenzierter Leistungskatalog, z. B. Bewertung ist nicht gleich Gutachten).
- Was kann die Beratung dem Kunden für Vorteile bringen (Einsparungen, Verbesserungen benennen und nach Möglichkeit beziffern).
- Unterschied zu anderen Anbietern darstellen (unique selling proposition für den Kunden nachvollziehbar ausarbeiten, vertreten und kommunizieren).

(2) Nachvollziehbare Beratungsgrundsätze einführen:
- Grundsätze ordnungsmäßiger Finanzplanung einhalten.

---

[6] Die Unsicherheit ist ein wesentlicher geschäftshemmender Faktor in der Privaten Finanzplanung, vgl. hierzu auch J. Kloepfer „Marketing für die Private Finanzplanung", 1998.

- Leistungskatalog ausarbeiten.
- Externe und interne Ausbildungsstandards einhalten.

(3) Einnahmequellen transparent machen:
- Eindeutige Honorarstaffel bzw. Preisverzeichnis einsetzen.
- Saubere Trennung zum Produktverkauf einhalten.
- Eindeutigen Beratervertrag (Leistungsumfang, Leistungsdauer, Bearbeitungsschritte) abschließen, in dem Rechte und Pflichten auch des Kunden festgehalten sind (z. B. Mitwirkung des Kunden).

(4) Den Leistungsumfang der Privaten Finanzplanung nicht übertreiben:
- Vorab genaue Bedarfsanalyse beim Kunden durchführen.
- ggf. modulares System anbieten.

(5) Nie mehr Daten als unbedingt nötig erfassen:
- Mit Vollmachten für andere Institute arbeiten.
- Hauseigene Daten möglichst effizient nutzen.
- Mit Näherungsformeln arbeiten (z. B. Kostenschätzungen Immobilien, Kosten für Lebensführung).
- Nie ohne den Kunden Daten aufnehmen.

(6) Keep it simple:
- Kernaussagen ausarbeiten.
- Jeden Ballast abwerfen.
- Ergebnisse griffig und konkret halten.
- Umfang der Dokumentation quantitativ begrenzen.

(7) Nie den Kunden mit dem Gutachten allein lassen:
- Begleitung nach Erarbeitung der Empfehlungen wichtig.
- Erfolge messbar halten.
- Maßnahmen in der Anzahl überschaubar halten/Schwerpunkte setzen.

(8) Nicht jeder ist zum Finanzplaner berufen:
- Keine Spartenleute oder enge Spezialisten mit der Durchführung von Finanzplanung beauftragen (in einer Bank reine Wertpapierberater, Kreditspezialisten, bei Versicherungen Spezialisten für Personenversicherungen, Sachversicherungen).

(9) Glaubwürdigkeit durch Kompetenz erreichen:
- Themen, die man nicht beherrschen kann, will oder darf (z. B. Steuer-, Rechtsberatung) an externe Spezialisten delegieren.
- Finanzplanung ersetzt kein Sachverständigengutachten bei Einzelanlagen.

(10) . Nur soviel Individualität realisieren, wie sich Anbieter und Kunde leisten können:
- Individualität ist teuer.
- Kosten der Beratung sollten für Kunde und Anbieter transparent bleiben und in gesunder Relation zum Nutzen stehen.
- Auf die Relation von Aufwand und Ergebnis achten (nicht immer lohnen sich stundenlange Gutachterarbeiten, um kleinste Einsparungen zu errechnen).

4.4 Personal, Ausbildung

An den Fachberater, der die Private Finanzplanung durchführt, müssen hohe Anforderungen gestellt werden. Unabhängig von der gewählten Organisationsstruktur kommt dem Finanzplaner, der in der Kundenakquisition tätig ist, eine wichtige Rolle zu. Er muss der sozial adäquate Partner für seine Kunden sein. Diese zentrale Anforderung impliziert auch die Anforderungen an die persönlichen und fachlichen Fähigkeiten des Finanzplaners. „Der Finanzplaner muss gleichzeitig Generalist, Treuhänder, Berater, Analytiker und Diagnostiker, Koordinator und Verwalter sein" (G. Stracke und S. Thies, Finanzplanung: Methode, Märkte, Anbieter in Die Bank 8/86, S. 604). In größeren Organisationen muss er die vorhandenen Strukturen, die formellen und informellen Informationswege und die internen Schnittstellen kennen und diese auch nutzen können. Vieles kann man nur aus praktischer Erfahrung nach jahrelanger Tätigkeit, oft in leitender Position, erreichen. Die Private Finanzplanung als Dienstleistung erfordert ein besonderes Vertrauensverhältnis nicht nur zwischen Berater und Kunde, sondern auch intern zwischen primärem Kundenbetreuer (falls vorhanden) und Finanzplaner, Andernfalls ist die Bereitschaft, den Finanzplaner an den Kunden „ranzulassen" sehr gering. Dieses interne Vertrauensverhältnis entwickelt sich über einen längeren Zeitraum mit dem Nachweis der persönlichen und fachlichen Fähigkeiten.

Der Finanzplaner, der dem Kunden gegenüber verantwortlich ist, besitzt sein Vertrauen, der Kunde muss sich darauf verlassen können, dass er als Treuhänder auf Treu und Glauben und in seinem Interesse handelt. Geschicktes psychologisches Vorgehen und Einfühlungsvermögen sind für die Tätigkeit des Finanzplaners unverzichtbar. Das damit verbundene Vertrauen und das „Standing" sind die besten Voraussetzungen für die erfolgreiche interne und externe Akquisitionsarbeit. Die Vielseitigkeit und die Flexibilität des Beraters sind dabei entscheidend. Den Namen und das Ansehen des Anbieters am Markt nutzt dabei der Finanzplaner indirekt als Kompetenznachweis. Bei kleinen Finanzdienstleistern sind die Anforderungen an die Person, die im Vertrieb tätig ist, sogar noch höher. Die dort vorwiegend erforderliche externe Akquisition ist sehr viel schwieriger durchzuführen als die interne (aus dem bestehenden Kundenstamm) Akquisition bei größeren Finanzdienstleistern. Die Bedeutung von Referenzen und unabhängigen Qualifizierungsnachweisen ist für diese Anbietergruppe von besonderer Bedeutung.

Wichtig ist eine allgemein anerkannte Beschreibung des Berufsbildes des Finanzplaners. Das Berufsbild definiert auch die persönlichen und fachlichen Anforderungen, an denen sich die seriösen Anbieter am Markt orientieren sollten. In den USA sind der Etablierung des Berufes „Finanzplaner" viele Berufsbezeichnungen als Qualifikationsnachweis gefolgt. Einige von diesen Berufsbezeichnungen, die von verschiedenen Berufsverbänden vergeben werden, sind:

- *Certified Financial Planner (CFP):* Wird durch den „Certified Financial Planner Board of Standards" in Denver vergeben. Voraussetzung: 10-stündige Prüfung, Einhaltung bestimmter ethischer Berufsregeln. Dieses Zertifikat wird auch international angeboten (u. a. auch in Deutschland).

- *Chartered Financial Analyst (CFA):* Sehr angesehenes Zeugnis, vorwiegend für Portfoliomanager und Kapitalmarktanalysten. Wird von der „Association for Investment

Management and Research" in Charlottesville, Virginia vergeben. Voraussetzungen sind mehrjährige einschlägige Berufserfahrung und umfangreiche Prüfung.

- *Chartered Life Underwriter (CLU):* Wird vom „American College" in Bryn Mawr, Pennsylvania ausgestellt. Dieser Qualifikationsnachweis wird meistens von Lebensversicherungsvertretern erworben. CLUs halten sich an ethische Regeln und belegen zehn Kurse auf Universitätsniveau. Bei Belegung von weiteren Kursen kann das Zertifikat *Chartered Financial Consultant (ChFC)* erworben werden.

- *Personal Financial Specialist (PFS):* Dieses Zeugnis wird von dem „American Institute of CPAs" an Mitglieder ausgestellt, die eine Prüfung abgelegt und Berufserfahrung im Finanzdienstleistungsbereich nachgewiesen haben.

Weitere Qualifikationsnachweise und Berufsbezeichnungen für Finanzdienstleister und Immobilienberater in den USA sind „Registered Financial Planner" (RFP), „Registry of Financial Planning Practitioners" (Registry Financial Planner), „Accredited Financial Counselor" (AFC), „Accredited Housing Counselor" (AHC), „Certified Housing Counselor" (CHC), „Registered Financial Consultant" (RFC), „Registered Financial Associate" (RFA), „Master of Science in Financial Services" (MSFS). Diese Berufsbezeichnungen sollen die Qualität der Ausbildung der Berater garantieren, einige zusätzlich die Einhaltung bestimmter Verhaltensregeln gegenüber Kunden.

Einen anerkannten Beruf „Finanzplaner" gibt es in Deutschland (noch) nicht, sodass die Schaffung und Etablierung eines Berufsbildes in der Eigenverantwortung der Branche liegen. Geschützte und an bestimmte Voraussetzungen geknüpfte Berufsbezeichnungen können zukünftig sinnvoll sein. Seit Ende 1997 wird auch in Deutschland eine Lizenzierung zum Certified Financial Planner (CFP) angeboten. Dieses wird als internationales Gütesiegel für Finanzplaner (etwa 40.000 Finanzplaner mit CFP-Lizenzierung weltweit) verstanden und soll gegenüber Kunden und Öffentlichkeit den Nachweis von Qualifikation und Seriosität bringen. Dies ist allerdings erst in einem Markt möglich, der durch die Konkurrenz um den Kunden geprägt ist (z. B. USA). Dort sind ein Titel oder eine Berufsbezeichnung als Qualitäts- und Unterscheidungsmerkmal durchaus sinnvoll, auch wenn die Fülle der Titel und Bezeichnungen mittlerweile die Verbraucher mehr verwirrt und verunsichert und weniger dem Qualifikationsnachweis dient. In Deutschland, wo die Private Finanzplanung kaum bekannt ist, ist der Nutzen einer geschützten Bezeichnung als Nachweis für Qualifikation oder für Einhaltung bestimmter Regeln nicht sofort zu erkennen. Ein selbständiger CFP-Lizenznehmer kann relativ problemlos im Einklang mit den einzelnen ethischen Regeln des CFP arbeiten. Ein angestellter CFP-Lizenznehmer muss oft bevorzugt die Produktpalette seines Arbeitgebers für die einzelnen Empfehlungen im Rahmen der Privaten Finanzplanung nehmen. Allein eine solche Vorgehensweise widerspricht schon den ethischen Grundregeln des CFP. Der Wert dieses Titels als Nachweis der Erfüllung der ethischen Grundregeln in einer Institution als Anbieter von Finanzplanungen kann daher in Frage gestellt werden bzw. wenig glaubwürdig sein. Eine geschützte Berufsbezeichnung ausschließlich aus Gründen der Markttransparenz ist für den Kunden wenig sinnvoll. Die Berufsbezeichnung kann zur Zeit eher als ein (lobenswerter) Versuch, von Anfang an Ordnung und Qualität in einen noch jungen Markt zu bringen und da zu etablieren, verstanden werden. Denn der „Spagat" zwischen den qualitativen Anforderungen an die Berater und dem vorhandenen Anspruch, einen engen Markt zu repräsentieren, wird schwierig zu machen sein. Eine angesehene Berufsbezeichnung wird auch sofort „schwarze Schafe" in der Finanzdienstleistungsbranche anziehen. So sollte der Anbieter für sich entscheiden können, welche Maßnahmen den größeren Erfolg in der externen Kommunikation und in der öffentlichen Wahrnehmung der Dienstleistung Finanzplanung versprechen. Davon hängt auch die Wahrnehmung der Qualität der Dienstleistung durch die Öffentlichkeit ab.

Oft werden in Deutschland Marktregulierungen vom Staat vorgenommen, Selbstverpflichtungen für bessere Ausbildung und Qualifikation sind in vereinzelten Branchen zu finden. Eine staatlich anerkannte Prüfung würde der nicht gesetzlich geschützten Berufsbezeichnung *Finanzplaner* ein seriöses Image verschaffen. Zur Zeit bieten in Deutschland die ebs Finanzakademie in Oestrich-Winkel und die Europäische Akademie für Finanzplanung in Bad Homburg ein berufsbegleitendes Studium, dessen fachliche Inhalte sich an den sehr hohen fachlichen Anforderungen an den Finanzplaner orientieren (vgl. Übersicht 14). Das Kontaktstudium der ebs Finanzakademie vermittelt fundierte Kenntnisse über ein breites Spektrum von Vermögensanlagen und Versicherungsprodukten, Analyse- und Problemlösungskompetenz sowie Kommunikationsfähigkeiten für die Beratung und Betreuung vermögender Privatkunden. Ziel ist die Ausbildung von Generalisten mit vertieften Spezialkenntnissen in zentralen Bereichen der Finanzplanung für die Tätigkeit als Berater oder als Sachverständiger für Kapitalanlagen und Finanzplanung. Die Ausbildung ist mit hohen Studiengebühren verbunden.

Übersicht 14: Fachliche Anforderungen an den Finanzplaner

Fachgebiet	Inhalte
Finanzmathematik und Statistik	Zins- und Renditerechnung, Indizes, Wahrscheinlichkeitstheorie, statistische Verteilungen ...
Finanzmarketing	Marktforschung, Kundenorientierung, Akquisition, Qualitätsmanagement ...
Versicherungen	Haftpflicht-, Kranken-, Unfall-, Lebensversicherung, betriebliche Altersvorsorge, gesetzliche Rentenversicherung ...
Privates Finanzmanagement	Kreditmanagement, Portfoliomanagement, Vorsorgemanagement, Immobilienmanagement, Beteiligungsmanagement ...
Bank- und Börsenprodukte	Kredite, Sparprodukte, Aktien, Anleihen, Investmentfonds, Optionen ...
Immobilien	Investitionsgrundlagen, Finanzierung, Besteuerung, Bewertung, Verwertung, Wirtschaftlichkeitsberechnung ...
Private Finanzplanung	Ablauf, Methodik, Organisation, Beratungswerkzeuge ...
Steuerliche und rechtliche Grundlagen	Im privaten und im unternehmerischen Bereich, Haftungsrecht, Anlegerschutzrecht ...

Auch die Industrie- und Handelskammern haben mit dem „Fachwirt für Finanzberatung" ein Ausbildungsprofil eingeführt, das dem des Finanzplaners ziemlich nahe kommt. Weiterhin ist ein „Sachverständiger für Kapitalanlagen und Finanzplanung" durch die IHK geschaffen worden, der als „Überspezialist" die Kunden der Finanzplanung vor Missbrauch schützen soll. Die fachlichen Anforderungen an einen solchen Sachverständigen sind so hoch, dass Zweifel angebracht sind, ob eine Person diese in der notwendigen Tiefe beherrschen kann. Der Finanzplaner hat immer die Möglichkeit, externe Spezialisten für verschiedene Fachgebiete für die Behandlung einzelner Problemstellungen im Rahmen der Finanzplanung hinzuzuziehen. Da im Rahmen der Finanzplanung keine produktbezogene Beratung stattfindet und durch die Freiwilligkeit der Umsetzung der Empfehlungen sind Haftungsschäden bei einzelnen Kunden wenig wahrscheinlich. Daher ist die Notwendigkeit eines Sachverständigen für Finanzplanung fraglich. Haftungsprobleme können sich eher bei einer zielorientierten Finanzplanung ergeben. Diese betreffen hier aber Beratungsinhalte im Zusammenhang mit einzelnen Produkten und nicht den Finanzplanungsprozess selbst.

Als Generalist muss sich der Finanzplaner in allen Bereichen der Finanzplanung, auch mit Medien und Planungstechniken, gründlich auskennen (vgl. Stracke/Geitner, a.a.O., 1992, S. 604 ff.). Für die Bereiche, in denen ein Experte erforderlich wird, kann er idealerweise auf ein Team von Spezialisten zugreifen. Der Finanzplaner koordiniert aus der Gesamtsicht des Vermögens und der Kundenanforderungen die jeweiligen fachspezifischen Ausarbeitungen und Bewertungen. Unter Umständen setzt er sich auch mit den Beratern (Steuerberater, Wirtschaftsprüfer, Rechtsanwalt) des Kunden oder externen Experten (z. B. Spezialisten für Venture Capital oder Emerging Markets) auseinander. Sein Ziel muss es dabei sein, die Vorstellungen und Ziele des Kunden möglichst optimal zu realisieren. Als Berater muss der Finanzplaner die Ziele und Wünsche des Kunden klar erkennen können, möglichst viele Informationen über dessen finanzielle Situation erschließen, sich aber auch mit eventuellen Hindernissen beschäftigen, die den erfolgreichen Abschluss der Finanzberatung gefährden könnten. Der Finanzplaner muss die Fähigkeit zum Zuhören besitzen und Verständnis für die einzigartige persönliche Situation des Kunden aufbringen können. Neben diesen eher intuitiven Talenten sollte der Finanzplaner aber auch über die Fähigkeit der sachlichen Analyse und Diagnose verfügen. Er muss korrekte Aufstellungen über die finanziellen Mittel des Kunden anfertigen, die Möglichkeiten, aber auch die Schwierigkeiten und Grenzen beim Vermögensaufbau ermitteln. Ist ein Finanzplan erstellt, so ist der Berater dafür verantwortlich, dass dieser korrekt ausgeführt wird und die verschiedenen Maßnahmen zur Geltung kommen. Die Entwicklung muss jederzeit messbar sein und er muss beobachten, ob seine Strategie die Ziele des Kunden ihrer Realisierung wirklich näherbringt.

Eine Ausbildung als Finanzplaner hat auch Vorteile für den Berater in der „klassischen" Kundenbetreuung. Der ganzheitliche und bedarfsorientierte Beratungsansatz ist nicht nur eine Form des Angebotes oder der Organsationsstruktur, sondern auch eine kundenorientierte Vorgehensweise bei der Kundenberatung. Insbesondere bei der Betreuung von anspruchsvollen und vermögenden Kunden kann die Grenze zwischen dem Finanzplaner und dem Kundenbetreuer (Relationshipmanager) verwischen.

Angesichts der hohen Anforderungen an den Finanzplaner wird in Zukunft der Personalentwicklung und -förderung mehr Beachtung geschenkt werden müssen. Qualifizierte Kundenbedienung und -beratung werden im Marketing der Finanzdienstleistungsunternehmen einen immer breiteren Raum einnehmen. Der schnelle technische, wirtschaftliche und gesellschaftliche Wandel macht neben der Berufsausbildung eine konsequente Weiterbildung erforderlich. Diese umfangreichen Anforderungen haben in der Praxis dazu geführt, dass zwischen den Finanzplanern, die unmittelbar mit dem Kunden arbeiten, und den Finanzplanern, die die EDV-gestützte Analyse durchführen, eine Spezialisierung und Arbeitsteilung stattfindet. Je nach Schwerpunkt der Tätigkeit des Finanzplaners kann die Spezialisierung in der Kundenakquisition oder in der Vermögensanalyse liegen. Wichtig für die Etablierung der anspruchsvollen Tätigkeit des Finanzplaners sind die von der Deutschen Gesellschaft für Finanzplanung formulierten „Berufsbild" und „Berufsgrundsätze".

4.4.1 Berufsbild des Finanzplaners

Die hohe Qualität der Beratung stellt auch an die fachliche Qualifikation des Finanzplaners hohe Anforderungen. Er berät Privatkunden in ihren gesamten finanziellen Angelegenheiten auf der Basis der Grundsätze ordnungsgemäßer Finanzplanung. Diese Anforderungen machen die Schaffung eines Berufsbildes notwendig, das es im Bereich der Finanzdienstleistungen noch nicht gibt. Der Finanzplaner ist

- spezialisierter Berater des privaten Kunden und
- spezialisierter Berater anderer Finanzberater (Banken, Versicherungen, Finanzdienstleister).

Er hat die Interessen seines Mandanten zu vertreten und bewegt sich dabei im Rahmen der Berufsgrundsätze. Der Finanzplaner schafft eine neue Informationsebene und damit die Grundlage, Finanzentscheidungen mit höherer Sicherheit und Effizienz treffen zu können.

(1) Aus- und Weiterbildung

Der Finanzplaner kennt das gesamte Spektrum des Finanz-, Geld-, Kredit- und Versicherungswesens und ist im Thema Kapitalanlagen mit allen seinen Facetten bewandert. Er hat eine Universitäts-, Fachhochschul- oder anderweitige, als gleichwertig anzuerkennende Ausbildung absolviert. Der Finanzplaner bildet sich kontinuierlich fort.

(2) Berufserfahrung

Der Finanzplaner verfügt über langjährige Erfahrungen im Finanzdienstleistungsbereich und hat lange auf dem Gebiet der Finanzplanung gearbeitet.

(3) Berufsausübung

Der Finanzplaner hat seinen Schwerpunkt im Analyse- und Planungsbereich. Er wird direkt im Auftrag des Mandanten oder eines Zwischenauftraggebers (z. B. Bank, Finanzdienstleister, Steuerberater, Rechtsanwalt etc.) tätig; seine Tätigkeit sollte vorzugsweise auf Honorarbasis erfolgen. Der Finanzplaner verwendet EDV-gestützte Analyse- und Planungsinstrumente, um komplexe Sachverhalte berechnen und abbilden zu können.

(4) Berufsgrundsätze

Der Finanzplaner unterwirft sich folgenden Berufsgrundsätzen:

- Integrität und Vertraulichkeit,
- Objektivität und Neutralität,
- Kompetenz und Professionalität.

(5) Zertifizierung

Ein zum Certified Financial Planner zertifizierter Finanzplaner erfüllt die Voraussetzungen gemäß (1)-(4).

(6) Tätigkeitsgebiet

Der Finanzplaner:
- Analysiert nach ausführlicher Datenerfassung und Datenermittlung die Finanz- und Vermögenssituation des Kunden.
- Erstellt mittel- und langfristige Finanzplanungen auf Basis der individuellen Finanz- und Vermögensstruktur.
- Erarbeitet Optimierungen der Finanz- und Vermögensstruktur insbesondere im Hinblick auf mittel- bis langfristige Anlageschwerpunkte im Sinne strategischer Vermögensstrukturierung unter Einbeziehung von Liquidität, Vorsorge-, und Risikoabsicherungsaspekten. Bei Bedarf wird die Planung im Rahmen mittel- bis langfristiger Alternativprognosen (Szenario-Berechnungen) ergänzt.
- Sorgt für laufende Aktualisierung der Finanzplanung nach Kundenanforderung oder nach turnusmäßigem Update-Auftrag (Berücksichtigung der Veränderung der persönlichen Lebensumstände, Änderungen der Situation an den Finanzmärkten, gesamtwirtschaftliche Entwicklungen und steuerpolitische Entscheidungen/Erwartungen).
- Erstellt Finanzanalysen und Finanzplanungen auch in wirtschaftlich schwierigen Situationen (Liquiditätsenge, Sanierungen) und wirkt bei der Beseitigung von Problemsituationen mit.
- Erstellt unabhängig und neutral Finanzgutachten (z. B. vermögensorientierte Erbschaftsplanung, Nachfolgeregelungen etc.).
- Führt Finanz- und Anlage-Produktprüfung im Auftrag des Kunden (kundensituationsbezogen) durch.
- Unterstützt bei der Umsetzung von Handlungsempfehlungen, ggf. gemeinsam mit anderen Beratern.

4.4.2 Berufsgrundsätze und ethische Berufsregeln des Finanzplaners

Die Berufsgrundsätze gelten der Anerkennung von moralischen und ethischen Verantwortlichkeiten, die der Finanzplaner gegenüber der Öffentlichkeit, seinen Kunden, seinen Kollegen und seinem Arbeitgeber zu erfüllen hat. Sie sind für alle Finanzplaner verbindlich und dienen zur Unterstützung bei der Ausführung aller tätigkeitsbezogenen Aufgaben.

- *Integrität:* Der Finanzplaner hat seine Aufgaben stets mit einem Höchstmaß an Integrität auszuführen. Der Finanzplaner hat das vom Kunden in ihn gesetzte Vertrauen mit einem Höchstmaß an Integrität zu erfüllen. Integrität beinhaltet Unbescholtenheit, Offenheit und Ehrlichkeit. Das Streben nach persönlicher Bereicherung und individuellen Vorteilen hat der Finanzplaner zu unterlassen. Der Finanzplaner hat sich nicht nur dem Buchstaben, sondern auch dem Sinne nach integer zu verhalten.

- *Vertraulichkeit:* Der Finanzplaner hat seine Aufgaben stets mit einem Höchstmaß an Vertraulichkeit auszuführen. Der Finanzplaner hat die ihm von seinem Kunden bereitgestellten Informationen vertraulich zu behandeln. Der Finanzplaner darf vertrauliche Kundeninformationen nicht bekanntgeben oder weitergeben, es sei denn, der betreffende Kunde hat ihm seine Erlaubnis erteilt oder der Finanzplaner ist aufgrund einer gerichtlichen Entscheidung bzw. anderer behördlicher Maßnahmen zur Herausgabe von Kundeninformationen verpflichtet.

- *Objektivität:* Der Finanzplaner hat seine Aufgaben stets mit einem Höchstmaß an Objektivität auszuführen. Objektivität erfordert strenge Sachlichkeit sowie Unvoreingenommenheit. Als eine der grundlegenden professionellen Qualitäten erfordert Objektivität intellektuelle Ehrlichkeit, Unparteilichkeit sowie Unvoreingenommenheit. Unabhängig von seiner beruflichen Stellung und von den jeweiligen Aufgaben hat der Finanzplaner seine Objektivität zu wahren und jegliche Unterordnung, die zu einer Verletzung dieser Berufsgrundsätze führen würde, zu vermeiden.

- *Neutralität:* Der Finanzplaner hat seine Aufgaben stets mit einem Höchstmaß an Neutralität auszuführen. Neutralität bedeutet Unparteilichkeit im Interesse des Kunden. Der Finanzplaner hat gegenüber Kunden, Kollegen und Arbeitgebern Interessenkonflikte offenzulegen. Persönliche Vorstellungen, Vorurteile und Ziele sind konfligierenden Interessen unterzuordnen.

- *Kompetenz:* Der Finanzplaner hat seine Aufgaben stets mit einem Höchstmaß an Kompetenz auszuführen. Der Finanzplaner hat dafür Sorge zu tragen, das notwendige Kompetenzniveau zu erreichen, zu bewahren und auszubauen, beispielsweise durch geeignete Fort- und Weiterbildungsmaßnahmen. Kompetentes Verhalten bedeutet auch, eventuelle Zweifelsfälle und Grenzsituationen zu erkennen und in solchen Fällen die Hilfe von kompetenten Dritten in Anspruch zu nehmen. Andernfalls muss der Finanzplaner den Kunden über fehlende Kompetenz informieren.

- *Professionalität:* Der Finanzplaner hat seine Aufgaben stets mit einem Höchstmaß an Professionalität auszuführen. Der Finanzplaner hat seine Tätigkeit fachmännisch auszuüben und seinen Berufsstand mit Würde und Respekt zu vertreten, um das öffentliche Ansehen seines Berufsstandes zu stärken. Der Finanzplaner hat die Verpflichtung, mit anderen Berufskollegen konstruktiv zusammenzuarbeiten.

4.5 Beratungshonorar

Dem Preis für die Private Finanzplanung kommt eine besondere Bedeutung zu. Das betragsmäßig recht hohe Beratungshonorar muss im richtigen Verhältnis zu den angebotenen Leistungen stehen, damit es als gerechtfertigt angesehen wird. Die Finanzplanung ist auf keinen Fall billig, sie bietet aber in Anbetracht der Vorteile für den Kunden ein gutes Preis-/Leistungsverhältnis und kann daher im Allgemeinen als preiswert bezeichnet werden.

4.5.1 Preisgestaltung

Als Preis der Finanzplanung werden allgemein das erhobene Beratungshonorar bzw. die weiteren Vergütungsformen, mit denen ein Finanzdienstleister vom Kunden für die Erbringung der Dienstleistung entlohnt wird, bezeichnet. Die Preisgestaltung ist ein wichtiges Element der strategischen Servicequalität, ihr kommt beim Aufbau strategischer Qualitätsvorteile eine zentrale Bedeutung zu. Die allgemeine Wahrnehmung der Finanzplanung als Dienstleistung durch den Kunden wird nicht nur durch die Leistungsgestaltung und den Leistungsinhalt bestimmt, sondern auch durch den Preis. Er spielt dabei eine zweifache Rolle: der Preis ist ein Merkmal der Dienstleistung, von ihm gehen aber auch Qualitätssignale aus. Preisgestaltung ist daher ein wichtiger qualitätsbeeinflussender Faktor. Bei der Preisgestaltung der Finanzplanung müssen die Besonderheiten der Preisgestaltung bei Finanzdienstleistungen insgesamt berücksichtigt werden.

Die Private Finanzplanung als Beratungsdienstleistung liefert ein immaterielles Ergebnis. Daher ist es oft – sowohl für den Anbieter als auch für den Kunden – schwierig, den Leistungsumfang dieses immateriellen Ergebnisses zu beschreiben und zu erfassen und die kostenmäßigen Grundlagen für die Preisgestaltung zu bestimmen. Die Leistungserstellung in der Privaten Finanzplanung ist kein homogener Prozess. Er setzt sich aus verschiedenen Komponenten zusammen. Die Betriebskosten, die die Akquisition und die Erfassung aller notwendigen persönlichen Daten verursachen, lassen sich relativ einfach erfassen. Dazu gehören z. B. der Zeitaufwand des Beraters für das Kundengespräch und die Kosten für den Kundenbesuch bei der Datenaufnahme. Die Wertigkeit der Beratungstätigkeit lässt sich allerdings mit den üblichen Instrumenten des betrieblichen Rechnungswesens nicht erfassen. Inhalt und Umfang der Leistungen können von Kunde zu Kunde verschieden sein, trotz des gleichen Preises für die Dienstleistung. Dies ist in der Regel darauf zurückzuführen, dass Finanzdienstleistungen und insbesondere die Private Finanzplanung sich schlecht standardisieren lassen. Die Unterschiede betreffen vor allem die Leistungen, die durch die individuelle Situation des Kunden bedingt sind. Kunden, die größere Ansprüche stellen, bekommen in vielen Fällen mehr Leistung zum gleichen Preis. Es kann sogar vorkommen, dass dem Kunden die Dienstleistung zunächst zum geringeren Preis angeboten wird, da sich der Anbieter dadurch bessere Ausgangspositionen für den Produktverkauf nach der Beratung verspricht. Damit besteht die Gefahr einer Quersubvention, d.h., dass einige Kunden Leistungen für andere Kunden finanzieren, ohne dass dies beim Preis berücksichtigt wird. Diese Problematik ist insbesondere bei der Finanzplanung gegeben. Da die Individualität ein wesentliches Merkmal der Dienstleistung ist, lässt sich mit einem Preismodell von vornherein der Umfang der Beratungstätigkeit nicht quantifizieren. Aus diesem Grund ist die Bestimmung einer Mischkalkulation, die den durchschnittlichen Aufwand für die Leistungserstellung berücksichtigt, mit Schwierigkeiten verbunden. Die Kalkulationsgrundlage von Dienstleistungen, die einen großen Teil an Wissen, Know-how und Erfahrungstransfer beinhalten, ist grundsätzlich schwer zu bestimmen.

Herstellungskosten einer Leistung können sich deutlich in ihrem subjektiven Wert für den Kunden unterscheiden. Dadurch kann der Preis als zu hoch eingeschätzt werden. In der Privaten Finanzplanung ist der Leistungserstellungsprozess für den Kunden oftmals nicht nachvollziehbar, auch wenn er unmittelbar und eng mit dem Finanzplaner zusammenarbeitet. Daher ist es wichtig, dass ein Kunde die einzelnen Phasen in der Privaten Finanzplanung kennt und die Beratungsschritte in ihrem tatsächlichen Wert einschätzen kann. Dann nähert sich das subjektive Empfinden für den Wert der erbrachten Beratungsdienstleistung dem tatsächlich geforderten Preis.

Vielfach ist bei Finanzdienstleistern die Kostenstruktur einzelner Angebote nicht klar erfassbar. Besonders betroffen ist der Vertriebsbereich. Die Personalkosten können nur dann eindeutig einer einzelnen Dienstleistung zugeordnet werden, wenn der Berater sich ausschließlich mit dem Vertrieb dieser Dienstleistung befasst. Daher sind in der Finanzplanung Vertriebskonzepte, die auf spezielle Vertriebsmitarbeiter aufbauen, in der Kostenstruktur klarer als solche, bei denen die Dienstleistung über ein Filialnetz ohne spezielle Vertriebsmitarbeiter angeboten wird. Gerade bei der Finanzplanung als einer besonders beratungsintensiven Dienstleistung sind die Kosten, die für Akquisition und Betreuung während des Beratungsprozesses entstehen, nicht zu unterschätzen.

Vor der eigentlichen Preisfindung für die Private Finanzplanung müssen zuerst die preispolitischen Ziele bestimmt werden. Diese werden in der Regel von den verfolgten strategischen Zielen abgeleitet. Bei der Einführung von neuen Produkten sind insbesondere ökonomische Zielgrößen relevant. Bei der Finanzplanung ist das Hauptziel die Verbesserung der Beratungsqualität, daher sind ökonomische Zielgrößen bei dieser Dienstleistung in der Regel zweitrangig. Bei dem Neueintritt eines Anbieters in den Markt für Finanzplanung spielen auch die Gewinnmaximierung und die Marktanteilsteigerung eine Rolle.

Für die praktische Preisfindung in der Privaten Finanzplanung sind verschiedene Methoden zur Preisbestimmung geeignet. Bei der *kostenorientierten Preisbestimmung* erfolgt die Preiskalkulation auf der Grundlage der Selbstkosten pro Stück. Wichtig dabei ist die Ermittlung der Vollkosten für die Erbringung der Dienstleistung sowie die genaue Schätzung der geplanten Absatzmengen. Beides ist in der Privaten Finanzplanung – insbesondere für neue Anbieter – sehr schwierig. Es existieren nur Erfahrungswerte, die länger im Markt tätige Unternehmen veröffentlicht haben. Die Schätzung der Absatzmenge ist theoretisch kein Problem (siehe Abschnitt 2.3.1), es kommt darauf an, wie das Konzept der Finanzplanung tatsächlich umgesetzt wird. Die Erschließung der vorgesehenen Zielgruppen kann nur mit einer entsprechenden Vertriebsorganisation erfolgen. Dies ist bei größeren Finanzdienstleistern nicht unproblematisch, denn die Art der bedarfsorientierten Beratung, wie die Finanzplanung sie darstellt, ist in diesen Organisationen unüblich und stellt besondere Anforderungen an die Vertriebsmitarbeiter. Insbesondere der Einsatz von EDV-Beratungssystemen stellt für neue Anbieter eine schwer zu kalkulierende Kostenbelastung dar. Wenn der Einsatz von EDV innerhalb der Wertschöpfungskette einer Dienstleistung erforderlich ist, wird die Spezifikation der EDV-Programme von den allgemeinen Anforderungen an die fachlichen Inhalte der Dienstleistung abgeleitet. Bei der Finanzplanung – mit der Vielfalt der gebotenen Möglichkeiten zur Realisierung – stellt diese Ableitung neue Anbieter vor schwer lösbare Probleme. Bei dieser Vorgehensweise kann meistens nur eine eigenständige Entwicklung eines EDV-Beratungssystems den gestellten Anforderungen entsprechen. Die Alternative ist, ein Programm zur Abwicklung und Unterstützung der Finanzplanung am Markt zu erwerben. In diesem Fall sind die Kosten gut kalkulierbar und relativ transparent. Das Problem ist, dass die im Markt befindlichen EDV-Programme für Finanzplanung nicht die spezifischen Anforderungen der einzelnen Finanzdienstleister erfüllen und dadurch dem hohen Individualisierungsgrad der Dienstleistung nicht Rechnung tragen. Zudem fehlt die Möglichkeit, sich bei der sehr hochwertigen Beratungsdienstleistung Finanzplanung von den Mitbewerbern über spezifische Leistungsmerkmale der EDV-Programme abzusetzen. Anpassungen nach individuellen Anforderungen können Kosten verursachen, die durchaus mit den Kosten für eine Eigenentwicklung zu vergleichen sind.

Die *konkurrenzorientierte Preisbestimmung* ist in einem kleinen Markt wie Deutschland einfach. Die erzielbaren Preise für Finanzplanungen werden durch die wenigen großen Anbieter de facto vorgegeben. Ein neuer Marktteilnehmer kann sich bei vergleichbarem Leistungsumfang und Qualität an diesen Vorgaben orientieren. Eine *nachfrageorientierte Preisbestimmung* kommt nur dann in Frage, wenn der Anbieter eine Testphase bei der Einführung der Finanzplanung durchführt. Danach kann man den Preis für die Finanzplanung im Laufe der Zeit entsprechend anpassen, bis die höchste Akzeptanz gefunden ist. Nachteilig bei dieser Preisbestimmungsmethode ist, dass die tatsächlichen Kosten für die Leistungserstellung nicht unmittelbar berücksichtigt werden können.

Bei einer *nutzenorientierten Preisbestimmung* wird der Preis aus dem Nutzen des angebotenen Produktes bzw. der Dienstleistung für den Nachfrager determiniert. Von entscheidender Bedeutung sind daher die Ermittlung und die Kenntnis der Wertvorstellungen und Nutzenerwartungen der potenziellen Kunden. Daran orientiert muss die Definition der angebotenen Leistungsmerkmale erfolgen. Für die Private Finanzplanung ist die nutzenorientierte Preisbestimmung grundsätzlich gut geeignet. Das Problem liegt zurzeit noch darin, dass der Inhalt der Dienstleistung und die Wertvorstellungen der potenziellen Kundschaft diffus sind und daher mit aufwendigen Marketingmaßnahmen erst Nachfrage geschaffen werden muss. Zur Orientierung können dabei Leistungen anderer beratender Berufe, wie Unternehmensberater, Rechtsanwälte oder Steuerberater, herangezogen werden. In diesen Berufen hat sich eine gewisse Preiskultur etabliert, die auch von den Kunden akzeptiert wird. In der Privaten Finanzplanung und bei Finanzdienstleistungen insgesamt existiert eine solche Preiskultur bislang nicht. Wichtig für die anfängliche Preisfeststellung bei der Privaten Finanzplanung und für die spätere Anpassung der Preise ist, dass

- eine umfassende Kosten- und Ertragsrechnung aufgebaut wird,
- Mischkalkulationen vermieden werden und
- die Leistungen und die damit verbundenen Preise transparent sind.

Bei der Wertigkeit der Privaten Finanzplanung als Beratungsdienstleistung steht die absolute Höhe des Preises im Hintergrund.

Die Erhebung von Beratungshonoraren im Finanzdienstleistungsbereich ist in Deutschland noch unüblich. Im Unterschied zu anderen beratenden Berufen (Anwälte, Steuerberater, Unternehmensberater) wird bei Finanzdienstleistungen die kostenlose Beratung vom Kunden als selbstverständlich angesehen. Oft wird dem Kunden bewusst die „Kostenlosigkeit" der Beratung im Rahmen des Produkterwerbs kommuniziert. Problematisch wird diese Einstellung, wenn dadurch eine Dienstleistung insgesamt als kostenlos empfunden wird. Solange die Beratung von qualifizierten Beratern vorgenommen wird, ist man prinzipiell nicht in der Lage, die Kosten für die Beratung, die im Rahmen von Produktverkäufen erbracht wird, wesentlich zu senken. Somit können die Kostenvorteile neuer technologischer Entwicklungen nicht voll ausgenutzt werden. Als Konsequenz wird bestimmten Kundensegmenten entweder überhaupt keine Beratung mehr angeboten oder sie findet nur in standardisierter Form statt. Diesen Trend kann man an den aktuellen Entwicklungen im Bankenbereich nachvollziehen. Mehrere große Kreditinstitute versuchen zurzeit, einem kleinen, vermögenden Kundenkreis im Rahmen eigenständiger Strukturen (Private Banking) besonders hochwertige Beratung anzubieten. Die großen Volumina bei Inanspruchnahme von Bankprodukten für diese Kundengruppe rechtfertigen den in der Regel höheren Beratungsaufwand. Auf der anderen Seite hat man mit Direktbanken fast reine Abwicklungsinstitute, die durch den Wegfall der Beratung wesentlich günstigere Konditionen anbieten können. Der Erfolg der Direktbanken zeigt unter anderem, dass viele Kunden die übliche Art der Beratung in den Banken nicht akzeptieren bzw. nicht benötigen. Es sollte eigentlich jedem Kunden klar sein, dass Beratung als Kerntätigkeitsbereich eines Finanzdienstleisters nicht kostenlos ist und anstelle von Beratungshonoraren andere Formen der Leistungsvergütung ihren Einsatz finden. Der „normale" Kunde hat durch diese Entwicklung nicht mehr die Möglichkeit, jederzeit hochwertige Beratung in Anspruch zu nehmen. Der logische Schritt wäre das Anbieten von honorarpflichtiger Beratung, die nur bei Bedarf in Anspruch genommen wird und jedem Kunden zugänglich ist, auch bei einfachen Beratungsvorgängen. Dadurch wird ermöglicht, dass der Kunde nur die Beratung bezahlt und diese nicht mit dem Produktpreis verrechnet wird. Wichtig dabei ist, dass die Honorarberatung tatsächlich die persönlichen Ziele des Auftraggebers berücksichtigt und nicht zum Vertrieb von Produkten mit den höchsten Erträgen oder Provisionen missbraucht wird. Dafür müssen einige Voraussetzungen vorhanden sein, deren Einhaltung den Nutzen für den Kunden garantiert. Im Wesentlichen sind dies die Objektivität der Betrachtung und die Neutralität des Beraters. Sichergestellt wird die Einhaltung dieser Kriterien in der Finanzplanung durch das Beratungshonorar und der Freiwilligkeit der Umsetzung der genannten Empfehlungen. *Eine seriöse Private Finanzplanung darf daher nicht zwingend an den Produktverkauf gekoppelt sein.*

Alle wichtigen Anbieter von Finanzplanung in Deutschland bieten diese Dienstleistung ausschließlich gegen Beratungshonorar an. Davon allein rentiert sich die Private Finanzplanung für den Anbieter meistens nicht (vgl. Burgmaier/Werner, a.a.O., 1993 und Kloepfer, a.a.O., 1998, S. 64). Keinem größeren Finanzdienstleister ist es bisher gelungen, die Beratung im Rahmen der Privaten Finanzplanung nur auf Basis des Beratungshonorars profitabel zu betreiben. Für die Anbieter sind daher die Einnahmen aus den realisierten Empfehlungen eine wichtige Ertragskomponente, die dann doch die Wirtschaftlichkeit des Beratungsangebotes insgesamt ermöglicht.

4.5.2 Vergütungsmodelle

Das Sprichwort „man kriegt das, wofür man gezahlt hat" ist heute stärker denn je gültig, besonders wenn es um die Bezahlung von Finanzdienstleistungen geht. Die Höhe und die Art des Entgeltes für die Durchführung der Privaten Finanzplanung sind weder gesetzlich noch standesrechtlich geregelt. Auch eine allgemeingültige Honorar-, Gebühren- oder Provisionsordnung ist nicht vorhanden. Die Anbieter sind bei der Preisgestaltung nur durch die Kundenakzeptanz eingeschränkt. Erschwerend kommt für die Anbieter hinzu, dass der individuelle Beratungsaufwand mit standardisierten Honorarstaffeln oder Preistabellen schwer berücksichtigt werden kann. Zur Erhaltung der nötigen Transparenz muss die Honorarhöhe einfach und schnell zu bestimmen sein, andererseits muss der anfallende Aufwand des Finanzdienstleisters in den einzelnen Beratungsphasen angemessen berücksichtigt werden. Dies kann jedoch nur dann realisiert werden, wenn die notwendigen Arbeitsvorgänge bestimmt und in Rechnung gestellt werden, was wiederum die Komplexität der Honorarstaffel erhöht. Jeder Anbieter muss für sich den optimalen Weg zur einfachen und aufwandsgerechten Preisermittlung finden. Grundsätzlich sind drei Modelle zur Vergütung der Beratungsleistung in der Privaten Finanzplanung denkbar:

- Reine Honorarvergütung,
- Kombination von Honorar und Provision,
- reine Provisionsvergütung.

Diese Vergütungsmöglichkeiten hat auch die DEVFP in ihren Grundsätzen festgeschrieben. Eine Unterscheidung der juristischen Person des Anbieters (Selbständiger Berater, Finanzplaner, Beratungsgesellschaft mit oder ohne eigenem Produktangebot, Bank) ist aus Sicht des Auftraggebers zunächst ohne Bedeutung. Die Erfahrungen in den USA zeigen, dass der Anteil der reinen Honorarberatung dort seit Jahren konstant bleibt, der Anteil der Provisionsvergütung jedoch stark gestiegen ist (vgl. Abbildung 23).

Reine Honorarvergütung

Die Honorarhöhe kann auf Basis unterschiedlicher Grundlagen bestimmt werden: in Abhängigkeit vom Zeitaufwand, in Abhängigkeit von der Vermögensgröße insgesamt oder bestimmter Teile davon. Auch Pauschalpreise sind möglich. Die Honorare von Anwälten, Wirtschaftsprüfern, Steuer- und Unternehmensberatern werden meistens nach der aufgewendeten Zeit bemessen. Analog dazu kann auch ein Finanzplaner Beratung anbieten. Die Höhe der Gesamtvergütung richtet sich dann nach dem für die Beratung notwendigen Zeitaufwand. Dieser kann vor der Beratung nur grob geschätzt werden. Durch komplizierte Analysen, die eine besonders intensive Betrachtung der Vermögenssituation erfordern, oder durch spezielle Sonderausarbeitungen kann die Gesamtvergütung schnell sehr hoch werden. Der Finanzplaner kann einen solchen Mehraufwand meistens erst im Laufe der Beratung erkennen. Nachteilig wirkt sich für den Auftraggeber bei dieser Vergütungsvariante die fehlende Möglichkeit, die Kosten von vornherein zu bestimmen, aus. Es ist jedoch sichergestellt, dass der Berater alle Problemstellungen genau untersuchen und die bestmöglichen Empfehlungen geben kann. Deren Realisierung beim Anbieter der Finanzplanung muss bei dieser Vergütungsform für den Kunden freiwillig sein.

Nicht aufwandsabhängige Preismodelle sind für eine Beratungsleistung wie die Private Finanzplanung weniger gut geeignet. Dazu gehören Honorare, die in Abhängigkeit von der Vermögensgröße insgesamt oder bestimmter Teile davon gestaltet werden. Diese sind als fester Prozent- oder Promillesatz, bemessen an der Vermögenshöhe, festgelegt und beinhalten oft eine Mindestvergütung. Der feste Satz wird auf das Gesamtvermögen, das in der Finanzplanung analysiert wird, oder auf den liquiden (oder „disponiblen") Teil davon angewendet. Eine Mindestvergütung dient als „Absicherung" bei kleineren Vermögen.

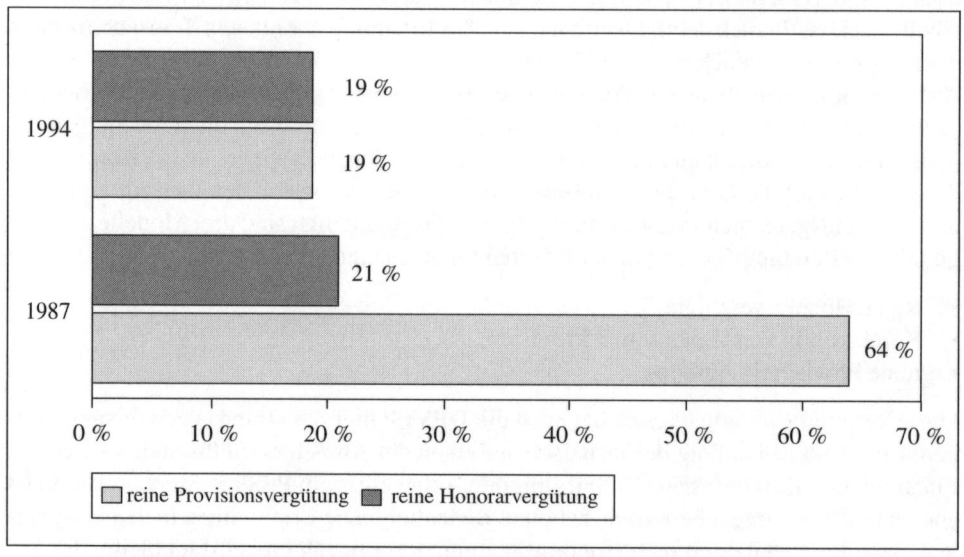

Quelle: CFP Board of Standards, Job Analysis update of CFP Licensees (1994)

Abbildung 23: Anteil der Vergütungsmodelle unter den CFP-Lizenznehmern in den USA

Die Eignung solcher Preismodelle für die Private Finanzplanung ist fraglich, da sie dem Wesen der bedarfsorientierten Beratung nicht entsprechen. Man sollte dem Kunden ein aufwandsabhängiges Honorar, das sich nach dem Umfang seines Beratungsbedarfs richtet, stellen. Bei festen Prozentsätzen bezahlt der Kunde dafür, dass er großes Vermögen hat und nicht dafür, dass er großen Beratungsbedarf hat. Aus Kundensicht ist die reine Honorarberatung in Deuschland die am meisten verbreitete Vergütungsform in der Privaten Finanzplanung.

Kombination von Honorar und Provision

Eine weitere Vergütungsmöglichkeit ist die gemischte Preisgestaltung als Kombination von Honorar und Provision. Für die Erstellung der Analyse der finanziellen Situation und für die Empfehlungen zur Optimierung der einzelnen Anlageformen oder der gesamten Vermögensstruktur wird mit dem Auftraggeber ein Honorar vereinbart. Für die Implementierung des Finanzplanes mit einzelnen Produkten und Dienstleistungen (z. B. Immobilien, Leasingfonds, Vermögensverwaltung) erhält der Anbieter entsprechende Provisionen oder Gebühren. Dabei kann die Umsetzung der Empfehlungen für den Kunden optional bleiben, zumindest in den Bereichen, die nicht im Angebot und in der Kernkompetenz des Finanzplaners liegen. Diese Vergütungsform ist für selbständige Finanzberater besonders gut geeignet. Diese können die Private Finanzplanung ergänzend zu den sonst angebotenen Finanzdienstleistungen realisieren. Die Umsetzung der Empfehlungen wird auf einige Bereiche beschränkt und ansonsten auf entsprechende Spezialisten verwiesen. Bei einer anderen Vorgehensweise wäre die Objektivität der Beratung nicht mehr gewährleistet. Dieser Kategorie können auch „Kick-Back"-Vergütungsmodelle in der Privaten Finanzplanung zugeordnet werden. Dabei zahlt der Kunde zunächst für die Durchführung der Beratung ein Honorar. Sollte er danach die Umsetzung der Empfehlungen beim gleichen Anbieter vornehmen, wird das Honorar mit den Provisionen und Erträgen daraus verrechnet. Bei entsprechendem Volumen wird die Private Finanzplanung für den Kunden kostenlos, er wird jedoch durch eine solche Regelung indirekt zur Umsetzung mit einem bestimmten Partner gezwungen.

Wenn der Finanzplaner auf weitere Spezialisten zurückgreifen muss, ist er auf ein gut funktionierendes Netzwerk oder auf Dienstleister, die Spezialisten vermitteln, angewiesen. Letztere sind als Investment Consultants in den USA zahlreich vertreten und können einem Interessenten gegen Honorar den besten Spezialisten für nahezu jede Art von Finanzdienstleistung nennen.

Reine Provisionsvergütung

Einige Finanzberater, insbesondere Versicherungsberater, verlangen keine Honorare für die Erstellung einer persönlichen Analyse der finanziellen Situation. Fraglich ist dabei, inwieweit bei diesen Analysen es sich um eine Private Finanzplanung handelt. Auf jeden Fall ist der Anbieter bei dieser Beratung wirtschaftlich auf die Umsetzung der Empfehlungen mit Produkten aus dem eigenen Angebot angewiesen. Der Berater kann nur begrenzte Zeit investieren, die Individualität der Beratung wird dadurch eingeschränkt. Diese Vergütungsart ist z. B. in den USA und in anderen angelsächsischen Ländern weit verbreitet (vgl. Abbildung 23). Dort dauert ein „financial planning" in der Regel nur wenige Stunden, danach muss sich der Kunde entscheiden, ob er die Vorschläge akzeptiert oder nicht. Die Praxis zeigt, dass „kostenlose" Analysen in Deutschland sehr standardisiert und verkaufsorientiert sind, eine qualitative Beurteilung der spezifischen Kundensituation findet nicht statt. Bei dieser Art der Vergütung sollte man die möglichen Interessenkonflikte genau hinterfragen. Da kaum jemand in der Lage ist, für alle Produkte das beste Angebot zu kennen, ist die Möglichkeit einer objektiven Beratung eingeschränkt. Die Provisionsberatung muss nicht grundsätzlich schlechter als die Honorarberatung sein, wichtig ist, dass der Kunde über die Provisionshöhe informiert ist.

Modellberechnung

Was kostet die Durchführung einer Privaten Finanzplanung? Die in Deutschland etablierten Anbieter verlangen Honorare ab etwa 3 000 DM, nach oben sind keine Grenzen gesetzt. Bei sehr komplexen Fällen und großen Vermögen kommen schnell einige 10 000 DM zusammen. Die Höhe des Honorars für die Beratung soll anhand von Modellberechnungen für zwei Kunden in typischen Lebenssituationen dargestellt werden.

Herr Privatmann ist verheirateter Angestellter mit 2 Kindern, 10 und 16 Jahre alt, und hat ein Jahresbruttoeinkommen von 300 000 DM. Die Familie wohnt in einem selbstgenutzten Einfamilienhaus mit einem Verkehrswert von etwa 1 000 000 DM und besitzt darüber hinaus sechs geerbte Wohnungen mit einem Verkehrswert von ca. 5 000 000 DM. Das liquide Vermögen besteht aus zwei Wertpapierdepots (eines geerbt) mit insgesamt 15 Titeln (Fonds und teilweise kleinere Werte aus dem Ausland) bei verschiedenen Banken im Gesamtwert von 1 300 000 DM. Herr Privatmann betrachtet die Wertpapiere als eine gute Anlage und möchte künftig strukturierter in diesem Bereich vorgehen. Zwei Sparbriefe und zwei Sparbücher sind auch vorhanden, insgesamt sind dort etwa 100 000 DM angelegt. Die bisher getätigten Vorsorgemaßnahmen umfassen zwei Kapitallebensversicherungen mit einer Versicherungssumme von je 100 000 DM, für jedes Kind ist ebenfalls eine Kapitallebensversicherung abgeschlossen. Aus Steuerspargründen wurde vor einigen Jahren eine Immobilienfondsbeteiligung (geschlossener Fonds) in Höhe von 100 000 DM gezeichnet. Mit dem selbstgenutzten Einfamilienhaus ist eine Finanzierung mit einer Restschuld von 500 000 DM verbunden. Das Auto wurde mit einer Autobank finanziert. Herr Privatmann hat schlechte Erfahrungen mit seinen Geschwistern bei der Erbschaft nach dem Tod seines Vaters gemacht, daher möchte er die Vermögensübertragung in seiner eigenen Familie rechtzeitig regeln. Darüber hinaus sucht er weitere Möglichkeiten zur Reduzierung der steuerlichen Belastung. Die Kinder sollen später eine akademische Ausbildung bekommen, möglicherweise sogar im Ausland. Die Vermögenssituation von Herr Privatmann ist in Übersicht 15 dargestellt. Nach den formellen Größen Einkommen und Vermögen erfüllt dieser Musterkunde die Zielgruppenkriterien fast aller Anbieter von Finanzplanung in Deutschland.

Als disponibel können die Wertpapier- und die Sparanlagen betrachtet werden. Die Ziele des Anlegers in diesem Fall sind:

- Planung der Vermögensübertragung im Falle des Ablebens,
- Ausbildungsfinanzierung der Kinder,
- Beurteilung der Depotwerte und Anlagestrategie im Wertpapierbereich.

Übersicht 15: Die Vermögenssituation des Musterkunden „Herr Privatmann"

Vermögenswert	Anzahl	Verkehrs- bzw. Bilanzwert
Immobilien	7 (6 vermietet)	6 000 000 DM
Wertpapierdepots	2 (15 Aktienwerte)	1 300 000 DM
Kapitallebensversicherungen	4	300 000 DM
Steuermodelle	1	100 000 DM
Finanzierungen/Kredite	2	550 000 DM
Sparanlagen	4	100 000 DM

Mit der Beschreibung seiner individuellen Vermögenssituation wendet sich Herr Privatmann an eine Filiale der Deutschen Bank und der Commerzbank, an die Bethmann Vermögensbetreuung GmbH in Frankfurt und an die Connex AG in München mit der Bitte um einen detaillierten Kostenvoranschlag für die Durchführung einer Privaten Finanzplanung.

Übersicht 16: Honorar für die Private Finanzplanung des Musterkunden „Herr Privatmann"

Leistung	Deutsche Bank AG	Commerzbank (CFM)	Bethmann Vermögensbetreuung	Connex AG
Grundhonorar	12 000 DM	12 000 DM	Gesamthonorar 1,5 ‰ auf disponibles Vermögen, mindestens 7 500 DM	4 700 DM
Variable Kosten	600 DM (für die Immobilien)	1 000 DM (für die Immobilien)		1 250 DM (für die Immobilien)
Todesfallbetrachtung	800 DM	keine zusätzlichen Kosten		
Ausbildungsfinanzierung der Kinder	200 DM	keine zusätzlichen Kosten		
Wertpapierbetrachtung	keine zusätzlichen Kosten	keine zusätzlichen Kosten		700 DM
Gesamthonorar (ohne MwSt.)	**13 600 DM**	**13 000 DM**	**7 500 DM**	**6 650 DM**

In der Praxis wird kaum ein Anbieter eine Aussage über die Höhe des Beratungshonorars machen, ohne die Kundensituation durch einen Spezialisten im persönlichen Gespräch selbst beurteilt zu haben. Für den Vergleich nehmen wir auch an, dass die Finanzdienstleister die eigenen Honorarstaffeln exakt anwenden. Die Deutsche Bank und die Commerzbank schlagen die Durchführung einer „Strategischen Vermögensplanung" vor. Herr Privatmann bekommt einige Angebote, die in der Übersicht 16 zusammengefasst sind.

Der zweite Musterkunde ist der (mittlerweile ehemalige) Unternehmer Herr Geschäftsmann, der seine Firma verkauft hat und jetzt seine finanziellen Angelegenheiten neu regeln will. Er ist verheiratet, hat keine Kinder, engagiert sich finanziell in wohltätigen Projekten. Der Erlös aus dem Firmenverkauf in Höhe von 30 Millionen DM wurde vorläufig in Geldmarktfonds angelegt. Das schuldenfreie selbstgenutzte Einfamilienhaus ist die einzige Immobilie im Vermögensbestand. Die private Vorsorge wurde bisher vernachlässigt, außer zwei Risikolebensversicherungen sind keine Vorsorgemaßnahmen getroffen worden. Das einzige Wertpapierdepot in Höhe von ca. 1 Million DM beinhaltet nur deutsche Staatsanleihen. Der Unternehmer möchte den Erlös aus dem Firmenverkauf so verwenden, dass laufende Erträge für den Lebensunterhalt erwirtschaftet werden und die Altersvorsorge gesichert ist. Eventuell soll die Möglichkeit der Gründung einer gemeinnützigen Stiftung überprüft werden. Einen Überblick über die Vermögenssituation von Herrn Geschäftsmann gibt Übersicht 17.

Übersicht 17: Die Vermögenssituation des Musterkunden „Herr Geschäftsmann"

Vermögenswert	Anzahl	Verkehrs- bzw. Bilanzwert
Immobilien	1	3 000 000 DM
Wertpapierdepots	1	1 000 000 DM
Liquidität		30 000 000 DM

Dieser Kunde wendet sich an die Deutsche Bank, die Commerzbank und die Bethmann Vermögensbetreuung GmbH. Die Deutsche Bank und die Commerzbank schlagen die Durchführung einer „Strategischen Vermögensplanung" vor. Die Angebote, die Herr Geschäftsmann bekommt, sind in der Übersicht 18 zusammengefasst.

Weitere Modellberechnungen würden ergeben, dass die Höhe des Beratungshonorars in Abhängigkeit von der individuellen Kundensituation enorme Bandbreiten erreichen kann. Die aufgeführten Beispiele dokumentieren, dass es sehr schwierig ist, mit einem Vergütungsmodell alle Kundenfälle gerecht abzudecken. Die Frage, welches Vergütungsmodell für den Auftraggeber das beste ist, lässt sich daher nicht eindeutig beantworten. Die Qualität der Beratung ist zunächst unabhängig von der Art der Vergütung. Zwischen der Beratungskompetenz und der Höhe der Vergütung lässt sich kein eindeutiger Zusammenhang feststellen. Die Gefahr eines Interessenkonfliktes ist immer gegeben. Umso wichtiger für Auftraggeber und Anbieter ist das gegenseitige Vertrauen. Die Private Finanzplanung ist nur dann sinnvoll, wenn alle finanziellen Umstände, alle Vermögensbestandteile und alle persönlichen Präferenzen für die Erstellung der Analyse zu Verfügung stehen und offen und ehrlich dem Finanzplaner mitgeteilt werden. Auf dieser Basis soll er dem Auftraggeber, unabhängig von der Art der Vergütung, alle Informationen, die als Grundlage für Anlageentscheidungen dienen, weitergeben. Bei einem Anbieter, der nicht in der Lage oder nicht bereit ist, die Ertragsquellen zu nennen (Honorar, Provisionen, andere Arten von Vergütungen), ist Vorsicht geboten.

Übersicht 18: Honorar für die Private Finanzplanung des Musterkunden „Herr Geschäftsmann"

Anbieter	Beratungshonorar (ohne MwSt)
Deutsche Bank AG	12 000 DM
Commerzbank (CFM)	12 500 DM
Bethmann Vermögensbetreuung	46 500 DM

Der Finanzplaner soll stets bemüht sein, nach dem Prinzip des „best advice" für den Kunden zu handeln. In der Privaten Finanzplanung ist „best advice" nicht unbedingt so zu verstehen, dass alle einzelnen Produktempfehlungen „unschlagbar" sind, sondern dass die Ziele des Kunden optimal erreicht werden. Besonders wenn für den Anleger Sicherheitsaspekte eine wichtige Rolle spielen, ist das Finden von geeigneten Produkten in einigen Produktkategorien besonders schwierig. Die öffentliche Diskussion um notleidende Schiffsbeteiligungen oder geschlossene Immobilienfonds verdeutlicht das Problem. Ein „sicherer" Emittent, z. B. eine Großbank, ist in solchen Fällen auf jeden Fall zu bevorzugen, trotz möglicherweise etwas niedrigeren Renditen. Gute Finanzplaner sollen in der Lage sein, die Interessen des Kunden optimal mit den Marktgegebenheiten zu verbinden. Dies ist entscheidend für die Qualität der erbrachten Leistung, denn kein Anbieter ist in der Lage, alle Finanzprodukte auf dem Markt miteinander zu vergleichen, um nur die besten für den Kunden auszuwählen. Jeder Anbieter der Finanzplanung, der die Realisierung der Empfehlungen vornimmt, wählt die besten Produkte aus dem ihm zugänglichen Teil des Marktes.

Die Durchsetzbarkeit von reiner Honorarberatung hängt auch von der Höhe des Einkommens und des Vermögens des Auftraggebers ab. Dies ist darauf zurückzuführen, dass bei dieser Kundengruppe die durch die Private Finanzplanung erzielten Vorteile, absolut gesehen, höher liegen. Dadurch werden auch höhere Honorare akzeptiert. Diese Kunden haben in der Regel Kontakte mit anderen Beratern (insbesondere Steuerberatern und Rechtsanwälten) und kennen den Wert guter Beratung. Der Unterschied im Aufwand für die Beratung eines „großen" Kunden und eines „kleinen" Kunden ist nicht sehr groß. Dies führt dazu, dass viele Anbieter sich mit der Privaten Finanzplanung ausschließlich an vermögende Kunden wenden.

4.5.3 Steuerliche Behandlung des Beratungshonorars für die Finanzplanung

Bei dem Honorar für die Finanzplanung handelt es sich um ein Entgelt für eine bedarfs- und problemorientierte konzeptionelle Kundenberatung, die auf die Erarbeitung eines Finanzplanes zielt. Im Rahmen dieser Beratung werden im Wesentlichen (wie bereits dargestellt) folgende Hauptabschnitte mit dem Kunden behandelt:

(1) Eine umfangreiche Bestandsaufnahme hinsichtlich des Vermögens sowie der Einnahmen und Ausgaben des Kunden.
(2) Eine Fixierung der Kundenziele für die verschiedenen Wechselfälle des Lebens, insbesondere auch für den Ruhestand und den Todesfall, aber auch für andere Fälle.
(3) Eine Analyse, inwieweit die festgelegten Ziele abgesichert und erreichbar sind und inwieweit noch Versorgungsengpässe (z. B. Versorgungslücke für den Fall des Ruhestandes) zu schließen sind.
(4) Die Erarbeitung eines Angebots zur Problemlösung, insbesondere zur Schließung noch vorhandener Versorgungsengpässe.

Eine steuerliche Berücksichtigung des Beratungshonorars käme grundsätzlich als Werbungskosten im Zusammenhang mit konkreten Einkunftsarten (Einkünfte aus Kapitalvermögen, Einkünfte aus Vermietung und Verpachtung) oder als Sonderausgaben in Frage.

Werbungskosten sind nach § 9 EStG Aufwendungen zur Erwerbung, Sicherung und Erhaltung der Einnahmen. Sie sind bei der Einkunftsart abzuziehen, bei der sie erwachsen sind. Danach sind Werbungskosten alle Aufwendungen, die durch die Erzielung von steuerpflichtigen Einnahmen veranlasst sind. Das heißt, die Aufwendungen müssen in einem wirtschaftlichen Zusammenhang zu der auf Einnahmeerzielung gerichteten Tätigkeit stehen. Ein loser und entfernter Zusammenhang reicht nicht aus. Aufwendungen, die ausschließlich die Lebensführung des Steuerpflichtigen betreffen, sind selbstverständlich nicht im Rahmen einer bestimmten Einkommensart abzugsfähig.

Es gilt der allgemeine Grundsatz, dass Aufwendungen auf das Vermögen – soweit sie nicht ausdrücklich zugelassen sind – nicht als Werbungskosten abzugsfähig sind. Aufwendungen für das Vermögen sind allenfalls dann abzugsfähig, wenn sie in erster Linie der Fürsorge für die Erträge dienen und die Hoffnung auf Wertsteigerung allenfalls mitursächlich ist. Dieser Fall betrifft z. B. die Vermögensverwaltungsgebühr, die grundsätzlich als Werbungskosten anerkannt wird, sofern nicht Teile der Vermögensverwaltungsgebühr ausschließlich der Vermögenssphäre zugeordnet werden können. (vgl. § 9, Abschn. 153 Abs. 1 EStR: „Derartige Aufwendungen sind deshalb, auch wenn sie gleichzeitig der Sicherung und Erhaltung des Kapitalstammes dienen, als Werbungskosten anzuerkennen".) Kann bei einer Kapitalanlage auf Dauer ein Überschuss der steuerpflichtigen Einnahmen über die Ausgaben erwartet werden, so sind Aufwendungen für die Verwaltung des Depots grundsätzlich auch dann in vollem Umfang Werbungskosten, wenn neben den steuerpflichtigen Einnahmen auch steuerfreie Vermögensvorteile erzielt werden. Diese Auffassung ist durch die Rechtsprechung (BFH-Urteil vom 4.5.93) bestätigt worden.

Im Prinzip ist eine steuerliche Berücksichtigung des Beratungshonorars als Werbungskosten im Zusammenhang mit den Einkünften aus Kapitalvermögen und/oder Einkünften aus Vermietung und Verpachtung denkbar. Entscheidend ist hierbei, ob das Honorar für die genannten Leistungen als Aufwendung zu definieren ist, die durch die Erzielung von steuerpflichtigen Einnahmen veranlasst ist. Die Aufwendung muss in einem wirtschaftlichen Zusammenhang zu der auf Einnahmeerzielung gerichteten Tätigkeit stehen. Es kommt also ganz entscheidend darauf an, dass die in Frage kommenden Aufwendungen einnahmen- und nicht vermögensbezogen definiert werden. Bei Aufwendungen für Kredite im Zusammenhang mit einer Baufinanzierung ist darüber hinaus Voraussetzung, dass der Kredit in Zusammenhang mit steuerpflichtigen Einkünften aus Vermietung und Verpachtung steht. Das ist z. B. dann nicht der Fall, wenn es sich um ein selbstgenutztes Einfamilienhaus/Eigentumswohnung handelt. Das für die genannten Hauptabschnitte der Finanzplanung berechnete Honorar kann nicht unmittelbar als Aufwendung zur Erzielung konkreter steuerpflichtiger Einnahmen verstanden werden. Weder die Bestandsaufnahme beim Kunden über sein Vermögen sowie seine Einnahmen- und Ausgabensituation noch die Festlegung seiner Ziele für die verschiedenen Wechselfälle des Lebens haben etwas mit seiner Einkunftserzielung zu tun. Dies gilt konsequenterweise auch für eine Analyse der Versorgungsengpässe. Allenfalls könnte der Hauptabschnitt, der auch eine Ausarbeitung (Maßnahmenplanung) zur Deckung von Versorgungsengpässen durch konkrete Anlageangebote enthält, eine gewisse Beziehung zur Einkunftserzielung haben. Bei näherer Betrachtung könnte sich jedoch zeigen, dass dieses Problemlösungsangebot in erster Linie dem Aufbau von Vermögen für die verschiedenen Wechselfälle des Lebens dienen soll. Da dieses Vermögen letztendlich auch (steuerpflichtige) Erträge abwerfen wird, dürfte als ein zu loser und eher konstruierter Zusammenhang anzusehen sein. Gleichwohl sollte überlegt werden, ob und wieweit die Handlungsempfehlungen der Analyse auch Formen einer Vermögensverwaltung beinhalten. Eine typische Vermögensverwaltung umfasst:

- eine laufende Erfassung und Überwachung bestehender Anlagen und ihrer Erträge,
- eine Analyse der getätigten und möglichen Anlagen, bei der der Verwalter prüft, ob andere Anlagen rentierlicher oder werthaltiger sind als die vorhandenen,
- eine Umsetzung der Anlagescheidungen.

Sofern derartige der Vermögensverwaltung zugehörende Tätigkeiten substanziell in einem der Hauptabschnitte der Dokumentation der Finanzplanung enthalten sein sollten, wäre eine der Vermögensverwaltungsgebühr entsprechende Behandlung für Teile des Honorars für die Finanzplanung denkbar. Wichtig wäre aber dann eine angemessene Aufteilung der Gebühr auf die verschiedenen Tätigkeitsbereiche. Inwieweit ein Zusammenhang zwischen der jeweiligen Einkunftsart und der Empfehlung in der Analyse besteht, müsste dem Wortlaut der Analyse entnommen werden. Dieser Zusammenhang dürfte bei jedem Kunden unterschiedlich ausgeprägt sein. Hier zeigt sich, wie schwierig ist es, eine Standardisierung der schriftlichen Ausarbeitung (des Finanzplans) zu erreichen.

Rein theoretisch denkbar wäre auch die Berücksichtigung des Bankhonorars als Vorsorgeaufwendung im Rahmen der Sonderausgaben. Nach § 10 Abs. I Ziff. 2 und 3 EStG sind jedoch nur „Beiträge" zu den verschiedenen Vorsorgeaufwendungen abzugsfähig. Bei dem in Rede stehenden Honorar für die Dienstleistung Finanzplanung handelt es sich mit Sicherheit nicht um Beiträge im Sinne von § 10 EStG. Unabhängig davon ist die Abzugsfähigkeit von Vorsorgeaufwendungen im Rahmen der Sonderausgaben für die meisten Kunden nicht von Interesse, da sie in aller Regel die zugelassenen Höchstbeträge voll ausgeschöpft haben.

Als Ergebnis kann festgehalten werden, dass eine steuerliche Berücksichtigung des Beratungshonorars im Rahmen der Finanzplanung außer für den Fall einer partiellen Zuordnung als Vermögensverwaltungsgebühr nicht grundsätzlich gegeben ist. Vielmehr kommt es auf den Inhalt der Dokumentation an, die die Ergebnisse der Beratung für den Kunden festhält und die im Zweifelsfall diese Inhalte individuell und eindeutig im Sinne der steuerlichen Abzugsfähigkeit beurteilt. Auch wenn die Aufwendungen für die Finanzplanung in obengenanntem Sinne so definiert sind, dass sie nach der Auffassung des Anbieters als Werbungskosten berücksichtigungsfähig sein müssten, kann dem Kunden nicht in Aussicht gestellt werden, dass das berechnete Honorar auch steuerlich abzugsfähig ist. Aus Sicht des Finanzdienstleisters kann dem Kunden lediglich mitgeteilt werden, dass nach eigener Auffassung dies der Fall sei, hierfür jedoch keine Garantie übernommen werden kann. Dies gilt umso mehr, als für derartige Fälle bisher keine gerichtlichen Entscheidungen vorliegen, auf die man sich als Anbieter von Finanzplanungsdienstleistungen beziehen kann. Bis heute ist kein Beschwerdefall einer Nichtanerkennung des Honorars als Werbungskosten öffentlich zur Kenntnis gebracht worden. Man kann daher auch künftig davon ausgehen, dass die Finanzbehörden weiterhin die Abzugsfähigkeit des Beratungshonorars für die Finanzplanung anerkennen. Es sollte grundsätzlich im Interesse des Anbieters sein, bei Streitigkeiten eines Kunden mit dem Finanzamt wegen der Abzugsfähigkeit des Beratungshonorars bilateral eine kulante Regelung bezüglich der Höhe des Honorars zu treffen.

An dieser Stelle soll rein vorsorglich erwähnt werden, dass für das Honorar dem Kunden auch Umsatzsteuer in Rechnung gestellt werden muss.

4.6 Vermarktung

Bereits 1986 sagten Stracke/Thies in „Finanzplanung: Methode, Märkte, Anbieter" (Die Bank 8/86) eine rege Nachfrage nach Finanzplanung voraus: „Der Bedarf an Finanzplanungsdienstleistungen wächst heute bei allen Verbrauchergruppen." Angesichts eines geschätzten Marktes von ca. 1500 Finanzplanungen jährlich kann man von einem breiten Markt für Private Finanzplanung nicht sprechen. Diese unbefriedigende Entwicklung hat mehrere Ursachen: geringe Bekanntheit des Dienstleistungsangebotes, fehlendes Problembewusstsein und Vorbehalte der potenziellen Kunden, Notwendigkeit von umfangreichen Investitionen der Anbieter. Die negative Auswirkung dieser Faktoren auf die Nachfrage für Private Finanzplanung wurde offenbar in den letzten Jahren von den Finanzdienstleistern und von verschiedenen Spezialisten unzureichend berücksichtigt. Es wird stets die *potenzielle* Nachfrage hervorgehoben, man kann jedoch davon ausgehen, dass zurzeit mehr Angebot für Private Finanzplanung existiert, als tatsächliche Nachfrage vorhanden ist. Kloepfer kommt in „Private Finanzplanung – Marketing tut not" (FAZ v. 4.11.1996) folgerichtig zum Schluss, dass für die Private Finanzplanung ein intensives und zielgerichtetes Marketing erforderlich ist. Die nachfolgenden Ausführungen sollen einige Anregungen für die Gestaltung der praktischen Marketingarbeit geben.

Schwerpunkte des Marketing

Unabhängig von der gewählten Organisationsform und vom Leistungsumfang der Finanzplanung müssen drei grundlegende Aufgaben im Marketingbereich und bei der Vertriebsunterstützung abgedeckt werden:

- Aufbau einer Akquisitions- und Beratungssystematik,
- Implementierung der fachlichen, verkäuferischen und organisatorischen Infrastruktur und
- Sicherstellung der Mitarbeitermotivation.

Den Aufbau einer Akquisitions- und Beratungssystematik muss ein Finanzdienstleister intern und extern vornehmen. Dies muss unter Berücksichtigung der vorhandenen Organisationsstrukturen des Anbieters erfolgen. Die interne Akquisitionssystematik muss die Zielgruppenbestimmung für den Vertrieb, die Bildung von Akquisitionsansätzen, die realisiert werden können, die Definition und Konzeption eines Akquisitions- und Betreuungsweges innerhalb der einzelnen Phasen der Finanzplanung und entsprechend die Kommunikation dieser Beratungssystematik innerhalb der eigenen Vertriebsmannschaft, unter anderem mit der Bereitstellung von entsprechenden Unterlagen zu Akquisition und Beratung, umfassen. Diese Beratungssystematik sollte laufend durch Schulungen und entsprechende Kommunikationsmittel kontinuierlich vermittelt werden. Auch eine Anpassung an die Marktgegebenheiten bzw. an die Veränderungen der eigenen Organisationsstrukturen sollte regelmäßig vorgenommen werden. Diese Aufgabe ist für jeden Anbieter, unabhängig von seiner Größe, von großer Wichtigkeit. Die Implementierung der Infrastruktur erfordert in Abhängigkeit von der Organisationsstruktur und der Größe des Anbieters un-

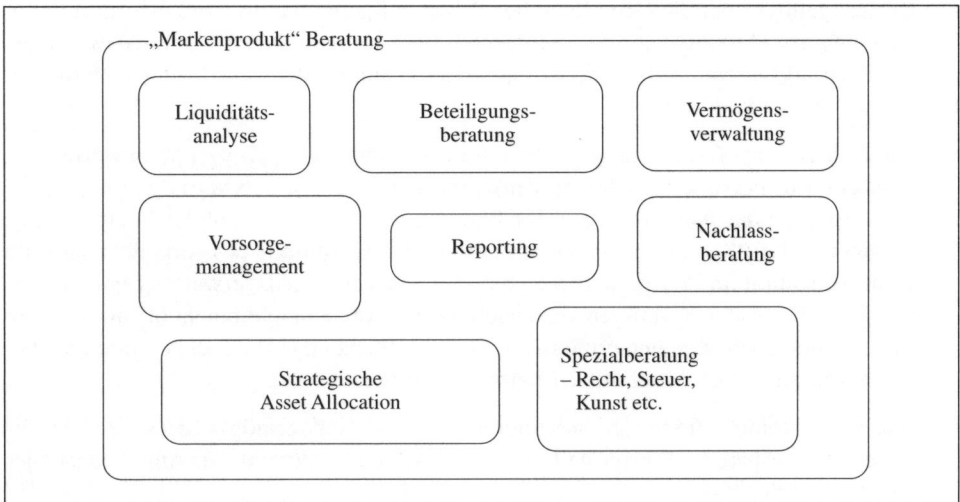

Abbildung 24: Bestandteile des „Markenprodukts" Private Finanzplanung

terschiedliche Maßnahmen. Innerhalb einer Bank müsste eine breite Schulung zur Einführung der Dienstleistung erfolgen. Die permanente fachliche Betreuung muss auch im Nachhinein gewährleistet und es müssen die entsprechenden internen Unterlagen zum fachlichen und verkäuferischen Know-how vorhanden sein. Innerhalb einer Bank erfordern diese Maßnahmen ein koordiniertes Auftreten von verschiedenen Abteilungen. Bei kleineren Finanzdienstleistern ist die Implementierung der notwendigen Infrastruktur weniger aufwendig.

Nach der Einführung der Dienstleistung bleibt die Motivation eine der wichtigsten Aufgaben im Rahmen des Vertriebsprozesses. Innerhalb von größeren Organisationsstrukturen kann die Motivation sowohl direkt (auf Personenebene) als auch indirekt (durch Ausnutzung der vorhandenen Hebel innerhalb der Organisation) erfolgen. Bei kleinen Finanzdienstleistern spielt die direkte Motivation eine wichtige Rolle. Diese kann z. B. mit der Schaffung einer Provisionsbeteiligung an den erwirtschafteten Beträgen durch die Private Finanzplanung sowie in Form von Incentives für besondere Vertriebsleistungen realisiert werden. Diese Art von Motivation ist in Deutschland bei Banken mit angestellten Mitarbeitern eher unüblich. Die indirekte Motivation erfolgt meistens im Rahmen von entsprechenden Steuerungsmöglichkeiten im Kostenbereich. Dazu zählen die Ertragswirkung für einzelne Filialen oder die Ertrags- und Kostenzuordnung für einzelne operative Einheiten. Die direkte Motivation innerhalb von Banken wird in der Regel durch Zielvereinbarungen, die sich auf entsprechende leistungsabhängige Entlohnungskomponenten auswirken, realisiert.

Aus den Rahmenbedingungen am Markt und den Unternehmensanforderungen kann die Notwendigkeit eines flexiblen Vertriebsansatzes für die Private Finanzplanung begründet werden. Dabei wird die Dienstleistung als „Baukasten" aus verschiedenen, für den Kunden deutlich voneinander abgrenzbaren Bestandteilen realisiert (vgl. Abbildung 24). Diese sind aus Sicht des Anbieters miteinander vernetzt und bauen teilweise aufeinander auf. Ein Basisangebot bildet die Grundlage der Privaten Finanzplanung und erfordert deren Vermarktung als Markenprodukt unter geschütztem Namen. Diese Vorgehensweise ermöglicht den sukzessiven Aufbau der kompletten Leistungspalette und bringt auch für den Kunden zahlreiche Vorteile:

- Unterschiedliche Vermarktungsansätze für unterschiedliche Zielgruppen werden ermöglicht. Für Personen mit hohen Einkünften, aber kleinerem Vermögen liegen die Schwerpunkte des Angebotes auf der Planung der Liquidität und der Vorsorge. Für Personen mit größerem Vermögen können die Schwerpunkte des Angebotes auf die Asset Allocation im Wertpapierbereich und in der Vermögensverwaltung gelegt werden. Bei sehr großen Vermögen wird nach Bedarf ein „Komplettangebot" aus allen in Frage kommenden Modulen ermöglicht. Dabei sollten einige Rahmenbedingungen beachtet werden, die im Abschnitt 4.1 betrachtet werden.

- „Zusatzbausteine", die für jeden Kunden verfügbar sind, ermöglichen eine differenzierte und transparente Preisgestaltung. Die flexible Erweiterung des Angebotes ist jederzeit möglich.

- Eine flexible und kontinuierliche Expansion durch Erschließung neuer Zielgruppen ist möglich. Dies ist bei den heute immer dynamischer werdenden und wechselnden Marktbedingungen besonders wichtig.
- Die Kosten der Beratung steigen unterproportional zum Umfang der Beratung. Mit wachsendem Geschäftsvolumen bedeutet dies eine Verbesserung der Rentabilität.

Für die Zukunft ist zu erwarten, dass die Komplexität der Beratung und die Anforderungen an die Berater steigen werden. Die Durchführung von Akquisition und Analyse durch eine Person, was besonders bei selbständigen Finanzberatern der Fall ist, wird in Zukunft immer schwieriger. Bei der Gestaltung des Beratungsablaufs ist daher die Spezialisierung, d.h. Aufgabenteilung in die Bereiche *Akquisition* (Front-Office) sowie Analysetätigkeit (Back-Office) sinnvoll. Entsprechend den persönlichen Neigungen werden so die Personalressourcen optimal genutzt und eine rationelle und effiziente Arbeitsweise gefördert. Die optimale Vorgehensweise in der Beratung kann anhand eines Modells erläutert werden. Die Beratung bei bestehenden Kundenverbindungen (interne Akquisition) kann danach in drei Stufen erfolgen:

Die *erste Stufe* beinhaltet die Bedarfserkennung beim Kunden durch den vorhandenen Kundenbetreuer und „Anmeldung" des Bedarfs beim Akquisiteur. In der *zweiten Stufe* führt der Finanzplanungsverkäufer (Akquisiteur) die Gespräche mit dem potenziellen Kunden bis zum Vertragsabschluss und betreut auch die Datenerfassung durch den Kunden. In der *dritten Stufe* verifiziert der Finanzplaner mit Schwerpunkt Analyse die erfassten Daten, führt die Analyse durch und erstellt den Maßnahmenplan.

Die Erläuterung der Maßnahmen im Strategiegespräch führen der Akquisiteur und der Analyst zusammen durch. So besteht die Möglichkeit, den endgültigen Umfang der zu realisierenden Maßnahmen festzulegen. Das schriftliche Gutachten dokumentiert die Vereinbarungen. Sie kann dem Kunden durch seinen Kundenbetreuer übergeben werden, der bei Bedarf auch die Umsetzung der Empfehlungen übernimmt. Von besonderer Wichtigkeit bei diesem Ablauf ist die Schnittstelle zwischen dem Kundenbetreuer und dem Finanzplaner. Der Kundenbetreuer muss auf jeden Fall hinreichend motiviert sein, geeignete Kunden für die Pivate Finanzplanung anzusprechen. So kann gewährleistet werden, dass das interne Potenzial effektiv ausgeschöpft wird und der Akquisiteur genug Zeit für die Akquisition externer (Neu-)Kunden hat.

Die Beratung bei potenziellen Neukunden (externe Akquisition) kann analog in zwei Stufen erfolgen: Der Finanzplanungsverkäufer (Akquisiteur) führt in der *ersten Stufe* die Kundenansprache mit Hilfe von geeigneten Maßnahmen (z. B. zielgruppenorientierte Kundenveranstaltungen, Ansprache von Berufsverbänden und Unternehmen) durch. Eine Zusammenarbeit mit an Neukundenakquisition interessierten Geschäftsbereichen des Finanzdienstleisters (soweit weitere Geschäftsbereiche vorhanden sind) ist dabei von Vorteil. Nach dem Vertragsabschluss übernimmt in der *zweiten Stufe* der Finanzplaner mit Schwerpunkt Analyse analog der dritten Stufe bei der internen Akquisition die weitere Betreuung.

Die Übergabe der Dokumentation und die Pflege der Kundenbeziehung übernimmt der Akquisiteur. Sollten die Empfehlungen im Hause des Anbieters umgesetzt werden, vermittelt er die geeigneten Ansprechpartner. Für die Lösung von Sonderproblemen sollte der Finanzplaner Zugriff auf ein Expertenteam für „Spezialberatung", z. B. in den Bereichen Vermögensverwaltung, Recht, Steuer und Immobilien haben. Die Vorgehensweise bei der internen und externen Akquisition ist in Abbildung 25 dargestellt.

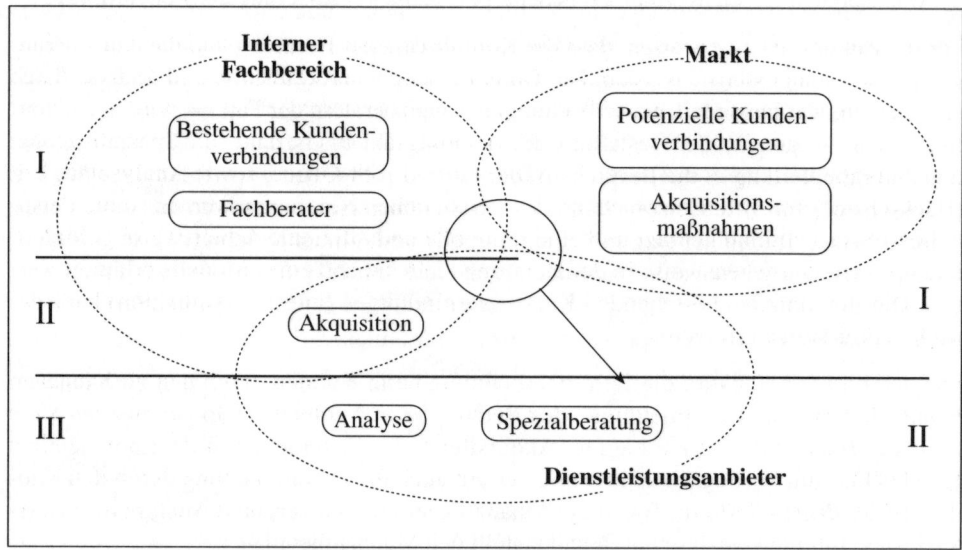

Abbildung 25: Schritte bei der internen und externen Akquisition

5. Unterstützende Werkzeuge für die Beratung

Qualitätsstandards werden nicht nur durch langjährige Erfahrung der Berater und durch die Anzahl der betreuten Kunden gesetzt, sondern auch durch die Werkzeuge, die den produktiven Einsatz der Fähigkeiten der Berater ermöglichen und ein allgemein hohes Qualitätsniveau der Analyse sichern. Die Durchführung der Privaten Finanzplanung ist ohne den Einsatz von moderner Beratungssoftware nicht denkbar. Dazu zählen nicht nur Systeme zur Unterstützung des Beraters in der Analysephase (Back-Office-Systeme), sondern auch bei der Akquisition. Die Software darf niemals im Vordergrund der Beratung stehen, sie ist nur ein Werkzeug und „elektronischer Leitfaden" für den Finanzplaner. Die eingesetzten Softwarewerkzeuge müssen der Unterscheidung in zielorientierte und umfassende Finanzplanung Rechnung tragen. Es ist klar, dass mit einem System, das nur einzelne Aspekte aus dem Vermögens- und Finanzbereich abdeckt, keine umfassende Finanzplanung durchgeführt werden kann. Umgekehrt ist es möglich (und es sollte grundsätzlich auch möglich sein), mit einem Beratungssystem für umfassende Finanzplanung auch Einzelbetrachtungen in einzelnen Bereichen durchzuführen.

5.1 Infrastruktur

Die vernetzte Betrachtung sämtlicher Vermögensbestandteile in der Privaten Finanzplanung erfordert den Einsatz entsprechender Arbeitsmittel. Die Erstellung einer komplexen Analyse wird durch den Einsatz von Computern ermöglicht. Diese müssen einen bestimmten Grad an Leistungsfähigkeit besitzen, um einen sinnvollen Einsatz in der Finanzplanung zu ermöglichen. In den Anfängen der Finanzplanung in Deutschland in den 80er Jahren haben nur Großrechner die erforderliche Leistungsfähigkeit geboten. So wurden die ersten Anwendungen für die Private Finanzplanung für diese Rechnerklasse entwickelt. Die Schaffung einer funktionierenden EDV-Infrastruktur im Rahmen der Finanzplanung ist eine der wichtigsten Voraussetzungen für die Etablierung der Dienstleistung insgesamt und für die Realisierung einer erfolgreichen Vertriebsorganisation für die Finanzplanung. Diese Infrastruktur muss idealerweise die vorhandenen organisatorischen Prozessabläufe des Anbieters abbilden. Der Computer dient im Rahmen der Finanzplanung nicht nur der Erstellung der komplexen Analysen, sondern auch als internes Kommunikationsmedium. Er kann aber auch im Bereich der Akquisition sowie im Bereich der Marktkommunikation eingesetzt werden. Oft lassen vorhandene EDV-Lösungen für die Abwicklung der Finanzplanung grundsätzlich nur bestimmte Organisationsformen in der Finanzplanung zu. Wenn die Organisationsstruktur nicht mit der vorhandenen EDV-Infrastruktur harmoniert, kommt es zu Spannungen an den einzelnen Schnittstellen, bei denen die EDV genutzt wird. Dies führt in der Regel zu Reibungsverlusten innerhalb der Vertriebskette.

In Deutschland werden hauptsächlich drei Organisationsstrukturen im Rahmen der EDV-Abwicklung der Privaten Finanzplanung eingesetzt: zentralisiert, verteilt/vernetzt und verteilt/autark. Im Rahmen dieser drei Grundmodelle können weitere Ausprägungen vorkommen. Eine zentralisierte EDV-Infrastruktur ist heutzutage nicht nur mit Großrechnern, sondern auch bei Lösungen über Intranet oder Internet (NetPC) denkbar.

5.1.1 Zentralisierte Infrastruktur

Die zentralisierte Infrastruktur wird seit Jahrzehnten im Bereich der Finanzdienstleistungen eingesetzt. Grundlage sind meistens Großrechner (Mainframes). Software, die im Rahmen der Finanzplanung zum Einsatz kommt, läuft in diesem Fall auf einen zentralen Rechner innerhalb einer vorhandenen EDV-Infrastruktur. Diese Lösung kommt in der Regel nur für größere Finanzdienstleister in Frage. Der Personenkreis, der mit dieser Software arbeiten kann, beschränkt sich auf den, der die Analyse unmittelbar durchführt. Die räumliche Verteilung der Nutzer ist dabei unerheblich, da der Einsatz von Großrechnern eine funktionierende elektronische Kommunikation voraussetzt. Die Software kann dabei für Akquisitionszwecke nicht eingesetzt werden, auch eine Unterstützung bei der Markterschließung (Kundendatenbanken, Kundenanschreiben) ist nicht möglich. Mit dieser Infrastruktur ist der Anbieter auf konventionelle Kommunikationsmittel angewiesen (vgl. Abbildung 26). Die zentralisierte Infrastrukturlösung hat auch Vorteile, die bei dem Einsatz in größeren Organisationen wichtig sind. Es kann eine einheitliche Qualität gewährleistet werden, soweit diese von dem Einsatz der Software abhängt. Qualitative Verbesserungen in der Software stehen dann allen Personen zur Verfügung, die mit ihr arbeiten müssen. Auch die Systempflege ist relativ einfach, da die Anwendungen auf Großrechnern seit Jahren in bewährter Form gepflegt werden – entsprechendes Know-how ist auf dem Markt vorhanden. Die im Rahmen der Privaten Finanzplanung erfassten Kundendaten können auf einem zentralen Rechner recht einfach gespeichert und verwaltet werden, der sichere Zugriff auf diese Daten kann einfach realisiert werden. Die Kundendaten stehen später für Aktualisierungen zur Verfügung, bei der Entwicklung von qualitativ besseren Eigenschaften der Software kann die Kompatibilität besser berücksichtigt werden. Ein Anbieter mit dieser EDV-Infrastruktur kann recht einfach und leicht auf eine erhöhte Nachfrage reagieren, da die Anzahl der Arbeitsplätze (bei Vorhandensein entsprechend ausgebildeten Personals) einfach erhöht werden kann.

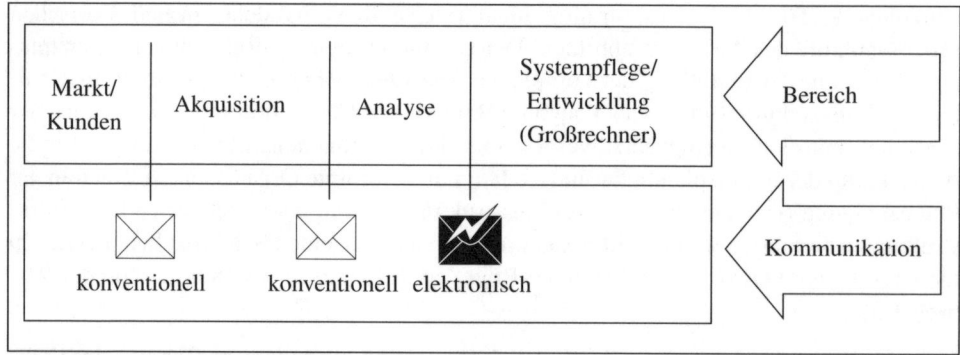

Abbildung 26: Vertriebskette bei zentralisierter EDV-Infrastruktur

Diesen Vorteilen stehen jedoch gravierende Nachteile gegenüber. Im Rahmen des Vertriebsprozesses ist nur geringe Flexibilität vorhanden. Mit einer zentralisierten Infrastruktur kann man auf geänderte Anforderungen an die Beratung nur langsam reagieren. Auch die Entwicklung der Software und deren qualitative Verbesserung können nur in bestimmten Grenzen erfolgen. Große Qualitätssprünge sind somit schwer zu realisieren. Steigende Qualitätsanforderungen lassen die Software, die auf Großrechnern läuft, irgendwann an Grenzen stoßen, die eine Weiterentwicklung nicht mehr möglich machen. Dieser Zeitpunkt ist erreicht, wenn die Komplexität der Software nicht mehr zu überblicken ist und eine grundsätzlich andere Softwarearchitektur notwendig wird. Nicht nur die Softwareentwicklung auf dem Großrechner ist relativ teuer, auch der Betrieb und die Inanspruchnahme der Technik verursachen erhebliche Kosten. Ein prinzipieller Nachteil der auf Großrechner basierenden Systeme für Private Finanzplanung ist, dass diese nicht direkt im Rahmen des Vertriebsprozesses eingesetzt werden können. Damit verlängern sich die Kommunikationswege zwischen den einzelnen Personen, die im Finanzplanungsprozess involviert sind. Die Bedienung der in der Regel zeichenorientierten Bedienungsoberflächen von Programmen auf Großrechnern ist gewöhnungsbedürftig und nicht mehr zeitgemäß.

Diese Infrastruktur ist in Deutschland charakteristisch für die Anbieter, die bereits in den 80er Jahren mit dem Angebot der Privaten Finanzplanung auf dem Markt tätig waren. Die später hinzugekommenen Anbieter haben sich auf zeitgemäßere Lösungen konzentriert, die in der Regel auf Personal Computern ablaufen.

5.1.2 Autarke Infrastruktur

Die einfachste Lösung für die Realisierung der EDV-Unterstützung in der Privaten Finanzplanung geschieht ausschließlich mit dem Personal Computer (PC-Lösung). In diesem Fall laufen die für die Private Finanzplanung notwendigen Programme auf einem Einzelrechner (PC) ab. Dies ist im Rahmen der Finanzplanung die Minimallösung und kommt in der Regel nur für kleinere Finanzdienstleister bzw. für selbständige Finanzberater in Frage. Die Einzelplatzlösung setzt den Kauf einer vorhandenen Software zur Abwicklung der

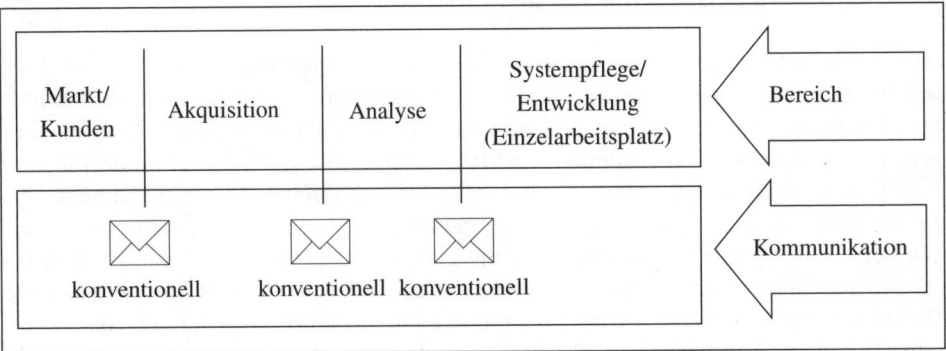

Abbildung 27: Vertriebskette bei EDV-Einzelplatzlösung

Finanzplanung voraus. Die Entwicklung von eigenen Programmen durch den Anbieter von Finanzplanung ist bei dieser Lösung aus Kostengründen meistens nicht möglich. Nur bei entsprechend großer Anzahl von Einzelplatzlösungen kann die eigene Entwicklung von Softwarelösungen unter wirtschaftlichen Aspekten vertretbar sein. Diese Infrastruktur hat den Vorteil, dass eine sehr große Flexibilität bei der Einrichtung des Arbeitsplatzes gegeben ist. Weiterhin vorteilhaft sind bei dieser Lösung die insgesamt relativ niedrigen Betriebskosten und die Möglichkeit einer schnellen Schaffung der notwendigen EDV-Infrastruktur im Rahmen eines Finanzplanungsangebotes. Es ist auch keine aufwendige Kommunikationsinfrastruktur notwendig.

Die mit dieser Infrastrukturlösung verbundenen Nachteile machen den flächendeckenden Einsatz innerhalb einer größeren Organisation nahezu unmöglich. Vor allem der administrative Aufwand erweist sich als Hinderungsgrund. Hierzu muss z. B. der Verteilungsaufwand für die Software gezählt werden. Dieser Aufwand setzt auch der Möglichkeit, auf Anforderungen des Marktes zu reagieren, enge Grenzen. Die Anzahl von Arbeitsplätzen bei Einzelplatzlösungen kann nicht beliebig erweitert werden. Kundendaten, die im Rahmen der Finanzplanung erfasst werden, sind dann auch nicht zentral an einer Stelle vorhanden, sondern auf viele Einzelarbeitsplätze verteilt. Dies kann zum einen Probleme mit der Datensicherung mit sich bringen, auf der anderen Seite ist der Einsatz von Managementsteuerungssystemen unmöglich, da die dafür notwendigen Daten nicht oder nur mit einem erheblichen Aufwand konsolidiert werden können. Auch die Einhaltung von einheitlichen Qualitätsstandards bei der Abwicklung der computergestützten Analyse in der Finanzplanung erfordert bei Einzelplatzlösungen der EDV besondere organisatorische Maßnahmen. Der insgesamt hohe administrative Aufwand macht diese Infrastrukturlösung hauptsächlich für kleine Anbieter, bei denen die Anzahl der Arbeitsplätze im überschaubaren Rahmen bleibt, interessant.

Bei größeren Finanzdienstleistern müssen die Nachteile der Einzelplatzlösungen vermieden werden. Hierzu ist in der Regel die Verbindung der einzelnen Arbeitsplätze mit den notwendigen Kommunikationsmitteln erforderlich. Dabei entsteht eine verteilt-vernetzte Infrastruktur.

5.1.3 Verteilt-vernetzte Infrastruktur

Mit modernen Mitteln realisiert, handelt es sich hier um eine *Client-Server-Lösung*. Diese EDV-Infrastruktur wird bei allen größeren Finanzdienstleistern in einzelnen Bereichen bereits eingesetzt, sodass es sich anbietet, auch im Rahmen der Finanzplanung diese zu implementieren. Dabei können alle Mitarbeiter, die im Rahmen der Finanzplanung Tätigkeiten ausüben, optimal mit Kommunikationsmitteln und Softwarelösungen versorgt werden. Damit wird die schnelle Kommunikation über die ganze Vertriebskette ermöglicht. Künftig wäre es denkbar, über die gleiche Infrastruktur auch den Endkunden der Finanzplanung in den Beratungsprozess zu involvieren. Diese Infrastrukturlösung kommt sowohl für kleinere wie auch für größere Finanzdienstleister in Frage, da die Anzahl der Arbeitsplätze sehr variabel sein kann und nur von der Umsetzung der Infrastruktur abhängig ist. Der Aufwand für den Aufbau und die Pflege von Client-Server-Systemen ist allerdings recht hoch, sodass diese Lösung eher bei mittleren bis großen Finanzdienstleistern zum Einsatz kommen könnte. Ein Vorteil dieser Lösung ist die große Flexibilität, mit der die Infrastruktur im Rahmen einer bestehenden Organisation eingesetzt werden kann. Praktisch alle Bereiche der Finanzplanung können durch EDV-Lösungen unterstützt werden. Hier werden viele Vorteile der zentralisierten und der Einzelplatzlösung vereint (vgl. Abbildung 28). Die Reaktion auf Anforderungen des Marktes ist hervorragend möglich, da die Erweiterung eines Client-Server-Systems nahezu unbegrenzt ist. Auch die Frage der Datenhaltung kann mit modernen Kommunikationsmitteln recht einfach gelöst werden. Somit stehen die im Rahmen der Finanzplanung erfassten Kundendaten für spätere Updates und Aktualisierungen zur Verfügung und Managementinformationssysteme, die diese Daten benötigen, können aufgebaut werden. Somit ist auch eine effiziente interne Organisationssteuerung beim Anbieter der Finanzplanung möglich. Die Kundendaten können gut geschützt werden, sodass nur der befugte Personenkreis Zugriffsmöglichkeiten hat.

Bei dieser EDV-Infrastruktur ist der Verteilungsaufwand für die Software weiterhin vorhanden, er ist jedoch mit Hilfe geeigneter Kommunikationsmittel auf ein Minimum reduzierbar. Entsprechende Verfahren haben sich bei Großbanken in Deutschland bereits seit Jahren bewährt. Ein grundsätzliches Problem der PC-basierten Lösung ist die *Datenkompatibilität*. Mit dem Einsatz von neuen Systemen im Rahmen der Privaten Finanzplanung, insbesondere wenn Marktanforderungen oder interne Qualitätsmaßstäbe eine neue Entwicklung von Anwendungen erforderlich machen, kann es vorkommen, dass die Daten, die bereits gesammelt worden sind, nicht mehr ohne weiteres verwendet werden können. Um die Daten später nutzen zu können, sind Konvertierungen notwendig, die einen zusätzlichen Aufwand verursachen. Je nach Größe (Anzahl Anwender) der angestrebten Infrastrukturlösung kann auch die Schaffung von einer umfangreichen Kommunikationsinfrastruktur notwendig sein. Diese kann für Erweiterungen des Angebotes im Rahmen der Finanzplanung genutzt werden, indem z. B. externe Anwendungen eingebunden werden oder dem Kunden auf elektronischem Weg mehr Beratungsleistungen angeboten werden. Der Betrieb von vernetzten Systemen kann kostengünstig gestaltet werden, nur die Softwareentwicklung verursacht zusätzlichen Aufwand. Da kaum Anwendungen für die Finanzplanung für eine solche Infrastruktur vorhanden sind, muss ein Anbieter in der Regel

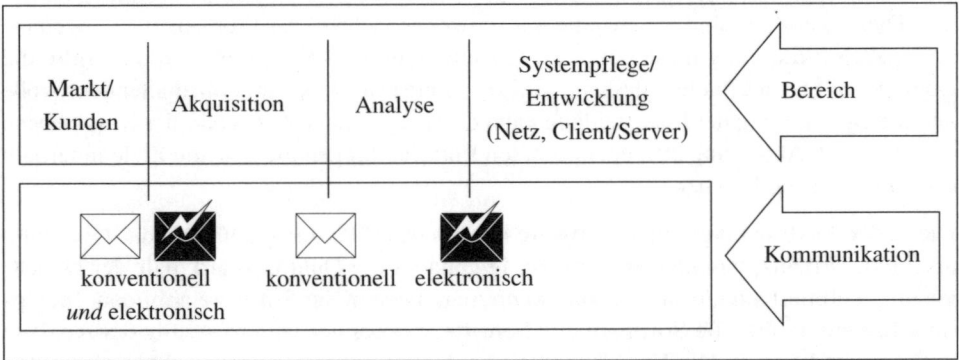

Abbildung 28: Vertriebskette bei verteilt-vernetzter dezentraler EDV-Infrastruktur

die Beratungssoftware selbst entwickeln und nutzen. Eine große Anzahl von Anwendern relativiert aber die Kosten dafür.

Die verteilt-vernetzte EDV-Infrastruktur erfüllt zurzeit am besten die Anforderungen an die Organisation der Finanzplanung. Die Vorteile, die diese Lösung bietet, können im Rahmen der Finanzplanung sehr effizient realisiert werden und zu erheblichen Kosten- und Wettbewerbsvorteilen für den Anbieter führen.

5.2 Auswahl von Softwarewerkzeugen

Ein Finanzdienstleister, der sich dazu entschlossen hat, Finanzplanung anzubieten und dazu Computerunterstützung zu nutzen, muss das Ziel, das mit der Beratung erreicht werden soll, klar definieren. Grundsätzlich gibt es die Möglichkeiten, ideelle (z. B. Kundenbindung) oder materielle (Gewinn) Ziele zu verfolgen. Wenn die erhobenen Honorare nicht kostendeckend kalkuliert sind, können sie somit nicht alleine als Ziel der Beratung angesehen werden. Die ideellen Ziele, wie Kundenbindung, Kundenkenntnis, Know-how-Aufbau, Imagegewinn, sind objektiv schwer messbar und müssen daher von dem Anbieter im Verhältnis zur Möglichkeit, Gewinne zu erzielen, entsprechend gewichtet werden. In der Kombination dieser beiden Ziele sollte man das Optimum suchen, das dem Anbieter der Dienstleistung den maximalen Nutzen bietet. Wenn die Ergebnisse der Beratung den Erwartungen und Zielvorstellungen des Kunden entsprechen, sind auch die Ziele der Beratung erreicht. Bei der anfänglich in der Regel vorhandenen Unsicherheit beim Kunden bezüglich Umfang und Nutzen der Finanzplanung könnten geeignete Softwareanwendungen durch einfache und übersichtliche Darstellung an sich komplizierter Sachverhalte wertvolle Unterstützung in dem Beratungsprozess leisten.

5.2.1 Anforderungen und Entscheidungskriterien

Ziel bei der Auswahl von Softwarewerkzeugen für die Finanzplanung ist es, mit geeigneten Mitteln einen Kompromiss zwischen Qualität, Dauer und Kosten der Beratung zu finden. Diese drei Ziele sind gleichzeitig nur schwer erreichbar, das Problem einer angemessenen Zieloptimierung muss bei jeder Entscheidung berücksichtigt werden. Sollte die Qualität auf Dauer erhalten bleiben, wird sie zu einer als konstant einzuhaltenden Größe und die Optimierung der Entscheidung kann dann nur auf der Zeit- und/oder Kostenebene erfolgen (vgl. Abbildung 29), bei optimalen Entscheidungen bleiben alle Ziele innerhalb des vorgegebenen Rahmens.

Die in der Analyse eingesetzte Software kann wesentlich und nachhaltig das Qualitätsniveau der Finanzplanung beeinflussen. Je genauer die Qualitätsmerkmale der Dienstleistung definiert sind, desto genauer kann man diese in der Software abbilden. Im Optimalfall unterstützt die Software alle Schritte, die bei der Durchführung der Analyse vorkommen können. Die Vorgehensweise soll sich dabei am angestrebten optimalen Verlauf der Beratung orientieren und in der logischen Folge der einzelnen Beratungsphasen liegen. Die Software in der Finanzplanung ist nur ein Werkzeug, das einen qualifizierten Berater beim optimalen Einsatz seiner Fachkenntnisse unterstützt, und sie wird auch auf absehbare Zeit nur ein Werkzeug bleiben. Entscheidungen, die auch noch subjektive Elemente enthalten, können selbständig von einem Computer zurzeit nicht zufriedenstellend getroffen werden. Auch der Einsatz von wissensbasierten Systemen, neuronalen Netzen und anderen Methoden hat bisher noch keine Möglichkeit geschaffen, eine Vermögensoptimierung im Rahmen der Finanzplanung automatisch durchzuführen.

Zeit

Die meiste Zeit bei der Finanzplanung wird für die umfassende Datenaufnahme und für die Präsentation der Ergebnisse der Analyse benötigt. Hier muss die Software besondere Unterstützung leisten. Denkbar zur Verkürzung der Datenaufnahme ist der Zugriff auf Kundenstammdaten und, was fast noch wichtiger ist, auf zeitabhängige Kundendaten wie z. B. Wertpapierbestände über eine Anbindung an eventuell vorhandene Kundeninformationssysteme. So ist die Aktualität der Analyse ständig gewährleistet. Die Abfrage von Kundendaten soll natürlich nur im Zusammenhang mit der durchgeführten Analyse und unter strenger Beachtung der Vertraulichkeit erfolgen. Selbst bei Ausschöpfung der Möglichkeiten, die solche Anbindungen bieten, ist eine wesentliche Reduzierung des Zeitaufwandes für die Datenaufnahme nicht zu erwarten, da in der Regel kein Anleger ein (auch wenn nicht optimal) diversifiziertes und strukturiertes Vermögen nur einem einzigen Fi-

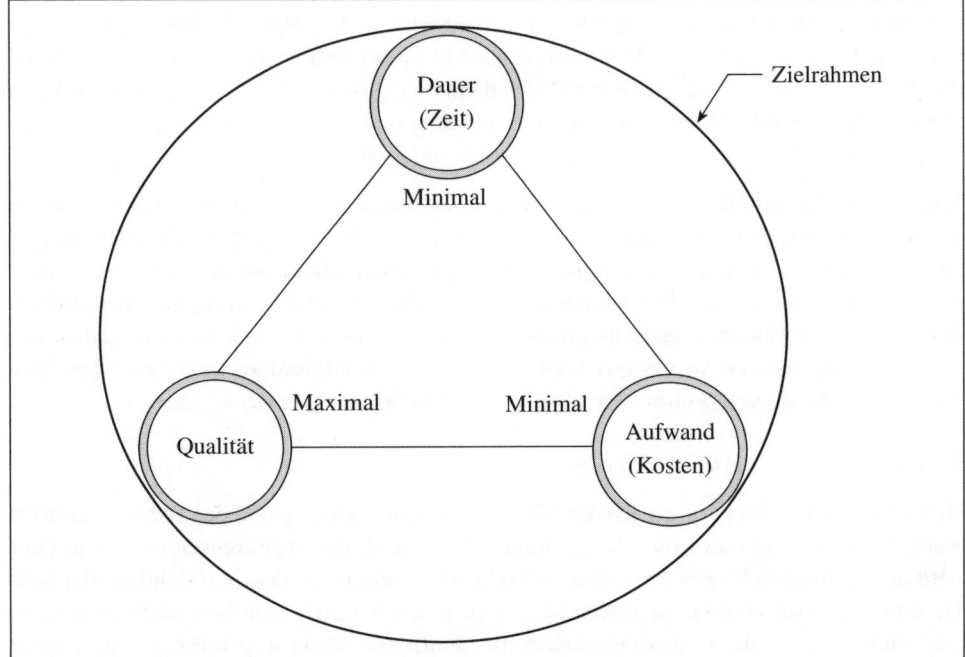

Abbildung 29: Dreieck zur Entscheidungsoptimierung

nanzdienstleister anvertrauen würde und somit das Problem der Datenbeschaffung und Dateneingabe weiterhin bestehen bleibt.

Vom Umfang und der Präzision der Datenaufnahme hängt wesentlich die Genauigkeit der Prognosen und Projektionen ab, die in der Finanzplanung gemacht werden. Je genauer die Ausgangsdatenbasis ist, desto genauer sind die Prognosen und damit auch die Qualität der Analyseergebnisse. Eine Reduzierung des Umfanges der Datenaufnahme zur Verkürzung der Dauer der Beratung führt daher zwangsläufig zum Qualitätsverlust und ab einem gewissen Zeitpunkt zur völligen Nutzlosigkeit der Aussagen, die auf künftigen Entwicklungen basieren. Das optimale Verhältnis zwischen dem Umfang der erfassten Daten und der Prognosegenauigkeit kann als Kompromiss zwischen den vorgegebenen Qualitäts- und Kostenzielen gesucht werden.

Eine weitere Möglichkeit zur Reduzierung der Datenaufnahme ist die Verlagerung dieser Tätigkeit ganz oder teilweise vom Anbieter auf den Kunden. Den Umfang der Datenerfassung muss man dabei senken, um den Kunden nicht zu überfordern. Dies ist mit den oben aufgezählten Nachteilen verbunden und die Wahrscheinlichkeit von Fehl- oder Falscheingaben wächst. Eine solche Vorgehensweise ist mit dem erhobenen Qualitätsanspruch nicht vereinbar und bedeutet einen Exklusivitätsverlust, für den ein Kunde kaum bereit ist, Honorar zu zahlen.

In Zukunft sind allerdings Lösungen vorstellbar, die einer breiten Kundenschicht den Zugang zur exklusiven Beratungsleistung Finanzplanung ermöglichen werden, z. B. über Internet. Der Aufwand, den der Kunde mit der Dateneingabe dem Anbieter abnimmt, wird sich dann in deutlich niedrigeren Preisen niederschlagen. Die Vereinfachung des Zugangs zum Kunden wird auch mehr Konkurrenz am Markt mit sich bringen und auch für Preisdruck sorgen. Diese Anwendungen müssen dann den Kunden bei der Dateneingabe durch wesentlich bessere Methoden zur Fehlervermeidung und -erkennung unterstützen, als dies bei der Datenerfassung durch den Anbieter notwendig ist.

Eine weitere Möglichkeit zur Verkürzung des Aufwandes für die Datenaufnahme ist die möglichst breite Abdeckung der am Markt vorhandenen Finanzprodukte durch die eingesetzte Software. Dabei müssen möglichst universell anwendbare Modelle verwendet werden, da bei der Anzahl der Produktanbieter am Markt die Berücksichtigung aller vorhandenen Produktvariationen nicht möglich ist. Sollte die Software auch die Präsentation der Ergebnisse der Analyse unterstützen, muss sie auch im (mobilen) Vertrieb einsetzbar sein. An dieser Anforderung würde z. B. eine Großrechnerlösung scheitern.

Kosten

Betrachtet werden hier nur die Kosten für den Kauf/Entwicklung und den Betrieb der Software. Sinnvoll sind hier Lösungen, die möglichst breit und oft eingesetzt werden. Hier wird der Widerspruch zwischen Kosten und Qualität besonders deutlich sichtbar. Wird die Dienstleistung für eine kleinere Kundengruppe konzipiert, der eine besonders hohe Qualität angeboten werden soll, steigen auch die Qualitätsanforderungen für die eingesetzte Software und damit auch die Kosten für deren Beschaffung. Komplizierte Software stellt erhöhte Anforderungen an die Benutzer, die zusätzlich geschult werden müssen. So ist der

Endpreis für den Kunden auch hoch. Selbst wenn die erwartete Anzahl Kunden den geforderten Preis zahlt, ist das Investitionsrisiko recht hoch. Bei einer kleinen Kundenanzahl könnte die Qualität mit größerem Zeitaufwand (hoher Anteil nicht computergestützter Analysetätigkeit, höhere Personalkosten), dafür aber mit niedrigeren Kosten für die Entwicklung oder Beschaffung der Software gewährleistet werden. Eine andere Möglichkeit zur Kostensenkung ist die Inanspruchnahme von spezialisierten Dienstleistungen von Anbietern, die nur die Back-Office-Tätigkeiten der Finanzplanung abwickeln und selbst keine Kunden betreuen. Die Analyse könnte durch die Spezialisierung solcher Anbieter schneller und dadurch preisgünstiger erstellt werden. Die Interpretation der Ergebnisse und deren Aufbereitung für den Auftraggeber müssen natürlich weiterhin vom eigentlichen Anbieter der Dienstleistung durchgeführt werden.

Vertriebsunterstützung

Die Finanzplanung stellt auch besondere Anforderungen an den Vertrieb. Da durch die insgesamt niedrige Marktpenetration in Deutschland diese Dienstleistung den potenziellen Zielgruppen oft unbekannt ist, muss der Nutzen der Beratung besonders transparent gemacht werden. Der Vertrieb muss in der Lage sein, flexibel auf die Anforderungen des Kunden zu reagieren und ihm die Möglichkeit geben, sich selbst in den voraussichtlichen Ergebnissen der Beratung wiederzufinden. Besonders hilfreich bei der Akquisition ist die genaue und nachvollziehbare Schilderung der verwendeten Methodik bei der Analyse. Mit dem Einsatz von geeigneten Werkzeugen zur Präsentation kann sich der Kunde ein wirklichkeitsnahes Bild von der Vorgehensweise bei der Beratung und von den Ergebnissen der Analyse machen. Idealerweise kann man als Präsentationswerkzeug das gleiche System benutzen, das auch bei der Analyse verwendet wird. Die Software muss dann Unterstützung nicht nur im Marktfolgebereich (Back-Office), sondern auch im Vertriebsbereich (Front-Office) bieten. Dies ist notwendig, um dem Kunden u. a. die zeitraubende Lektüre von teilweise Hunderten von Seiten eines schriftlichen Gutachtens zu ersparen. Mit klaren und anschaulichen visuellen Darstellungen der Ergebnisse mit den jeweiligen Tabellen und Projektionen kann der Berater dem Kunden in der Regel wesentlich einfacher die Punkte aufzeigen, auf die besonders geachtet werden muss. Eventuell vorhandene Schwächen oder Stärken in der Vermögensstruktur lassen sich leichter und für den Kunden verständlicher erklären. Der Einsatz von getrennten Softwareanwendungen für Akquisitions- und Präsentationszwecke in der Finanzplanung würde zur Erhöhung der damit verbundenen Kosten für Kauf/Entwicklung und Betrieb führen. Für eine Analysesoftware, die sowohl den Back-Office- wie auch den Front-Office-Bereich unterstützt, ergeben sich aber besondere Anforderungen, die bei der Entscheidungsfindung beachtet werden müssen. Die Anwendung muss modular aufgebaut und einzelne Teile separat benutzbar sein: der Spezialist, der die Analyse durchführt, muss die geeigneten Werkzeuge dafür haben, und der Vertrieb muss in der Lage sein, dem Kunden komplizierte Sachverhalte einfach darzustellen. Auch die Anforderungen in Richtung Benutzerfreundlichkeit und ansprechende Gestaltung der Bedieneroberfläche der Anwendung steigen.

Qualitätssicherung

Die Qualität der Dienstleistung hat zwei Seiten: eine objektive und eine subjektive. Gute Softwarewerkzeuge für die Finanzplanung sollten die Sicherung der Qualität gewährleisten oder zumindest unterstützen. Sowohl die formalen, nachprüfbaren Kriterien (Vollständigkeit und Richtigkeit der Erfassung der Kundendaten, verständliche Darstellung von betriebswirtschaftlichen Zusammenhängen) wie auch die subjektiven Qualitätsmerkmale (Erfahrung des Beraters, der die Analyse durchführt, Sinnhaftigkeit der empfohlenen Maßnahmen oder das Erreichen der vom Kunden gestellten Ziele der Beratung) müssen mit Hilfe üblicher Methoden (z. B. Vier-Augen Prinzip) überprüft und überwacht werden. Die Schaffung von effektiven Kontrollmechanismen für die subjektiven Qualitätsmerkmale ist dabei wesentlich schwieriger.

Die Ziele und Erwartungen des Kunden lassen sich freilich nicht immer erreichen. Wenn ein Kunde als Ziel Steuerminimierung genannt hat, nutzt es wenig, ihm entsprechende Produkte zu empfehlen (Immobilien, Steuermodelle), wenn diese der gesamten Vermögensstruktur nicht entsprechen oder im Widerspruch zu anderen vom Kunden vorgegebenen Zielen oder Restriktionen stehen (zum Beispiel Risikograd der Anlage). Die Software sollte dem Berater helfen, solche Widersprüche zu erkennen und zu vermeiden.

Offene Schnittstellen

Bei der Finanzplanung als Modellabbildung der Finanz- und Vermögenssituation eines Kunden ist man auch in der Software auf entsprechende Methoden angewiesen. Dabei gibt es gängige oder allgemeine Methoden und Modelle, wie zum Beispiel die Abbildung von zukünftigen Zahlungsströmen oder die Darstellung verschiedener Finanzprodukte. Modelle oder Berechnungsmethoden, die selten gebraucht werden, können über geeignete Schnittstellen bei Bedarf in Anspruch genommen werden, z. B. durch Anbindung von externen Softwaremodulen. Durch offene Schnittstellen zum Datenaustausch und zur Kommunikation bei der eingesetzten Software ergeben sich wesentliche Vorteile: Ermöglichung von flexiblen und zeitnahen Reaktionen auf veränderte Marktbedingungen oder zur Erfüllung von Kundenanforderungen, Anpassung an geänderte Prozessabläufe oder Vertriebswege. So ist man auch für die Nutzung künftiger Medien und Standards, die möglicherweise auch in der Finanzplanung eine Rolle spielen werden (z. B. Open Financial Exchange, OFX in Amerika und HBCI in Deutschland), gerüstet.

Investitionssicherheit

Ein wichtiger Faktor für die Entscheidung, eine Softwareanwendung einzusetzen, ist die Investitionssicherheit. Zwischen der Konzeption, Markteinführung und breitem Markteinsatz verstreichen oft erhebliche Zeiträume, die bei der Entscheidung für den Softwareeinsatz (z. B. bei eigener Softwareentwicklung) auch berücksichtigt werden müssen. Das heißt, dass zum Zeitpunkt des breiten Markteinsatzes die Software die aktuellen Möglichkeiten der Technik ausschöpfen können muss, damit sie auf längere Sicht die Grundlage für die ständig erforderliche Weiterentwicklung bietet, die bei der Finanzplanung allein schon durch Änderungen der gesetzlichen und steuerlichen Rahmenbedingungen bedingt ist. Die Finanzplanung ist auch eine Investition für den Kunden, der dadurch unter anderem die Grundlage für spätere Aktualisierungen schafft. Er möchte die Sicherheit haben, dass die Beratung nach Jahren wiederholt, beziehungsweise fortgesetzt werden kann, ohne dass der gesamte Bestand neu, zeit- und kostenintensiv erfasst werden muss.

Der Anbieter möchte dem Kunden diese Sicherheit bieten, auf der anderen Seite aber auch seine Kosten, die durch schnell wechselnde Produktzyklen entstehen, niedrig halten. Anwendungen, die auf Großrechnerlösungen basieren, haben in der Vergangenheit gezeigt, dass sie über lange Zeiträume genutzt werden können. Solche Anwendungen haben allerdings entscheidende Nachteile, wie geringe Flexibilität und schlechte Erweiterbarkeit. Für eine Entscheidung gemäß den Zielvorgaben des Anbieters müssen die Vor- und Nachteile entsprechend gewichtet werden.

Marktposition

Die Marktposition des Anbieters spielt natürlich auch eine Rolle bei der Entscheidung für den Einsatz bestimmter Softwareanwendungen. Je kleiner der Anbieter ist, beziehungsweise sein Kundenkreis, desto eingeschränkter sind die Möglichkeiten, Dienstleistungen anzubieten, die hohe Investitionen erfordern. Eine große Bank hat ganz andere Möglichkeiten bei Investitionen in Informationstechnologien als ein selbständiger Finanzdienstleister, der alleine seine Kunden betreut und nicht für verschiedene Aufgaben Spezialisten hinzuziehen kann. Kleine Anbieter haben in der Regel größere Flexibilität, stehen aber oft unter Zeitdruck bei der Beratung. Der Weg für kleine Anbieter vom Einsatz von einfachen Prognoserechnern bis zur anspruchsvollen Finanzplanung sollte daher eher über Kooperationen mit etablierten Anbietern gehen, um den eigenen Kunden auch ein hohes Niveau an Beratungsqualität bieten zu können, ohne dafür die Risiken von größeren Investitionen in Kauf nehmen zu müssen. „Einkaufsgemeinschaften" sind nicht nur im Handel denkbar, sondern auch beim Angebot von Finanzdienstleistungen wie die Finanzplanung. Durch Zusammenschlüsse kleinerer Finanzdienstleister können diese die technische Abwicklung der Finanzplanung an einer Stelle konzentrieren und so an den zum Teil sehr kostenintensiven Fortschritten der Informationstechnologie partizipieren. Andererseits wird mit dem Einsatz von neuen Informationstechnologien die Möglichkeit für branchenfremde Anbieter geschaffen, in Bereiche vorzustoßen, die früher aufgrund von mangelnder Kompetenz oder fehlenden Zuganges zum entsprechenden Kundenkreis für diese Anbieter nicht in Frage kamen. Beispielhaft in dieser Beziehung sind die USA, wo „virtuelle" Unternehmen als Finanzdienstleister auftreten und durch intelligente Softwareanwendungen mit den etablierten Marktteilnehmern um Kunden konkurrieren.

Datensicherheit

Mit der Vergabe des Auftrages zur Durchführung einer Finanzplanung verpflichtet sich der Kunde auch, seine ganze Einkommens- und Vermögenssituation offenzulegen. Das Vertrauen und die Offenheit gegenüber dem Anbieter der Finanzplanung müssen mit entsprechender Vertraulichkeit bei der Durchführung der Analyse geschützt werden. Da alle Daten, unter anderem auch persönliche, elektronisch verarbeitet und gespeichert werden, müssen die eingesetzten Programme auch einen zuverlässigen Datenschutz bieten. Die Datenträger, auf denen Kundendaten für eventuell durchzuführende spätere Analysen gespeichert werden, müssen dann unter Umständen verschlüsselt und an einem sicheren Ort aufbewahrt werden. Der Datenschutz kann durch entsprechende Zugangsberechtigungen, Verschlüsselung von Datenträgern auf tragbaren Rechnern sowie durch Unterstützung sonstiger gängiger Methoden erfolgen.

Controlling und Management-Informationen

Die Analysesoftware für die Finanzplanung sollte auch interne Back-Office-Abläufe des Anbieters wirksam unterstützen. Eine der wichtigsten internen Aufgaben ist die Bereitstellung von Informationen zur Planung, Steuerung und Kontrolle des laufenden Geschäftsbetriebes. Das könnten zum Beispiel die Dauer der einzelnen Prozessschritte bei der Analyse, die Häufigkeit der Inanspruchnahme von unterschiedlichen Auswertungen oder die Häufigkeit des Vorkommens von bestimmten Situationen, die besondere Behandlung erfordern, sein. Diese Informationen dienen dem Management als Grundlage für Entscheidungen über die strategische Positionierung der Dienstleistung im Markt, zur Steigerung der Qualität und zur Optimierung der Geschäftsabläufe.

Flexibilität

Bei der Geschwindigkeit, mit der sich heute die Marktbedingungen ändern, ist es wichtig, dass die Reaktionszeit für Anpassungen der Software an geänderte Geschäftsprozesse und Rahmenbedingungen gering bleibt.

5.2.2 Gewichtung der Entscheidungskriterien

Ausgehend von einer optimalen Entscheidung bei der Gestaltung der Inhalte der Beratung und der Vertriebswege, über die diese angeboten werden soll, kann man auch eine grundsätzliche Prioritätenliste für die Gewichtung der Kriterien für die Auswahl von Softwarewerkzeugen, unabhängig von der Größe des Anbieters, aufstellen (vgl. Abbildung 30). Bei der Auswahl der Software können weitere betriebliche und organisatorische Belange des Anbieters von Finanzplanung berücksichtigt werden, die nicht unmittelbar mit der Software zu tun haben, wie z. B. die Sicherstellung des internen EDV-Supports oder die Schulungsmöglichkeiten für die Mitarbeiter.

5.3 EDV-Anwendungen

Eine Klassifizierung der EDV-Anwendungen für die Private Finanzplanung kann man nach unterschiedlichen Kriterien vornehmen. Üblicherweise wird nach der Art des Beratungssystems unterschieden, z. B.

- Einzelplatzsysteme,
- integrierte Beratungssysteme,
- Expertensysteme oder
- neuronale Netze.

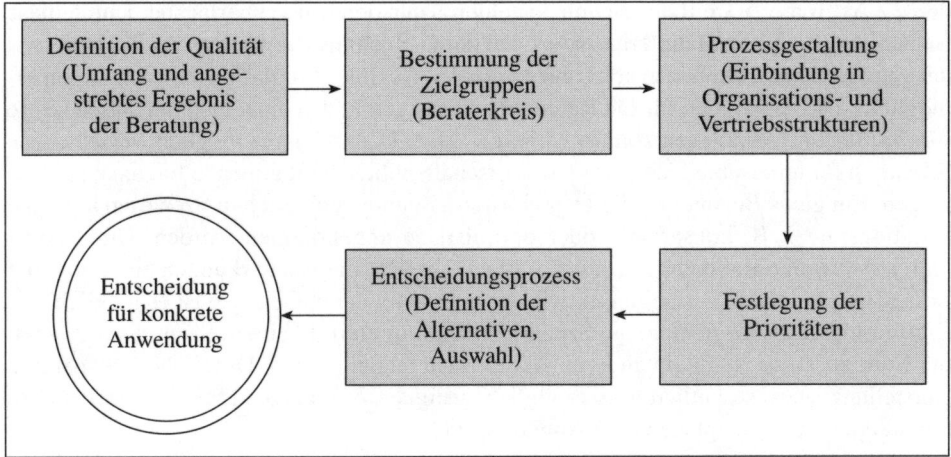

Abbildung 30: Gewichtung der Zielkriterien bei der Entscheidung für den Softwareeinsatz

Aus Sicht der Finanzplanung ist es eher unerheblich, welche Art von Beratungssystemen zum Einsatz kommt. Wichtig ist vielmehr, dass das System die organisatorischen Abläufe eines Anbieters optimal unterstützt und die geforderten Qualitätsmerkmale aufweist. Hier kann man nach reinen Back-Office-Systemen und Systemen, die auch in Kontakt mit dem Kunden kommen (Front-Office-Systeme), unterscheiden. Für die Beratung ist es wichtig, dass die Anwendung die Szenario-Technik unterstützt und direkte Vergleiche zwischen einzelnen Szenarien ermöglicht. Weiterhin wichtig ist es, in welcher Form die Erstellung der schriftlichen Dokumentation unterstützt wird. Dabei kann man nach Systemen unterscheiden, die eine integrierte Dokumentenerstellung haben und solchen, die die Erstellung der schriftlichen Dokumentation über eine Schnittstelle erlauben. Letztere Systeme sind wesentlich flexibler im Einsatz und erlauben in höherem Maße eine Individualisierung der Dokumentation, die dadurch sehr viel schneller an die jeweiligen Anforderungen des Anbieters angepasst werden kann. Diese Anpassungen kann der Finanzdienstleister in der Regel selbst durchführen.

5.3.1 Szenario-Technik

Oft wird im Rahmen der Finanzplanung eine Projektion der künftigen finanziellen Entwicklung über mehrere Jahre erstellt. Diese Projektionen beinhalten zu einem späteren Zeitpunkt geplante Maßnahmen oder stattfindende Ereignisse, z. B. die Auszahlung von Lebensversicherungen. Alternative Lebensverläufe, z. B. die Situation im Falle einer Berufsunfähigkeit, der Hinterbliebenen im Todesfall des Kunden oder ein vorgezogener Ruhestand, gehören ebenfalls dazu. Daher sind diese Situationen ein Standardbestandteil der Betrachtungen im Rahmen der Privaten Finanzplanung bei fast allen Anbietern. Da die einzelnen Alternativen nicht gleichzeitig eintreten bzw. eintreten können, ist es notwendig, eine plausible und nachvollziehbare Betrachtungsweise im Rahmen der Finanzplanung zu schaffen. Eine solche Betrachtungsweise erlaubt die Szenariotechnik. Dabei werden die Alternativen im Rahmen von einzelnen Szenarien separat betrachtet. Durch diese Betrachtungsweise wird die Transparenz bei der Darstellung der alternativen Verläufe und der erfolgten Projektionen erhöht und es werden flexible Simulationsbetrachtungen ermöglicht. Die Annahmen für die Rahmenbedingungen in den einzelnen Szenarien sowie für die Planungsgrundlagen können variiert werden. Dadurch ist es möglich, verschiedene Szenarien für unterschiedlich erwartete wirtschaftspolitische Rahmenbedingungen aufzuzeigen. Ein gutes Beispiel ist die Inflationsrate. In unterschiedlichen Szenarien kann die Inflationsrate z. B. konservativ oder optimistisch angenommen werden. Unter sonst gleichbleibenden Rahmenbedingungen ist es möglich, die Auswirkungen einer höheren Inflationsrate auf die Vermögensentwicklung zu betrachten. Genauso ist es möglich, die Einführung des Euro in einzelne Szenarien zu simulieren. In einem Szenario wird z. B. der Euro als stark, in einem anderen als schwach angenommen. Durch die transparente Darstellung ist es wesentlich besser möglich, geeignete Maßnahmen für die einzelnen Lebensalternativen einzuplanen (vgl. Abbildung 31).

Ein anderer wesentlicher Vorteil ist die Vergleichbarkeit der unterschiedlichen Szenarien. Die unterschiedlichen Entwicklungen können parallel sowie die Differenzen in den einzelnen Szenarien deutlich dargestellt werden. Die Auswirkungen auf die Vermögensentwicklung und auf die individuelle Situation durch die unterschiedlichen wirtschaftlichen Rahmenbedingungen können dem Kunden transparent aufgezeigt werden. Ein wesentlicher Teil der Betrachtungen in der Finanzplanung betrifft den Übergang vom aktiven Berufsleben in den Ruhestand. Eine wichtige Fragestellung, besonders bei Selbständigen, ist die Untersuchung, zu welchem Zeitpunkt der Ruhestand überhaupt möglich ist. Wenn ein 45-jähriger Kunde seinen Ruhestand mit 58 antreten möchte, führt dies unter Umständen zu ganz anderen Annahmen und Maßnahmen, als wenn er mit 65 in den Ruhestand gehen würde. Die Szenariotechnik ermöglicht die parallele Untersuchung der gegebenen Möglichkeiten zur Erreichung dieses Ziels.

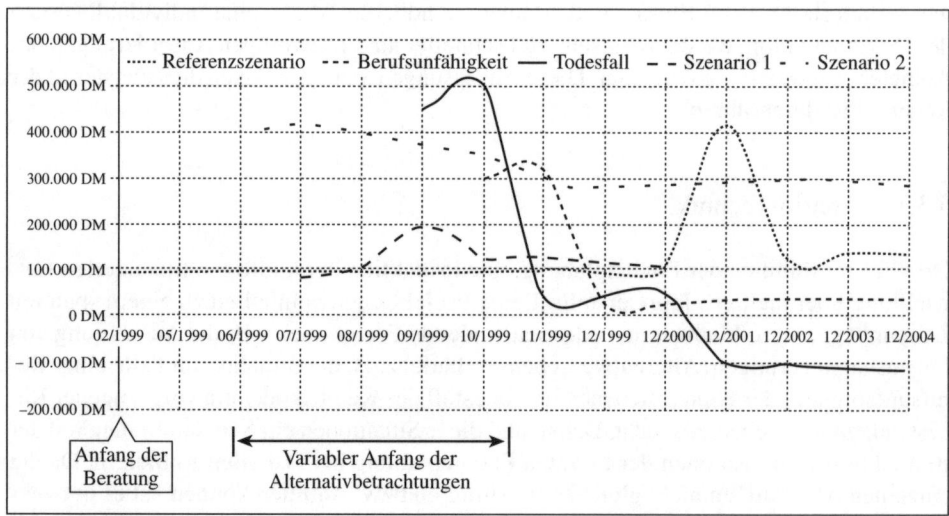

Abbildung 31: Szenariotechnik

Die Möglichkeit von Szenariodarstellungen ist daher ein wesentliches Unterscheidungsmerkmal bei der Software für die Private Finanzplanung. Sicherlich ermöglicht auch die Software, die keine Szenariobetrachtung erlaubt, eine umfassende Finanzplanung. Der Aufwand für die Erstellung der Analyse erhöht sich aber unter Umständen beträchtlich und für den Kunden ist es nicht immer nachvollziehbar, auf welchem Wege die Empfehlungen und Maßnahmen zustande gekommen sind. Insbesondere wenn die Software in der Akquisitionsphase der Finanzplanung bzw. direkt im Strategiegespräch mit dem Kunden eingesetzt wird, ermöglicht die Szenariodarstellung eine wesentlich bessere und transparentere Darstellung der Beratungsergebnisse vor dem Kunden. Die unmittelbar gegebene Vergleichsmöglichkeit zwischen den einzelnen Szenarien gibt dem Finanzplaner die Möglichkeit, überzeugend die für den Kunden beste Lösung vorzustellen. Da davon auch im Wesentlichen die Bereitschaft des Kunden abhängt, die Empfehlungen und Maßnahmen umzusetzen, kann man davon ausgehen, dass eine Software, die die Szenariodarstellungen erlaubt, für den Anbieter auch im Hinblick auf das Zustandekommen von Nachfolgegeschäften durch die Finanzplanung besser ist. Selbstverständlich müssen die Ergebnisse der einzelnen Szenariobetrachtungen auch in der schriftlichen Dokumentation adäquat dargestellt werden.

Durch die Szenario-Technik ist es möglich, die Ziele des Kunden nach Realisierbarkeit effizient zu überprüfen. Wenn ein Ziel des Kunden zu dem angestrebten Zeitpunkt nicht realisierbar ist, kann in der Finanzplanung eine Überprüfung des frühestmöglichen Zeitpunktes für die Realisierung dieses Zieles vorgenommen werden. Wenn z. B. das Ziel eines Ruhestandes mit 58 nicht möglich ist, kann man untersuchen, wann ein möglicher Zeitpunkt erreicht ist. Auch Vermögensübertragungen können im Rahmen von einzelnen Szenarien simuliert werden. Dadurch können Timing-Probleme in diesem Bereich optimal gelöst werden. Ebenfalls denkbar ist die Variation von steuerlichen Rahmenbedingungen in einzelnen Szenarien. So können Auswirkungen von verschiedenen Investitionen bei unterschiedlichen steuerlichen Rahmenbindungen untersucht werden (z. B. Steuerreform).

5.3.2 Erstellung der schriftlichen Dokumentation

Ein weiteres wichtiges Unterscheidungsmerkmal der Software für Finanzplanung ist die Art und Weise der Erstellung der schriftlichen Dokumentation. Diese kann als *Finanzplan, Gutachten* oder *Expertise* bezeichnet werden. Grundsätzlich existieren drei Möglichkeiten für die Erstellung der schriftlichen Dokumentation:

- Komplett manuell, ohne Unterstützung der Beratungssoftware,
- Erstellung von Tabellen und Grafiken durch die Beratungssoftware und manuelle Erstellung der individuellen Teile durch den Finanzplaner,
- Erstellung eines umfangreichen Dokumentes mit Tabellen, Grafiken und Text mit individuellen Ergänzungen durch den Finanzplaner.

Eine manuelle Nachbearbeitung der erstellten Dokumente ist in der Regel immer erforderlich, denn der Finanzplan muss dem Kunden auch später als Grundlage für Anlageentscheidungen dienen und daher unbedingt die qualitative Beurteilung der vorhandenen Probleme im Vermögen enthalten. Dadurch werden die empfohlenen Maßnahmen besser nachvollziehbar. Der individuell erstellte Teil des schriftlichen Gutachtens sollte daher auch die wesentlichen Aussagen aus dem Strategiegespräch mit dem Kunden beinhalten. In der Software kann die Erstellung der schriftlichen Dokumentation auf zwei Wegen vorgenommen werden:

- direkte Erstellung aus dem Beratungssystem und
- Datenbank mit den für die Erstellung des schriftlichen Gutachtens notwendigen Angaben.

Die Generierung von Texten und Tabellen direkt aus der Beratungssoftware ist in der Regel die einfachere Lösung (vgl. Abbildung 32). Nach Abschluss der Analysephase kann man praktisch „auf Knopfdruck" die erforderlichen Dokumente erstellen. Die für die Erstellung der Dokumentation erforderlichen Routinen sind in die Software integriert und der Finanzplaner kann ohne den Hersteller der Software keine Veränderungen vornehmen. Der Umfang und die Komplexität der Darstellung sind auf diesem Wege einfach zu steuern, da für alle Kunden einheitliche Inhalte festgelegt werden können. Die Flexibilität ist aber gering und bei Vorliegen von umfangreichen oder komplexen Fällen, die nicht standardmäßig abgedeckt werden können, sind umfangreiche manuelle Nachbearbeitungen erforderlich.

Die andere Möglichkeit zur Erstellung der schriftlichen Dokumentation besteht darin, dass die Software entsprechende Daten zur Verfügung stellt, deren Auswertung die Basis des schriftlichen Gutachtens bilden. Vorteil dieser Lösung ist, dass eine einheitliche Datenbasis sehr flexibel ausgewertet werden kann. Für verschiedene Kundengruppen können z. B. unterschiedliche Grundinhalte definiert werden. Die Erstellung der schriftlichen Dokumentation (vgl. Abbildung 33) ist hier unabhängig von der Beratungssoftware und kann auch räumlich getrennt vorgenommen werden. Die Arbeitsteilung im Rahmen der Bera-

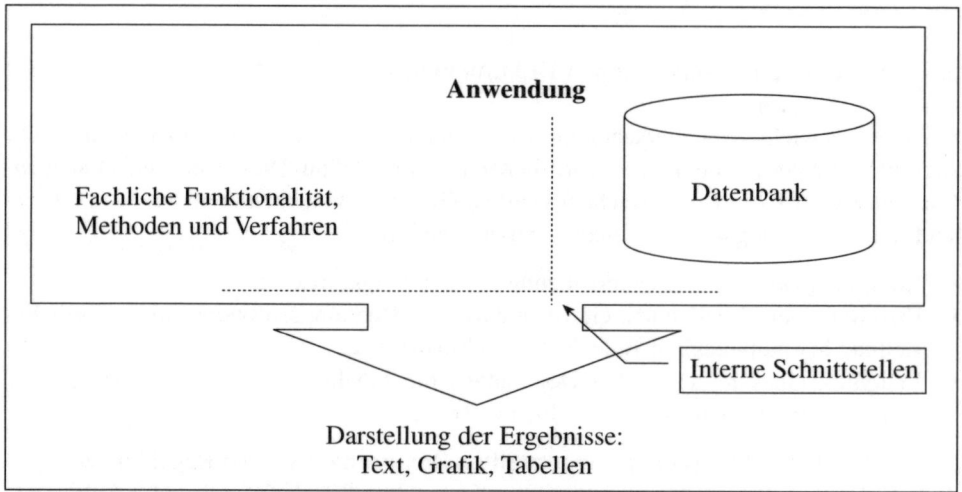

Abbildung 32: Dokumentenerstellung: integrierte Lösung

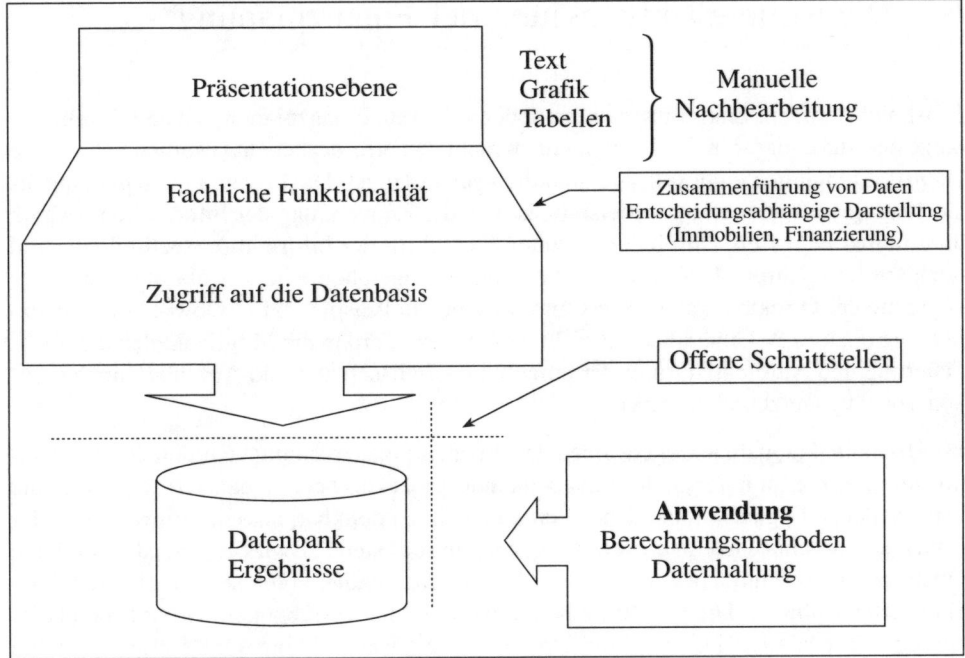

Abbildung 33: Dokumentenerstellung: separate Anwendung

tungsabläufe in der Finanzplanung kann effizient organisiert werden. Das schriftliche Gutachten kann für die unterschiedlichen Bedürfnisse der Kunden sehr gut angepasst werden. Dadurch erhöht sich die Flexibilität bei der Reaktion auf die Marktanforderungen. Nachteilig bei dieser Art der Gutachtenerstellung ist die Notwendigkeit weiterer Programme zur Auswertung der vorhandenen Daten, die nur der Erstellung der schriftlichen Dokumentation dienen. Der Aufwand für die Entwicklung dieser Anwendungen entsteht zusätzlich zu dem Aufwand für die Entwicklung der Softwaresysteme für die Analyse in der Privaten Finanzplanung.

6. Die weitere Entwicklung der Finanzplanung

Es ist nicht einfach, Zukunftsszenarien über die Private Finanzplanung zu entwickeln, solange der Markt dafür in Deutschland noch nicht den erforderlichen Anspruch hat und die Dienstleistung noch nicht selbstverständlich geworden ist. Die Private Finanzplanung als „technologieorientierte" Dienstleistung ist von der Entwicklung der Informationstechnik unmittelbar betroffen. Durch den rasanten Fortschritt der Informationstechnologie sind noch vor fünf Jahren als Vision geltende Vorstellungen heute bereits überholt. Die Entwicklung der Direktbanken und des Internet sind ein Beispiel dafür. Obwohl die Finanzplanung ohne EDV-Unterstützung nicht denkbar ist, werden die Möglichkeiten der Technisierung und Automatisierung der einzelnen Arbeitsschritte und Aufgaben noch nicht konsequent genutzt und umgesetzt.

Im Abschnitt 4 „Qualitätsdimensionen der Privaten Finanzplanung" wurden die Präsentationsformen, die im Rahmen des Finanzplanungsprozesses bereits realisiert sind sowie die verschiedenen Organisationsformen betrachtet. Es ist denkbar, dass die Entwicklung der Informationstechnologie in diesen Bereichen die stärksten Auswirkungen haben und alle Organisationsstrukturen beeinflussen wird, vom selbständigen Finanzberater bis zum spezialisierten Anbieter. Die verstärkte Nutzung der in den Großbanken vorhandenen kostspieligen Informationsinfrastruktur wird die weitere Entwicklung der Beratungssysteme vorantreiben. Bei der Nutzung dieser Infrastruktur insgesamt und in der Privaten Finanzplanung im Einzelnen bestehen noch gewaltige Optimierungspotenziale, die wesentliche Effizienzsteigerungen ermöglichen werden.

Die künftige technologische Entwicklung wird es ermöglichen, einzelne Teile des Beratungsprozesses online abzuwickeln. Die Voraussetzungen für solche Angebote werden sich künftig verbessern: in immer mehr deutschen Haushalten steht die entsprechende Technik – PC mit Online-Verbindung – und auch die Hauptzielgruppe der vermögenden Privatkunden wird künftig die Möglichkeiten dieser Technik verstärkt nutzen (müssen). Auch die teilweise noch ungeklärten Modalitäten der Geschäftsabwicklung online werden sich künftig klären, z. B. mit der Einführung einer im Geschäftsverkenr verbindlichen elektronischen Unterschrift. Auch entsprechende Verschlüsselungssysteme, die einen sicheren Datenaustausch über Online-Netze erlauben, werden künftig die Geschäftsabwicklung fördern und erleichtern.

Nicht alle Phasen der Privaten Finanzplanung eignen sich gleich gut für eine Online-Abwicklung. Hauptsächlich sind dies die Vorgänge, in denen ein unmittelbarer Kontakt mit dem Kunden stattfindet, also in der Informations- und in der Strategiephase. In der Analysephase ist man in der Privaten Finanzplanung immer noch auf das Know-how des Anbieters und auf die fachlichen Fähigkeiten des Finanzplaners angewiesen. Solange der Finanzplaner nicht von einem intelligenten Computer ersetzt werden kann, werden immer qualifizierte Spezialisten diese Phase der Finanzplanung durchführen. In der Informationsphase der Privaten Finanzplanung können neue Techniken insbesondere bei der Bestimmung der Zielsetzung des Kunden sowie bei der Datenaufnahme eingesetzt werden. Eine Art elektronischer „Zielfinder" kann dem Kunden wesentlich besser bei der Formulierung seiner Ziele im finanziellen Bereich sowie deren Priorisierung und die Festlegung der zeitlichen Horizonte helfen, als dies mit Checklisten in konventioneller Form möglich ist. Hier kann der wesentliche Vorteil der Computer genutzt werden, da diese nicht von einer „Tagesform" abhängig sind. Bei entsprechender Qualität der Programme ist mit einer gewissen konstanten Qualität der Ergebnisse zu rechnen. So kann der Kunde bereits im Vorfeld der Finanzplanung seine Ziele im finanziellen Bereich genau definieren, was die Beratung später auch für den Finanzdienstleister wesentlich vereinfachen kann.

Auch bei der Datenerfassung können die Möglichkeiten der Online- und Computertechnik genutzt werden. Die Optimierung der Datenerfassung ist besonders wichtig, da hier der zeitliche Aufwand sowohl für den Finanzdienstleister wie auch für den Kunden erheblich ist. Es liegt auf der Hand, dass hier Anstrengungen unternommen werden können, die den Aufwand erheblich reduzieren. Man muss davon ausgehen, dass der Kunde selbständiger die Datenaufnahme durchführen muss, als dies bei der Privaten Finanzplanung in der üblichen Form bislang der Fall ist. In der Regel hilft der Finanzplaner dem Kunden bei der Ausfüllung des Datenaufnahmebogens sowie bei der Beschaffung der notwendigen Unterlagen für die Datenerfassung. Eine solche unmittelbare Hilfestellung kann online wesentlich schwieriger angeboten werden. Fehleingaben durch den Kunden können zu ernsthaften Problemen mit der Qualität der Finanzplanung führen. Um diese Gefahr zu minimieren, könnte man z. B. die Datenerfassung mit einer Art elektronischem Formular vornehmen, das eine gewisse „Intelligenz" besitzt und die Eingaben zumindest grob auf Plausibilität überprüft. Bei solchen Formularen kann gewährleistet werden, dass alle notwendigen Daten, die voneinander abhängig sind, auch tatsächlich erfasst werden. Bei dieser Art der Datenerfassung kann sich der Kunde auch länger damit Zeit lassen und die Datenaufnahme in aller Ruhe durchführen. Nach deren Abschluss kann er die erfassten Daten dem Anbieter zur Verfügung stellen.

Künftig ist die Schaffung von standardisierten Schnittstellen zur Erfassung von Kundendaten nicht nur bei einem Finanzdienstleister (z. B. Bank oder Versicherung), sondern bei allen Anbietern von Daten, die bei der Finanzplanung gebraucht werden, notwendig. Dazu zählen z. B. Steuerberater, Finanzamt, verschiedene Banken, Vermögensverwaltungsgesellschaften. Erste Versuche, solche Schnittstellen zu definieren, wurden in den USA mit dem OFX (Open Financial Exchange) unternommen. Dieser Standard wurde von den Firmen Microsoft und Intuit initiiert und definiert. In Deutschland wurde das HBCI (Home Banking Computer Interface) entwickelt. Dieser Standard wurde hauptsächlich für die Abwicklung von Bankgeschäften über das Internet entwickelt, eignet sich aber auch für weitere Anwendungen. Der Standard berücksichtigt mittlerweile umfangreiche Geschäftsvorfälle und hat eine moderne Architektur, die die sichere Datenübertragung und Datenabfragung erlaubt. Dazu zählen z. B. die elektronische Signatur und die FSA-Verschlüsselung. HBCI soll als institutsübergreifender Schnittstellenstandard eingeführt und Entwicklungen vom Zentralen Kreditausschuss (ZKA) koordiniert werden. Die privaten Bankinstitute, aber auch die Sparkassen und die Volksbanken beabsichtigen die baldige Einführung des HBCI-Standards. Damit wäre der erste Schritt zum einheitlichen Standard zum Austausch von Finanzinformationen getan. Dann wäre es relativ einfach, über die Standardschnittstelle Informationen bei verschiedenen Banken abzufragen und diese in die Finanzplanung zu integrieren. Sinnvoll wäre natürlich, wenn sämtliche Institutionen, die Finanztransaktionen ausführen, diesen Standard unterstützen. Dann ließe sich die ganze Datenaufnahme für die Private Finanzplanung elektronisch erledigen und einfach aktualisieren (vgl. Abbildung 34). Besonders interessant wäre der Standard auch für staatliche Institutionen, wie z. B. das Finanzamt, wo dann entsprechende Daten abgefragt werden können. Ein Standard wäre auch Voraussetzung zur elektronischen Abgabe von Steuererklärungen. Dies ist bereits Realität, denn für den Veranlagungszeitraum 1998 können bei einigen Finanzämtern Steuererklärungen elektronisch eingereicht werden. Diese Vorgehensweise setzt voraus, dass umfangreiche Sicherheitsmaßnahmen getroffen werden. Die Datenaufnahme auf elektronischem Wege ist nicht unproblematisch, denn ein Kunde müsste einem Außenstehenden den Zugang zu sämtlichen Banken oder Gesellschaften, die seine Vermögenswerte verwalten (darunter auch Versicherungen und Investmentfondsgesellschaften) gestatten. Zur Steigerung der Sicherheit wäre die Berücksichtigung von elektronischen Vollmachten denkbar, die vom Kunden z. B. über seine digitale Signatur erteilt werden. Durch die Einfachheit der Datenaufnahme wäre es möglich, diese vom Kunden durchführen zu lassen und die gesammelten Daten ohne Kenntnis der Zugangswege zu diesen für die Private Finanzplanung zu nutzen. Dadurch sinkt auch die Gefahr der Erfassung von nicht korrekten Daten. Ob mit oder ohne direkte Kundenbeteiligung, eine wesentliche Verkürzung der Dauer der Datenaufnahme würde eine Steigerung der Effizienz des Beratungsprozesses in der Privaten Finanzplanung bedeuten. Es muss dabei stets sichergestellt werden, dass die Qualität der Beratung darunter nicht leidet. Da die langen Bearbeitungszeiten ein wesentlicher Faktor für die Honorarhöhe in der Finanzplanung sind, könnten dadurch auch die Preise für die umfassende Finanzplanung sinken und diese für weitere Kundenschichten attraktiv machen.

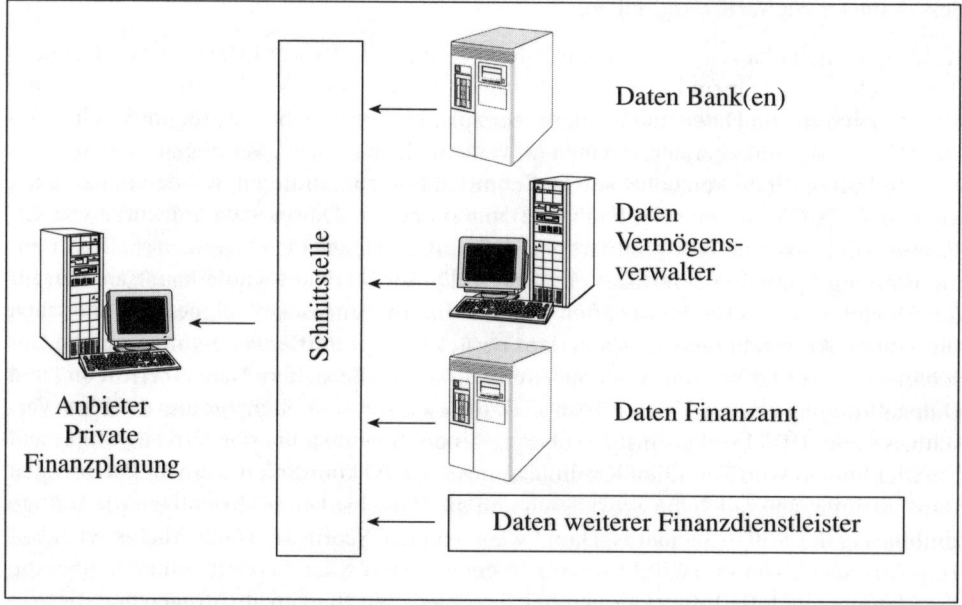

Abbildung 34: Automatisierte Datenerhebung

Da zur Zeit noch keine Home-Banking-Anwendungen existieren, die den HBCI-Standard in der vollen Funktionalität unterstützen, denkt kaum einer der Anbieter der Finanzplanung über die Möglichkeiten dieses Standards nach. Angesichts der langen Entwicklungszeiten im Bereich Finanzplanung sollte man die Planungen für die Nutzung dieser Schnittstelle rechtzeitig vorantreiben. Mit der Erweiterung der abgebildeten Geschäftsvorfälle und der Beteiligung von weiteren Finanzinstitutionen an der Unterstützung des Standards kann man dann sukzessive die Funktionalität des HBCI, die in der Anwendung für die Finanzplanung integriert ist, erweitern. Ein einheitlicher Kommunikationsstandard würde den Finanzdienstleistern die interne Vernetzung und die Nutzung von vorhandenen Datenbeständen erheblich erleichtern. Dies wäre eine wichtige Voraussetzung für viele kleine Anbieter, an einem Zusammenschluss teilzunehmen, der die Infrastruktur für die Private Finanzplanung bereitstellt.

Es sind weitere Dienstleistungen in der Analysephase denkbar, die die Technologiemöglichkeiten ausnutzen Man könnte sich sogar einen „Beratungsautomaten" vorstellen, dem die Daten aus der Datenaufnahme in geeigneter elektronischer Form zugeführt werden und der bestimmte Standardauswertungen und Empfehlungen aufgrund dieser Angaben vornimmt. Interessant wäre dies für den Kunden, wenn viele Finanzdienstleister diese Möglichkeit anbieten und der Kunde dementsprechend mit identischer Datenbasis sich Angebote von verschiedenen Finanzdienstleistern holen und in Ruhe vergleichen kann. Dies würde auch für die Anbieter von Vorteil sein, denn alle hätten die Möglichkeit, auf gleicher Basis ihre Beratungskompetenz zu beweisen; gleichzeitig wird sich jedoch der Wettbewerb verschärfen. Ein solcher Beratungsautomat muss nicht zwangsläufig eine „Maschine" sein, es kann auch ein entsprechendes interaktives Online-Angebot sein. Dies setzt die Schaffung von entsprechenden Schnittstellen voraus. Solche Schnittstellen für andere Bereiche existieren bereits (z. B. im elektronischen Handel), auf dieser Erfahrungsbasis kann aufgebaut werden. Es müssen auch am Markt überzeugte Finanzdienstleister mit entsprechendem Marktgewicht auftreten, um solche Standards etablieren zu können.

Auch in der Strategiephase der Finanzplanung ergeben sich vielfältige Möglichkeiten durch die neuen Informationstechnologien. Ein weiteres Ziel in der Finanzplanung kann die Reduzierung des Papiereinsatzes sein. Das Papier kann künftig nur in Ausnahmefällen das Hauptmedium für das Gutachten sein. Es kann für den Kunden am Ende der Beratung einen kurzen Statusbericht geben, in dem wichtige Kennzahlen und die vorgeschlagenen Maßnahmen dargestellt werden. Die Präsentation, die Erläuterung der Maßnahmen und die Vorschläge zur Realisierung können künftig ausschließlich mit dem Computer erfolgen. Bei der Ergebnispräsentation, bei der Erstellung der schriftlichen Dokumentation und bei der Umsetzung der Empfehlungen kann man bereits heute auf entsprechende Mittel online zugreifen. Von einer schriftlichen Dokumentation in diesem Zusammenhang zu sprechen ist nicht korrekt, denn das Online-Medium bietet ganz neue Darstellungs- und Kommunikationsformen, die sich künftig weiterentwickeln werden. Die Präsentation der Ergebnisse kann in Zukunft online in einer Videokonferenz in multimedialer Form mit Erklärungen des Beraters zu den einzelnen Problembereichen des Kunden stattfinden. Dies hat für den Kunden den Vorteil, dass er die Beratung zu Hause in Anspruch nehmen kann. Für den Anbieter kann es erhebliche Kostenvorteile bringen. Der einzige Unterschied zum konventionellen Beratungsgespräch sind die fehlende Atmosphäre und der persönliche

Kontakt zwischen Berater und Kunde. Vom Ergebnis her kann diese Art der Beratung jedoch genauso ergiebig sein wie das konventionelle Gespräch. Angesichts der Knappheit der Ressource Zeit ist es nur konsequent, über neue Arten der Präsentation in der Finanzplanung nachzudenken. Die Möglichkeiten des Datenaustausches per E-mail müssen künftig auch in der Privaten Finanzplanung stärker genutzt werden, beim Anbieter wie beim Kunden. Der elektronische Versand der Expertise ist da nur eine der denkbaren Möglichkeiten. Die Vor- und Nachteile des Einsatzes der neuen Informationsmedien in der Privaten Finanzplanung sind in der Übersicht 19 zusammengefasst.

Übersicht 19: Vor- und Nachteile der neuen Informationsmedien

Vorteile	Nachteile
Abstimmung mit dem Kunden oder extern Beteiligten bereits in der Analysephase der Beratung möglich	Notwendige Infrastruktur (technische Voraussetzungen, Beratungswerkzeuge) noch in begrenztem Umfang verfügbar
Kostengünstig für Anbieter und Kunde	Offene Sicherheits- und Haftungsproblematik
Künftig voraussichtlich das Hauptinformationsmedium in der Finanzplanung	Erfordert Umdenken bei Anbietern und Kunden
	Zur Zeit noch nicht operativ einsetzbar

Wesentliche Potenziale zur Effizienzsteigerung in der Privaten Finanzplanung existieren bei der Nutzung der Infrastruktur der einzelnen Anbieter. Hier spielen die neuen Informationstechnologien, die zum Einsatz bei dem Finanzdienstleister kommen, z. B. Intranet und Wissensdatenbanken, eine wesentliche Rolle. Die Nutzung der im Unternehmen vorhandenen Daten und die Wissenskenntnis der Mitarbeiter gewinnen heute im modernen Unternehmen verstärkt an Bedeutung. Diese müssten auch in der Finanzplanung künftig durch intelligente Beratungssysteme erschlossen werden. Es muss sichergestellt werden, dass alle einem Anbieter von Finanzplanungen über den Kunden bekannte Daten und Angaben, z. B. bereits getätigte Produktkäufe oder persönliche Daten, in einem Finanzplanungssystem integriert sind. Auch dadurch kann man dem Kunden und dem Anbieter einen Teil des Aufwandes für die Datenerhebung ersparen. Die Verbreitung der Internet-Technologie kann wesentlich dazu beitragen, die interne Kommunikation im Unternehmen zu verbessern. Dadurch können insbesondere die Vertriebsmitarbeiter umfassend über Marktentwicklungen oder Kundenanforderungen informiert und das Unternehmen in die Lage versetzt werden, schneller auf die Anforderungen des Marktes zu reagieren. Der Wissensvorsprung eines Unternehmens, der gerade durch den Wissensvorsprung seiner Mitarbeiter gegeben ist, und die Aktivierung und Nutzung dieses Wissens im Interesse des Unternehmens werden künftig ein wesentlicher Wettbewerbsfaktor auch in der Finanzdienstleistungsindustrie sein. Der heute insgesamt wesentlich leichtere Wissenszugang ermöglicht es auch kleineren Anbietern, sich entsprechendes Know-how und Informationen anzueignen. Der Aufbau von Infrastruktur zum Nutzen des Wissens hat sich durch das Internet wesentlich beschleunigt und ist einfacher zu gestalten. Die Möglichkeiten zur Wissens- und zur Informationsbeschaffung stehen natürlich auch dem Kunden offen. Dies erfordert von Anbietern von Dienstleistungen und insbesondere von Finanzdienstleistern eine völlige Transparenz der Kosten für die angebotenen Dienstleistungen, denn für den Kunden ist es einfacher geworden, entsprechende Vergleiche anzustellen.

Der Einsatz von neuen Technologien im Dienstleistungsbereich muss nicht zwangsläufig zu Gebührensenkungen oder zu verbesserten Konditionen für den Kunden führen. Der Einsatz mancher Innovation bzw. von qualifizierten Spezialisten erfordert so hohe Investitionen, dass sich für den Kunden keine oder nur geringe Kostenvorteile, dafür aber qualitative Vorteile ergeben. Zu dieser Art von Dienstleistungen kann man auch die Private Finanzplanung zählen. Diese wird hauptsächlich durch das Know-how von Spezialisten erbracht und die Kostensenkungspotenziale durch Informationstechnologien sind nicht unendlich. Der menschliche Faktor in der Beratung wird auch künftig Kosten verursachen. Es ist daher zu erwarten, dass sich die Finanzplanung durch den Einsatz moderner Technologie in zwei Richtungen entwickelt: Die eine Richtung ist der breite Einsatz in einer breitgestreuten Zielgruppe und mit massivem Einsatz von Informationstechnik ohne menschliches Know-how. Das wird auch eine standardisierte Art von Finanzplanung sein. Die andere Richtung könnte der Einsatz von sehr hochentwickelten Beratungssystemen sein, die nur durch sehr gut ausgebildete Spezialisten bedient werden können und entsprechendes fachliches Know-how erfordern. Hier hätte eine kleinere Kundengruppe die Möglichkeit, eine sehr qualitative Dienstleistung für alle Arten von finanziellen Belangen und Bedürfnissen in Anspruch zu nehmen. Erste Ansätze in dieser Richtung sind in Deutschland bereits zu beobachten. Die Kundensegmentierung von vielen Bankinstituten erfolgt heute in eine Richtung, die die Kunden unterteilt in solche, die standardisierte Dienstleistungen und Produkte in Anspruch nehmen und solche, die Beratung in Anspruch nehmen. Ein wesentlicher Unterscheidungspunkt ist also bei der Kundensegmentierung die Inanspruchnahme von Beratungsdienstleistungen. Gerade hier bietet die Private Finanzplanung die Möglichkeit, sich am Markt sehr gut zu positionieren und zu profilieren. Insgesamt ist zu erwarten, dass die Entwicklung der Informationstechnologie sowohl für die Anbieter wie auch für die Kunden der Finanzplanung künftig Fortschritte mit sich bringt, die eine höhere Qualität der Beratung ermöglichen werden. Die technologische Entwicklung wird es auch branchenfremden Anbietern ermöglichen, Leistungen im Bereich der Finanzdienstleistungen anzubieten. Erste Entwicklungen in diese Richtung sind in den USA zu beobachten, wo Firmen wie Microsoft verstärkt in klassische Bereiche der Finanzdienstleister vordringen. Der Wissensvorsprung einiger Finanzdienstleister, die dadurch ihre Marktstellung verteidigen, wird künftig wesentlich schwieriger zu halten sein. Umso wichtiger ist es für die Finanzdienstleister, rechtzeitig auf die Entwicklungen der neuen Informationstechnologien zu reagieren und diese auch für sich zu nutzen.

Als Folge der Nachfrage nach Finanzplanung werden Finanzdienstleister künftig verstärkt auf dem Markt auftreten. Banken wie unabhängige Finanzplaner und andere Finanzdienstleister werden Private Finanzplanung anbieten, um effizient auf dem Markt konkurrieren zu können. Diese Situation wird auch einige Veränderungen herbeiführen:

- *Bessere Beratung* mit besseren Softwarewerkzeugen: Anbieter von Software für Finanzdienstleistungen werden auch im Bereich der Finanzplanung in großer Anzahl tätig werden und eine effizientere Finanzanalyse ermöglichen.

- *Verstärkung der Spezialisierung* im Rahmen der Finanzplanung: Da die Abdeckung von allen Problemfeldern im Rahmen der Finanzplanung nur mit größerem Aufwand möglich ist, werden insbesondere kleinere Anbieter sich auf einzelne Fachgebiete spezialisieren müssen. Dies können z. B. Immobilien, Versicherungen oder Nachfolgeregelungen sein.

- *Verringerung der Kosten* für die Private Finanzplanung: Mit der Erhöhung der Anbieteranzahl und der Ausweitung der angebotenen Dienstleistungen werden die Preise für die Private Finanzplanung mit hoher Wahrscheinlichkeit insgesamt sinken.

Es ist nicht einfach, eine komplexe Dienstleistung wie die Private Finanzplanung mit allen wesentlichen Aspekten aus Sicht der Kunden und der Anbieter darzustellen. Die künftige Marktentwicklung im Bereich der bedarfsorientierten Kundenberatung kann für manche Überraschung sorgen. Die erzielbare Steigerung der Beratungsqualität muss künftig einfacher realisiert und vermittelt und breiter eingesetzt werden können. Kein Finanzdienstleister hat die „wahre" Erfolgsformel gefunden und so wird jeder weiterhin für sich die Wahrheit, die ihm Erfolg bringt, suchen. Auf diesem Weg gibt es viele interessante, komplizierte und umfangreiche Aufgaben zu lösen.

Literaturhinweise

ASSMANN, HEINZ-DIETER/SCHÜTZE, ROLF, A. (Hrsg.): Handbuch des Kapitalanlagerechts, München 1997.
BAE, SUNG C./SANDAGER, JAMES P.: „What Consumers Look For In Financial Planners". Financial Counseling and Planning, Volume 8(2), 1997.
BERNDT, RALPH: Marketing-Politik. Berlin (u. a.): 1995.
BÖLTER, HENDRICK/DIEMER, PATRICK W.: „Der neue Mittelstand – ein Schwergewicht im Bankgeschäft". Die Bank 6/92.
BRAUNBERGER, GERALD: „Neben dem Finanzberater gibt es Bedarf für einen Finanzplaner". Frankfurter Allgemeine Zeitung (2.11.1992).
BRENNEISER, KERSTEN/SCHALLEHN, JÖRG/DUPKE, UWE: „Maßanzüge fürs Privatvermögen". Anlagepraxis 9/1997.
BRINKMANN, MICHAEL: „Financial Planning – Ein neuer Beratungsansatz im Personal Banking". (Masch.-schr.) Diplomarbeit Berlin, 1999.
BRÜSEHABER, STEPHAN: „Eine Beschreibung und Analyse der Anbieter, der Methoden und der Qualität der Finanzdienstleistung – Private Finanzplanung – auf dem deutschen Markt". (Masch.-schr.) Diplomarbeit Bad Waldsee, 1996.
BRUHN, MANFRED: Qualitätsmanagement für Dienstleistungen: Grundlagen, Konzepte, Methoden. Berlin (u. a.): 1997.
BÜHLER, WILHELM: „Zufriedene Kunden durch Quality Banking". Die Bank 2/95.
BURGMAIER, STEFANIE/WERNER, PATRICIA: „Totale Einsicht". Wirtschaftswoche (21.5.1993).
CRAMER, JÖRG-E./RUDOLPH, BERND (Hrsg.): Handbuch für Anlageberatung und Vermögensverwaltung, Frankfurt 1995.
DRENGEMANN, ERHARD: „Beratung mangelhaft". DM Nr. 3/1998.
EULER, MANFRED: „Vermögen und Schulden privater Haushalte 1993". Sparkasse 4/95.
EVENSKY, HAROLD/YAQUB, RESHMA MEMON: „They Work Hard for the Money (The Best Financial Advisers 1997)". Worth Oktober 1997.
EXNER, THOMAS: „Vermögen brauchen ständige Betreuung". Die Welt 13.8.1998.
Garner, Robert J., (u. a.). Ernst & Young's Personal Financial Planning Guide. Second Edition. New York 1998.
GBUREK, MANFRED: „Richtig planen: 100 000 Mark mehr". Das Wertpapier 5/94.
HALLMAN, G. VICTOR/ROSENBLOOM, JERRY S.: Personal Financial Planning. Fifth Edition. New York 1993.
HÜPPAUF-JAKOBER, MATTHIAS: „Erfahrungen mit der Implementierung von Financial Planning als eigenständige Dienstleistung". Vortrag anlässlich der Vergabe des DGF-Förderpreises für Forschungsarbeiten im Bereich Finanzplanung am 11.02.1998 in Frankfurt/Main.
JURETZEK, RAINER: „Finanzplanung im Unternehmen Privathaushalt". rer. pol. 1/94.
KAHLEN, RUDOLF/LICHER, THOMAS/STOLL, THOMAS/VOSS, MARKUS: „Jeder kann es schaffen". Capital 10/98.
KAPFERER, HELMUT: „Finanzplanung – wird gerade eine große Chance vertan?". DFI-gerlach-report, Nr. 42/98, 16.10.1998.

KAVEN, JÜRGEN-PETER: „Alles für alle?". Bank Magazin 6/1997.

KENNICKELL, ARTHUR B./STARR-MCCLUER, MARTHA/ SUNDÉN, E. ANNIKA: „Saving and Financial Planning: Some Findings from a Focus Group". Financial Counseling and Planning (The Journal of the Association for Financial Counseling and Planning Education) Volume 8 (1), 1997.

KLEIN, OLAV: „Vermögensstrukturberatung – eine Dienstleistung der BHF-Bank". Referat in Stuttgart am 15.3.1995.

KLOEPFER, JACOB: „Private Finanzplanung – Marketing tut not". Frankfurter Allgemeine Zeitung 257 (4.11.1996).

– „Marketing für die Private Finanzplanung". (Masch.-schr.) Dissertationsschrift Frankfurt, 1998.

KÖHLER, WOLFGANG: „Finanzberater: Computer-Expertisen täuschen Objektivität oft nur vor. Die neue Masche der Vertreter". Die Zeit Nr. 47 (19.11.1993).

KOHLHAUSSEN, MARTIN/HÖTZEL, BRUNO u.a.: „Privates Wertemanagement". Anzeigensonderveröffentlichung der Commerzbank AG. Frankfurter Allgemeine Zeitung (13.10.1997).

KRUSCHEV, WESSELIN: „Nicht nur auf die Wertpapiere schauen". Handelsblatt 202 (21.10.1997).

– „Vorgehensweise und Entscheidungskriterien für die Auswahl von Softwarewerkzeugen in der Finanzplanung". DV-Management 2/97.

– „Bedarfsorientierte Beratung als Instrument zur Kundenakquisition". Die Bank 6/98.

LACHER, ROMEO: Realisierung von Service-Qualität in Finanzdienstleistungsunternehmen. Winterthur 1995.

LANGE, THOMAS A.: „Das Online-Massengeschäft braucht individuelle Züge". Bank Magazin 6/1997.

LUTZ, DIETER/RICHTER JÖRG: „Das Geschäftsfeld ‚Strategische Vermögensberatung' in der Steuerberatung". Deutsches Steuerrecht 1-2/97.

MITTERNACHT, EDGAR/RUESCH, ARNO: Mehr Gewinn durch systematische Vermögensplanung: Strategien zum Vermögensaufbau. Wiesbaden 1995.

NATTER, ALEXANDER: Finanzplanung von A bis Z: Vom richtigen Umgang mit dem eigenen Geld. Düsseldorf 1992.

o.V. „MPF [Matuschka Privat Finanz]: Das ‚Unternehmen Familie' beraten. Bei DV-Managern ist private Finanzplanung oft Nebensache". Computerwoche Nr. 40 (02.10.1987).

o.V. „Computereinsatz im Finanzdienstleistungsvertrieb – Fluch oder Segen? Schlechtes Beispiel Dresdner Bank". gerlach-report 26.6.1992.

o.V. „Finanzplanung für anspruchsvolle Kunden aus einer Hand". Frankfurter Allgemeine Zeitung (28.7.1992).

o.V. „Erste Adresse und Marktführer für Private Finanzplanung". Who's Who Magazin 5/93.

o.V. „Zur Vermögenssituation der privaten Haushalte in Deutschland". Deutsche Bundesbank Monatsbericht Oktober 1993 (Nr. 10).

o.V. „Perfekte Anlageberatung ist meistens teuer". Handelsblatt (20.6.1994).

o.V. „Finanzplanung für Private kommt". Handelsblatt (28.9.1994).

o.V. „Von der Finanzplanung zur Vermögensverwaltung". Das Wertpapier 5/95.

o.V. „Die Entwicklung des Wertpapierbesitzes in Deutschland seit Ende 1989". Deutsche Bundesbank Monatsbericht August 1995 (Nr. 8).

o.V. „Kapitalentwicklung durch Finanzplanung". Frankfurter Allgemeine Zeitung (7.5.1996).

o.V. „Vermögende machen zu wenig aus Ihrem Geld". Handelsblatt (7.5.1996).

o.V. „Commerz Finanz verdient mit Beratungen". Süddeutsche Zeitung (7.5.1996).

o.V. „Mit der Gründung...". Platow Brief (8.5.1996).

o.V. „Defizite in der Vermögensplanung". Börsen-Zeitung 88/96 (8.5.1996).

o.V. „Passendes Gefüge fürs Vermögen". Anlagepraxis 11/1996.

o.V. „Fachleute in Sachen Vermögen. Wettbewerb in der Finanzplanung". Finanzen 02/97.

o.V. „Zertifizierung, Certified Financial Planner/CFP". DFI-gerlach-report 44/97.

o.V. „Gütesiegel für Financial Planner". Anlagepraxis 1/1998.

o.V. „Zertifizierung, Fragen zum Certified Financial Planner und die Antworten der DGF und der DVFP". gerlach-report 7/98.

o.V. „Vermögensberatung soll transparent und vergleichbar sein. Wertpapier-Controlling erleichtert die schnelle Beurteilung des Anlageerfolges." Frankfurter Allgemeine Zeitung (9.4.1998).

PATTERSON, AXEL: Vermögensstrukturberatung durch Finanzdienstleister: eine konkurrenzbezogene Analyse. Diss. München, 1990. Kiel 1991.

PFEIFFER, HERMANNUS: „Nur die schnelle Mark". Die Zeit 13 (19.3.1998).

REITTINGER, WOLFGANG: „Kundenorientierte Finanzplanung für gehobene Privatkunden". Vortrag vor dem Handelsblatt Banken-Kongress „Trends im Privatkundengeschäft mit Blick auf 2010" am 26./27. September 1994.

– „Erfolgsfaktoren der Finanzplanung". „Finanzkontakte"-Vortrag an der European Business School am 19.11.1996 in Oestrich/Winkel.

– „Die Finanzplanung in der Praxis". Vortrag vor dem „Deutschen Forum für Private Finanzplanung" am 15.01.1993 in Frankfurt.

REITINGER, WOLFGANG/DIEMER, W. PATRICK: „Private Finanzplanung in der Resonanz Ihrer Kunden". Bank und Markt September 1994.

REITTINGER, WOLFGANG/STRACKE, GUIDO/TILMES, ROLF: „Gewinne durch Financial Planning". Die Bank 10-11/97.

REITTINGER, WOLFGANG/TILMES, ROLF: „Grundelemente einer privaten Finanzplanung". Bank Magazin 12/97.

RICHTER, JÖRG: „Die fünf Schritte der strategischen Vermögensberatung". Vermögen und Steuern 10/98.

– „Neuer Partner für steuer- und rechtsberatende Berufe". Vermögen und Steuern 12/98.

RICHTER, JÖRG/KRAUSS, PETER: „Software für die private Finanzplanung". Vermögen und Steuern 11/98.

ROCHLITZ, JÜRGEN: Die individuelle Vermögensplanung: Profiwissen für private Geldanleger. Frankfurt 1997.

RÖLLE, H.: „Ein Finanzplaner für die Zukunftssicherung – amerikanische Erfahrungen mit einem neuen Berufsstand". Blick durch die Wirtschaft (27.10.1988).

ROMAKOWSKI, PETER: „Vermögensberatung: Ordnung ins Chaos". Börse Online 40/95.

RÖTTGER, WOLFGANG: „Individuelles Management größerer Vermögen". Börsen-Zeitung (12.4.1997).

SCHLOTTHAUER, KARL-HEINZ: „Regulierungsflut bei Finanzdienstleistern". Vortrag vor der IHK Frankfurt am 4.3.1998.

SCHMIDT-VON RHEIN, ANDREAS: Die Moderne Portfoliotheorie im praktischen Wertpapiermanagement: Eine theoretische und empirische Analyse aus Sicht privater Anleger. Bad Soden/Ts. 1996.

SCHMITZ, MICHAEL: „Ein Zertifikat für die neutrale Vermögensberatung". Bank Magazin 12/97.

SCHÜTT, HENRIK: Financial Consulting-Finanzberatung für private Haushalte. Stuttgart 1996.

SONDERMANN, AXEL: „Integriertes Investmentfondsmarketing auf Basis von Financial Planning: Empirische Untersuchung bei Privatkunden". ebs Finanzakademie (Hrsg.): Financial Planning Working Papers, unveröffentlichtes Arbeitspapier, Oestrich-Winkel 1998.

SPREMANN, KLAUS: „Für Kleinanleger – Produkte auf Lebensphasen abstimmen". Magazin Vorsorge Privat in Finanz und Wirtschaft Nr. 97, 13. Dezember 1997, Seite 7.

– „Financial Planning – Tiefgreifender Wandel im Private banking". Handelszeitung, Zürich, (Special), Nr. 18, 29. April 1998, Seite 53.

SPREMANN, KLAUS/WINHART, STEPHANIE: „Anlageberatung und Lebenszyklus". Finanzmarkt und Portfolio Management, Nr. 2, 12. Jg., Luzern 1998, Seite 150-169.

– „Asset Allocation im Lebenszyklus". Berner Zeitung – Finanzplatz, April 1996, Seiten 21-25.

SÜSSENBERGER, WOLFGANG, WEIDENHAUPT, URSULA/BEHNERT, BEATRIX: „Strategische Vermögensplanung der NORD/LB". Betriebswirtschaftliche Blätter 10/96.

STRACKE, GUIDO/GEITNER, DIRK: Finanzdienstleistungen: Handbuch über den Markt und die Anbieter. Heidelberg 1992.

STRACKE, GUIDO/THIES, SVEN: „Finanzplanung: Methode, Märkte, Anbieter". Die Bank 8/86.

The VIP Forum. Financial Planning Services. Issue Brief July 1997.

TILMES, ROLF: „Vermögensstrukturberatung: Schlüsseldienstleistung für Wohlhabende". Die Bank 10/96.

UTZIG, SIEGFRID: „Das Vermögen der Deutschen". Die Bank 6/96, S. 457-461.

WALBERER, JÖRG: „Viel Lehrgeld" (Interview mit Dr. Wolfgang Reittinger). Manager Magazin Juli 1996.

WANZEK, REINHARD U.: „Zertifikat fördert Vertrauensvorschuß". Anlagepraxis 4/1998.

Anhang:
Adressen und Anbieter für Finanzplanung

Anhang 1: Internet-Adressen zur Finanzplanung und Finanzberatung*

1.1 Berufsorganisationen und Vereine
1.2 Ausbildungsinstitutionen
1.3 Anbieter von Software
1.4 Anbieter von Beratungsdienstleistungen
1.5 Sonstige Adressen

---

* Die genannten Internet-Adressen sind eine Auswahl (Stand April 1999). Alle zu den Adressen aufgeführten Informationen und die Angaben zu den Inhalten der Angebote beruhen auf öffentlich zugänglichen Quellen und stellen keine Wertung dar. Die Adressen sowie die Angebote können sich jederzeit ohne Ankündigung ändern. Auch sind die Erreichbarkeit und die weitere Existenz einzelner Adressen nicht gewährleistet. Trotz sorgfältiger Recherche können die Richtigkeit und Vollständigkeit der Inhalte nicht garantiert werden.

Microsoft, MS und MS-DOS sind eingetragene Warenzeichen und Windows ist eine Kennzeichnung der Microsoft Corporation in den Vereinigten Staaten von Amerika und anderen Ländern.

IBM und OS/2 sind eingetragene Warenzeichen von International Business Machines, Inc. in den Vereinigten Staaten von Amerika und anderen Ländern.

Anhang 1.1: Berufsorganisationen und Vereine

- American Association of Individual Investors, USA: **http://www.aaii.com**
  Die „American Association of Individual Investors" (AAII) ist eine unabhängige gemeinnützige Organisation. Durch Ausbildung und Forschung will sie Privatpersonen helfen, Manager des eigenen Vermögens zu werden.

- American Bar Association, USA: **http://www.abanet.org/**
  Die American Bar Association (ABA) wurde bereits 1878 gegründet. ABA ist die freiwillige Organisation der amerikanischen Anwälte. Weitere Personen sind als assoziierte Mitglieder zugelassen.

- American Institute of Certified Public Accountants (AICPA), USA:
  http://www.aicpa.org/
  Mit mehr als 330 000 Mitgliedern ist AICPA die führende Berufsorganisation der CPAs (Certified Public Accountant) in den USA. Die AICPA-PFP-Abteilung hat etwa 7 000 Mitglieder mit Interesse an der Finanzplanung. Einige davon sind auch CFP-Lizenznehmer. Die AICPA vergibt die Bezeichnung „Personal Financial Specialist (PFS)".

- The American Society of CLU & ChFC (ASCLU), USA:
  http://www.agents-online.com/ASCLU/web/index.html
  Die „American Society of CLU & ChFC" ist eine Organisation der Versicherungs- und anderer Finanzfachleute, die Absolventen oder Studenten des „American College" sind.

- Association for Financial Counseling and Planning Education (AFCPE), USA:
  http://www.hec.ohio-state.edu/hanna/afcpe/index.htm
  Die AFCPE ist eine gemeinnützige Berufsorganisation von Forschern, Akademikern, Finanzberatern und Finanzplanern. Außerdem bietet AFCPE einige Zertifizierungsprogramme für Finanz- und Immobilienberater an: Accredited Financial Counselor (AFC), Accredited Housing Counselor (AHC), und Certified Housing Counselor (CHC). Die AFCPE gibt das „Financial Counseling and Planning Journal" heraus, das unter der angegebenen Adresse – mit vielen Artikeln zur Finanzplanung im Volltext – zu erreichen ist.

- Certified Financial Planner Board of Standards, USA: **http://www.cfp-board.org/**
  Auf internationaler Ebene setzt das Certified Financial Planner Board of Standards (CFP Board) Qualitätsmaßstäbe für Financial Planner. Als gemeinnützige Organisation hält es weltweit die Rechte am Lizenzzeichen CFP und an der Berufsbezeichnung „Certified Financial Planner". Es überwacht Ausbildungs- und Erfahrungsanforderungen und die Einhaltung der Berufsgrundsätze.

- Institute of Certified Financial Planners (ICFP), USA: **http://www.icfp.org/**
  ICFP in Denver, Colorado, ist ein landesweiter Berufsverband der CFP-Lizenznehmer

und -kandidaten mit mehr als 12 000 Mitgliedern. ICFP gewährt seinen Mitgliedern verschiedene Vorteile und ist in mehr als 75 Ortsvereinen organisiert. Auf der Webseite sind interessante Informationen rund um die Finanzplanung zu finden, auch ist die Möglichkeit, direkt Bücher über dieses Thema zu bestellen, gegeben.

- International Association of Registered Financial Consultants (IARFC), USA: **http://www.iarfc.org/**
IARFC wurde 1994 als gemeinnützige Organisation von einer Finanzplaner-Gruppe gegründet, die die Notwendigkeit für eine Berufsorganisation gesehen hat, bestimmten Bedarf abzudecken. Vorgängerorganisation von IARFC war die „International Association of Registered Financial Planners" (IARFP), die 1993 ihre Tätigkeit einstellte. IARFC hat zur Zeit über 1 000 Mitglieder und vergibt die Berufsbezeichnungen „Registered Financial Consultant" (RFC) und „Registered Financial Associate" (RFA).

- National Association of Personal Financial Advisors" (NAPFA), USA: **http://www.napfa.org/**
NAPFA ist die größte Berufsorganisation von Finanzplanern in den USA, die nur gegen Honorar beraten. Diese Berater sind an dem Schriftzug Fee-Only® zu erkennen. NAPFA hat etwa 750 Mitglieder in 45 US-Staaten. Sie bietet ihren Mitgliedern die Möglichkeit, Netzwerke zu knüpfen und praktische Erfahrungen auszutauschen und fördert öffentlich die umfassende Finanzplanung ausschließlich gegen Honorar.

- Registered Financial Planners Institute (RFPI), USA: **http://www.rfpi.com/**
RPFI wurde 1983 mit dem Ziel gegründet, die Professionalität in der Finanzplanung zu fördern. RFPI hilft bei der Suche nach qualifizierten Beratern, die im Bereich der Finanzplanung tätig sind, sowie von Versicherungsvermittlern, Anwälten, Immobilienberatern, Bankberatern, Maklern und sonstigen Beratern.

- Canadian Association of Financial Planners (CAFP), Kanada: **http://www.cafp.org/**
CAFP wurde 1982 als nationale Berufsorganisation der Finanzplaner gegründet. Ziel der Organisation ist die Steigerung der Professionalität in der Finanzplanung und des Bewußtseins der Verbraucher für den Wert und die Bedeutung dieser Dienstleistung. Die über 2 400 Mitglieder der CAFP gelten als die am besten qualifizierten und vertrauenswürdigsten Finanzplaner in Kanada. CAFP beeinflusst aktiv und nimmt an Vorgängen teil, die ihre Mitglieder und die Finanzdienstleistungsindustrie insgesamt betreffen.

- Financial Planning Association of Australia Limited (FPA), Australien: **http://www.fpa.asn.au/**
Die FPA vergibt in Australien die CFP-Lizenzen (sowie weitere Berufsbezeichnungen für Finanzplaner). Sie will das finanzielle Wohlergehen der australischen Verbraucher durch Nutzung von professioneller Finanzplanung verbessern. Die Financial Planning Association deckt den professionellen Informationsbedarf ihrer

Mitglieder und ermöglicht eine hohe Qualität der Finanzplanung, die diese für ihre Kunden durchführen.

- International Association for Financial Planning (IAFP), USA: **http://www.iafp.org/**
  Gegründet 1969 als internationale Organisation, vereint IAFP Einzelpersonen und Organisationen, die sich verpflichtet haben, den Finanzplanungsprozess für die Erreichung der finanziellen Ziele Ihrer Kunden zu nutzen. IAFP sorgt für den Erfahrungsaustausch zwischen Spezialisten aus allen Bereichen der Finanzdienstleistungen und hat mehr als 17 000 Mitglieder, die in regionalen Sektionen organisiert sind.

- The Greater Boston Chapter of the IAFP, USA: **http://www.gbciafp.org/**
  Die Bostoner Sektion des IAFP (International Association for Financial Planning). Lokale Informationen für Kunden und Finanzplaner.

- The San Francisco Chapter of the IAFP, USA: **http://www.iafpsf.org/**
  Die Sektion des IAFP (International Association for Financial Planning) in San Francisco. Lokale Informationen für Kunden und Finanzplaner.

- Deutscher Verband Financial Planners (DEVFP), Deutschland: **http://www.devfp.de/**
  Der Deutsche Verband Financial Planners e.V. ist ein Verein mit gemeinnütziger Ausrichtung. Vereinszweck ist die Lizenzierung von Finanzplanern, die Überwachung ihrer Berufsausübung nach den ethischen Regeln sowie die Schaffung und Pflege eines öffentlichen Registers aller Certified Financial Planners (CFP) in Deutschland.

- Deutsche Gesellschaft für Finanzplanung e.V. (DGF), Deutschland:
  http://www.finanzplanung.de/
  Die DGF, Berufsverband der Finanzplaner, versteht sich als Vertretung aller Organisationen und Einzelpersonen in Deutschland, die Financial Planning anbieten. Als Berufsorganisation entwickelt die DGF auch die Grundsätze ordnungsmäßiger Finanzplanung und veranstaltet Foren zum Thema Finanzplanung. Eines der wichtigen Ziele des Vereines ist die wissenschaftliche Förderung der Finanzplanung. Die DGF verleiht jährlich einen Preis für wissenschaftliche Arbeiten auf dem Gebiet der Finanzplanung.

- Japan Association for Financial Planning (JAFP), Japan: **http://www.jafp.or.jp**
  Der japanische Verband der CFP-Lizenznehmer ist im November 1987 gegründet worden. Hier sind einige allgemeine Informationen zur Zielsetzung und Tätigkeit des Verbandes in Englisch zu finden, ansonsten ist die Seite in japanisch.

- International CFP Council, USA: **http://www.cfp-council.org**
  Gegründet in 1990 ist der International CFP Council ein Forum der Finanzplanerverbände aus der ganzen Welt, die das Ziel haben, den Berufsstand des Finanzplaners zu fördern. Die Organisation arbeitet an der Etablierung von ethischen und fachlichen Standards für Finanzplaner und an der Steigerung der öffentlichen Wahrnehmung der Vorteile der Finanzplanung. Jedes Mitglied bietet die Lizenzierung zum „Certified Financial Planner". Vertreter der zehn Mitgliedsorganisationen (Australien, Kanada,

Frankreich, Deutschland, Japan, Neuseeland, Singapur, Südafrika, Großbritannien und USA) treffen sich zweimal jährlich und tauschen Informationen, Ideen und Forschungsergebnisse aus den jeweiligen Ländern aus.

- Financial Planners Standards Council, Canada: **http://www.cfp-ca.org/home.html**
  Der Financial Planners Standards Council (FPSC) bestimmt die Anforderungen für die Finanzplaner, die durch diese Organisation lizenziert werden (CFP-Lizenz). Der FPSC ist ein Zusammenschluß von sieben Organisationen, deren Mitglieder Finanzberatung für Privatpersonen anbieten. Dies sind:

    – Canadian Association of Financial Planners (siehe oben),
    – Canadian Association of Insurance and Financial Advisors (http://www.caifa.com/),
    – Canadian Institute of Chartered Accountants (http://www.cica.ca/),
    – Canadian Institute of Financial Planning (siehe unten unter „Ausbildungsinstitutionen"),
    – Certified General Accountants Association of Canada (http://www.cga-canada.org/),
    – Credit Union Institute of Canada (http://www.cuic.com/) und
    – Society of Management Accountants of Canada (http://www.cma-canada.org/).

Anhang 1.2: Ausbildungsinstitutionen

- College for Financial Planning (CFP), USA: **http://www.fp.edu/**
  Das College for Financial Planning wurde 1972 gegründet und entwickelte das erste Curriculum für Finanzplanung in den USA (Certified Financial Planner oder CFP). Das College war der Urheber der CFP-Marke, die dem Verbraucher die Möglichkeit gibt, professionelle und gut ausgebildete Finanzplaner auszuwählen.

- National Endowment for Financial Education (NEFE), USA: **http://www.nefe.org/**
  NEFE (Denver, Colorado) ist eine unabhängige gemeinnützige Organisation, die sich der Verbreitung von Informationen für Finanzdienstleister und für die Öffentlichkeit widmet. Sie wurde 1992 als Dachorganisation des 20 Jahre alten „College for Financial Planning" sowie einer Reihe weiterer Organisationen, wie „Institute for Tax Studies", „Institute for Wealth Management", „Institute for Retirement Planning" und „NEFE Press" gegründet. Über das „Public Education Center" arbeitet NEFE mit anderen Institutionen zusammen, um Informationen über Finanzplanung zu verbreiten. NEFE und früher das „College for Financial Planning" haben 54 000 Absolventen und aktuell 23 000 Studenten.

- National Center for Financial Education (NCFE), USA: **http://www.ncfe.org/**
  Die NCFE ist eine verbraucherorientierte, gemeinnützige Ausbildungsorganisation. In den 70er Jahren war die NCFE in der Ausbildung von Finanzplanern und anderen Finanzberatern involviert, wichtigste Aufgabe heute ist die Unterrichtung, Anregung und Befähigung der Öffentlichkeit mit dem Ziel der Schaffung besserer Bedingungen für Verbrauch, Sparen, Investieren, Versichern und Finanzplanung. Motto der Organisation ist „Förderung eines wirtschaftlich starken Amerika durch finanziell gesunde Bürger". NCFE wurde von Loren Dunton (1918 – 1997) gegründet, nach Angaben der NCFE „der Vater der Finanzplanung in Amerika".

- The American College, USA: **http://www.amercoll.edu/**
  Gegründet 1927 in Bryn Mawr, Pennsylvania. „The American College" ist eine unabhängige, anerkannte gemeinnützige Ausbildungsinstitution. The American College bietet akademische und fachliche Ausbildung, vorwiegend im Fernstudium, den Personen, die eine Karriere im Bereich der Finanzdienstleistungen oder in der Versicherungswirtschaft anstreben. Seit der Gründung hat das Kollege mehr als 120 000 akademische Grade vergeben. Zurzeit werden etwa 35 000 Studenten ausgebildet. Unter anderem werden Programme für CFP (Certified Financial Planner), CLU (Chartered Life Underwriter), ChFC (Chartered Financial Consultant) und MSFS (Master of Science in Financial Services) angeboten.

- Apollo Group, Inc., USA: **http://www.apollogrp.edu/**
  Apollo Group, Inc. hat sich mit seinen verbundenen Gesellschaften (University of Phoenix, Institute for Professional Development, College for Financial Planning und Western International) als führender Anbieter höherer Ausbildungsprogramme für werktätige Erwachsene etabliert. Einer der Schwerpunkte der Ausbildung liegt in der Finanzplanung.

- Canadian Institute of Financial Planning, Kanada: **http://www.mutfunds.com/cifp/**
  Das Certified Financial Planner-Ausbildungsprogramm, das vom „Canadian Institute of Financial Planning" angeboten wird, wurde sowohl für Personen entwickelt, die eine qualifizierte Ausbildung zum Finanzdienstleistungsfachmann anstreben wie auch für alle Personen, die einfach die komplexe Finanzwelt besser verstehen wollen. Die Ausbildung gibt den Absolventen die Möglichkeit, finanzielle Angelegenheiten zur optimalen Erfüllung angestrebter Ziele zu strukturieren.

- Co-op America, USA: **http://www.coopamerica.org/ipfp-cv.htm**
  Co-op America ist eine Wohltätigkeitsorganisation, die Privatpersonen und Firmen strategische Konzepte, organisatorische Hilfe und praktische Werkzeuge für die Lösung von aktuellen sozialen und Umweltproblemen anbietet. Im Bereich Finanzplanung wird die Dienstleistung verständlich erklärt und Strategien für die Inanspruchnahme erläutert.

- ebs FINANZAKADEMIE GmbH, Deutschland:
  http://www.ebs-finanzakademie.de/
  Die ebs Finanzakademie GmbH bietet verschiedene Weiterbildungsmöglichkeiten im Bereich der Finanzdienstleistungen, insbesondere das Kontaktstudium „Finanzökonomie". Die Absolventen tragen den Titel „Finanzökonom (ebs)". Die ebs Finanzakademie ist zurzeit die einzige Weiterbildungsinstitution in Deutschland, deren Curriculum zur Ausbildung von CFP (Certified Financial Planner) anerkannt ist. Die ebs Finanzakademie GmbH ist eine Weiterbildungsgesellschaft an der European Business School, Schloss Reichartshausen in Oestrich-Winkel.

- Financial Services Education for Consumers Limited (FSEC), Großbritannien:
  http://www.financial-planning.uk.com/
  Financial Services Education for Consumers Limited ist eine unabhängige Organisation, die Verbrauchern über Internet kostenlose Informationen über Finanzdienstleistungen, auch Finanzplanung, anbietet.

Anhang 1.3: Anbieter von Software

- Brentmark Software, USA: **http://www.brentmark.com/**
  Brentmark Software entwickelt Anwendungen für Spezialisten in den Bereichen Immobilien-, Renten- und Finanzplanung.

- SmartCalc, USA: **http://www.smartcalc.com/cgi-bin/smartcalc/calcs/mn/wsc**
  „SmartCalc" ist die Software-Abteilung von FinanCenter Inc., ein Komplettanbieter von Lösungen für den persönlichen Finanzbedarf. SmartCalc bietet über 100 Rechner für Finanzierungen, Anlage und Finanzplanung, auch zur Integration in Fremdentwicklungen. Eine Liste der Angebote kann online eingesehen werden Einige der „SmartCalcs" können frei auf der Website von FinanCenter benutzt werden.

- MasterPlan Financial Software, USA: **http://www.masterplanner.com/**
  Gegründet 1984 von Larry Newman, erfahrener Finanzplaner aus Kalifornien, um umfassende Programme für Finanzplanung zu entwickeln. Sein System ermöglicht Szenarioanalysen und deckt die Anforderungen verschiedener Kundengruppen: von jungen Absolventen bis zu Multimillionären.

- RAM Technologies Inc., USA: **http://www.ramsoft.com/**
  RAM Technologies wurde im Februar 1991 mit dem Ziel gegründet, Computersoftware für den Investment- und Anlagebereich zu entwickeln. Es werden auch individuelle Lösungen angeboten.

- Ungersoft, USA: **http://www.ungersoft.com/**
  Der Softwareanbieter Ungersoft bietet mit „Methuselah" auf dem amerikanischen Markt ein Programm für Finanzplanung. Demo-Version steht zum Download bereit.

- Money Tree Software, USA: **http://www.moneytreesw.com/**
  Seit 1981 bietet Money Tree Software qualitativ hochwertige, benutzerfreundliche und preiswerte Anwendungen für Finanzplanung und Altersvorsorge für Finanzberater (Easy Money Plus 4.0).

- What If Software Inc., USA: **http://www.whatif.org/**
  Der Softwareanbieter aus Williamsville, NY, bietet Software, die Problemstellungen von Finanzplanern mit Schwerpunkt auf steuerliche Betrachtung und Optimierung löst.

- Cheshire Software, USA: **http://www.cheshire.com/**
  Seit 1990 entwickelt Cheshire Software personal financial planning-Tools, die von professionellen Finanzberatern genutzt werden. Angeboten werden Programme für die Planung der Altersvorsorge, für Asset Allocation, für die Berechnung von Abfindungen und Ausbildungsplanung. Produkt: The Net Worth and Cash Flow Planner 1.1.

- Sterling Wentworth Corporation, USA: **http://www.sterwent.com**
  Sterling Wentworth Corporation ist ein Anbieter von Software für Finanzplaner.

- First Financial Software, Inc., USA: **http://www.fplan.com/**
  First Financial Software versorgt seit 1982 Finanzplaner, CPAs, CFPs und sonstige Finanzberater mit Software für Finanzplanung. Der Leiter der Anwendungsentwicklung ist Certified Financial Planner und MBA mit umfangreichen praktischen Erfahrungen in der Finanzplanung. Produkt: FPLAN Professional Financial Advisor+

- Investment Software Connection (ISC), USA, **http://isconn.com/**
  ISC ist ein führender Distributor von Software für Finanzdienstleister. Angeboten werden über 40 Programme für Finanzberater sowie Unterstützung bei der Analyse des Bedarfs im Softwarebereich.

- Sycomex-Fortune Technology, Frankreich: **http://www.sycomex.com/**
  Sycomex bietet nach drei Jahren Entwicklungsarbeit mit SYRIUS ein umfassendes Beratungssystem für Finanzplanung und Private Banking. Syrius ist Windows, Windows NT und OS/2 – kompatibel, kann mit verschiedenen internen und externen Datenbanksystemen betrieben werden und ist mehrsprachig. Die Client-Server-Anwendung ist objektorientiert, flexibel anpassbar, kann verschiedene Währungen und Steuersysteme abbilden und hat offene Schnittstellen. Die Anwendung erfordert moderne leistungsfähige Computersysteme. Mit Syrius 98 bietet Sycomex-Fortune Technology weltweit ein leistungsfähiges System für nationale und internationale Kunden. Die für die Finanzplanung erforderliche Funktionalität ist nur ein Teil der Anwendung, angeboten werden zusätzlich Asset- und Liability-Management, Portfoliomanagement, Realtime Preisinformationen, Simulationen und Szenariobetrachtungen.

- Intuit, Quicken Financial Planner, USA: **http://www.intuit.com/qfp/**
  Die Software „Quicken Financial Planner" der Firma Intuit wird nur in den USA angeboten und ermöglicht die einfache Erstellung von Übersichten über die zukünftige Entwicklung von Einkommen und Vermögen. Über Internet werden z. B. aktuelle Empfehlungen im Wertpapierbereich gegeben.

- Customer Dialogue Systems (CDS), Belgien: **http://www.cds-nv.be**
  Die Anfang der 90er gegründete CDS konzentriert sich auf die Entwicklung von Unterstützungs- und Vertriebssystemen für den Verkauf von Finanzprodukten an Endkunden von Finanzinstituten. Die von CDS entwickelte Software CDA („Customer Dialogue Assistant") ermöglicht die Konzentration auf die Bedürfnisse des Kunden unter Beachtung von Lebenszyklen und individuellen Risikoprofilen. Das System ist mit modernen Werkzeugen entwickelt und kann auf verschiedenen Plattformen, inklusive Internet, eingesetzt werden. Anbindung an andere Informationssysteme ist möglich.

- Emerging Information Systems Incorporated (EISI), Kanada:
  http://www.emergingis.com/
  Emerging Information Systems Incorporated (EISI) ist eine Entwicklungsfirma, die

frühzeitig die Bedeutung der Technologie für die Finanzplanung erkannt hat und seit 1990 Software für diesen Bereich entwickelt. EISI's Hauptprodukt ist die 1995 für den kanadischen Markt realisierte Software „NaviPlan Extended", ein Tool für umfassende Finanzplanung (früher genannt „Tax and Investment Management Strategizer" – TIMS). Angeboten wird auch NaviPlan Standard, ein Tool für zielorientierte Finanzplanung, das die Verkaufsmethodologie von vielen Finanzdienstleistern, die Finanzplanung in Nordamerika anbieten, implementiert.

- Life Goals, USA: **http://www.lifegoals.com/**
  „Successful Money Management Software" bietet mit „Life Goals '97" ein Komplettsystem zur Finanzplanung.

- MWS Marketing + Wirtschafts Service F.L. Braun GmbH, Deutschland:
  http://home.t-online.de/home/FEMAR.Hattemer/mwshome.htm
  Die bedarfsgerechte Beratung in allen Fragen der Finanzdienstleistung ist Beratungs-Philosophie, die Frank L. Braun unterstützt. Sie sieht eine Trennung zwischen Beratung und Verkauf vor. So ähnlich wie beim „Rundum-Check" des Arztes erstellt der Finanzberater für seine Kunden zunächst eine firmen- und produktneutrale Analyse. Darauf aufbauend bietet er dann individuelle Lösungen für die Realisierung der Ziele und Wünsche des Kunden an. Kern des Systems Braun ist die firmen- und branchenneutrale Computer-Finanz-Analyse, ein EDV-Programm, das die Allfinanz-Beratung praktikabel macht. Diese Software unterstützt die Beratungstätigkeit von einzelnen Beratern ebenso wie im Team (siehe auch Bemerkungen unter „Anbieter von Finanzplanung in Deutschland"). Die Domain http://www.mws-braun.de existiert zwar auch, ist aber zur Zeit noch nicht aktiv.

- Moneythink, Inc., USA: **http://www.moneythink.com/**
  Moneythink, Inc., aus St. Paul, Minnesota, entwickelt und vermarktet innovative Programme zur Weiterbildung und Arbeit von Personen, die besser Ihre Finanzen verstehen und managen wollen. Moneythink wurde von einem Banker und einem Programmierer gegründet, jeder mit 25-jähriger Erfahrung auf seinem Fachgebiet. Das angebotene Produkt: „Do I Have Enough?"® Personal Financial Planning Software kann für 10 USD heruntergeladen werden. Die Bezahlung wird über sichere Verbindung mit Kreditkarte ermöglicht.

- The CFP Biz Software Providers and Products Guide, USA:
  http://www.icfpbiz.net/vendorguide/finanplansoft.htm
  Der vom ICFP für das Jahr 1998 herausgegebene „Software Providers and Products Guide" ist im Internet verfügbar. Es wird eine umfangreiche Übersicht über Programme für verschiedene finanzielle Angelegenheiten aufgeführt und beschrieben (über 60 Anbieter mit Programmen für ca. 150 Bereiche). Die Finanzplanung ist mit mehr als 20 Produkten vertreten.

Anhang 1.4: Anbieter von Beratungsdienstleistungen

- American Express Financial Advisors, USA:
  http://www.americanexpress.com/advisors/
  Die American Express Financial Advisors ist eine mehr als 100 Jahre alte Tochtergesellschaft der American Express Company. Die American Express Financial Advisors hat sich zu einem der bedeutendsten Finanzdienstleister in den USA entwickelt. Sie hat 133 Milliarden USD unter Verwaltung und bietet mit 8 000 Angestellten 2 Millionen Kunden umfassende Finanzplanung sowie Rat für alle, die eine intensive Betreuung von einem Finanzberater suchen.

- Access Financial Planning, USA: **http://www.afplan.com/**
  Access Financial Planning ist eine registrierte Beratungsfirma, die umfassende persönliche Finanzplanung bietet. Bei der Verfolgung der Kundenziele decken einzelne Spezialisten alle finanziellen Problemfelder ab.

- Financial Freedom, USA: **http://www.finfree.com/**
  Financial Freedom bietet seit 1981 auf reiner Honorarbasis umfassende Finanzplanung, Asset Allocation und Investmentmanagement-Beratung. Angeboten werden Renten- und Eigenheimplanung, Einkommensteuerplanung, Versicherungsanalyse, College-Ausbildungsplanung, Investmentberatung.

- West Chester Investors, USA: **http://www.geocities.com/WallStreet/Floor/2913/**
  Anbieter von Finanzplanung und -beratung. Informationen über das Beratungsangebot.

- Balanced Planning Financial Group, Kanada: **http://www.balancedplanning.com/**
  Eine der größten unabhängigen Finanzplanungsfirmen in Kanada. Informationen über das Beratungsangebot sowie über in Kanada angebotene Ausbildungsveranstaltungen für Finanzplaner.

- Macdonald Shymko & Company Ltd. Financial Advisors, Canada:
  http://www.macshym.com
  Macdonald Shymko begleitet seit 1972 Mandanten bei der Vermögensanlage und -verwaltung. Im Angebot der Sozietät sind alle Arten von Finanzplanung und Asset Management, inklusive Steuerberatung, Altersvorsorge und Immobilienplanung. Viele Artikel zu Einzelthemen aus den Bereichen Steuersparen und Investment können abgerufen werden.

- FCA Corporation, USA: **http://www.fcacorp.com/**
  FCA Corporation bietet Finanzplanung und Investmentberatung auf reiner Honorarbasis. Informationen über das Beratungsangebot.

- PRISM Financial Planning Ltd, England:
  http://dspace.dial.pipex.com/town/place/xac56/
  Die Gesellschaft aus Oxfordshire ist spezialisiert auf die Bereitstellung von hochwer-

tiger unabhängiger Finanzberatung für Privathaushalte und Gewerbetreibende. Die Berater sind zugelassene Finanzplaner und haben mehrjährige Berufserfahrung im Bereich der Finanzdienstleistungen.

- Deutsche Bank AG, Deutschland:
  http://www.deutsche-bank.de/am/produkt/gestalte.htm
  Online-Ausgabe des Sonderdruckes der Deutschen Bank für Kunden „Private Finanzplanung: Die Zukunft gestalten". Auch Publikationen zum Thema Finanzplanung im Kundenmagazin „Anlage-Management" werden angeboten.

- Volksbank Metzingen, Deutschland:
  http://home.t-online.de/home/volksbank.metzingen/3000.htm
  Die Volksbank in Metzingen bietet „Persönliche Finanzplanung". Dahinter steht die FinanzDiagnose der Volksbanken.

- Menke & Reiche Finanzplanung GmbH, Deutschland:
  http://www.menke-reiche.de/
  Bietet Finanzberatung und Finanzcoaching für Führungskräfte an.

- Basten – Eberle GmbH, Deutschland: **http://www.basten.de/**
  Wirtschaftsprüfer und Steuerberater aus Sulzbach/Taunus. Teil des Angebotes der Gesellschaft ist die Vermögensberatung bei der Entwicklung von Zielkonzepten für die verschiedenen Lebensphasen, für strategische Vermögensplanung und Vermögenscontrolling und bei der Planung der privaten Vermögensstruktur.

- Finanzplan, Deutschland: **http://www.finanzplan.de/**
  Dem Finanzplan Makler-Netzwerk sind bundesweit mehr als 1 800 unabhängige Finanzdienstleistungsunternehmen angeschlossen. Diese haben sich mit unterschiedlichen Schwerpunkten auf die Beratung von Privat- und Firmenkunden spezialisiert.

- Finanzpool, Deutschland: **http://www.finanzpool.com/**
  Finanzpool vereint eine Gruppe unabhängiger Finanz- und Versicherungsexperten, die auf dem internationalen Markt tätig sind. Schwerpunkt der Angebote liegt in Süddeutschland.

- Helaba Trust, Deutschland: **http://www.helaba-trust.de/dgf/index.htm**
  Auf den Seiten der Helaba Trust wird auf den Forschungspreis der DGF (Deutsche Gesellschaft für Finanzplanung e.V.) hingewiesen, der von der Hessischen Landesbank gesponsert wird. Helaba Trust selbst bietet Finanzplanung als Beratungsleistung für Sparkassen an.

- Vereinigung unabhängiger Vermögensverwalter Deutschlands (VUV), Deutschland:
  http://www.vuv.de/
  Die VUV verfolgt das Ziel, das Ansehen der in Deutschland tätigen unabhängigen Vermögensverwaltungsgesellschaften zu stärken und seriöse von unseriösen Anbietern

abzugrenzen. Die Mitgliedschaft in der Vereinigung wird als Gütesiegel verstanden. Im Internet bietet die VUV ihren Mitgliedern die Möglichkeit, sich und die eigenen Dienstleistungen vorzustellen.

- Schwer & Partner Vermögensbetreuungsgesellschaft mbH, Deutschland: **http://www.vuv.de/Mitglieder/schwer.htm**
  Die Gesellschaft versteht sich als „Finanzarzt", „Finanzmanager" und „Finanzanwalt" des Kunden. Agiert unabhängig von Banken, Versicherungen, Immobilienfirmen oder sonstigen Interessenvertretern ausschließlich im Sinne des Kunden.

- Financial Planning Network, USA: **http://www.fpnetwork.com**
  Das (nach eigenen Angaben) größte Online-Verzeichnis von Finanzplanern. Aus diesem frei zugänglichen Verzeichnis kann man über 40 000 Spezialisten für Finanzplanung erreichen, sortiert nach angebotenen Leistungen, Ort und Name. Angeboten werden Hilfswerkzeuge, die auch Laien die Aufbereitung von Internet-Seiten und die Online-Präsenz ermöglichen sowie weitere Beratungsleistungen für Finanzplaner.

- Integrated Financial Concepts Inc., Kanada: **http://www.cwis.com/pages/ifc/ifc1.htm**
  Die Firma bietet ihren Kunden seit 1985 umfassende Finanzplanung. Aktiv betreut werden inzwischen etwa 300 Familien. Interessante Informationen über die Strukturierung der Finanzplanung und die Inhalte der Dienstleistung.

- Rolf Klein Finanzberatung, Deutschland: **http://www.rkfinanz.com/**
  Homepage von Rolf Klein, der Finanzplanung für Haushalte, Selbständige und kleine und mittlere Unternehmen anbietet.

- WEST FINANZ, Schweiz: **http://www.west.ch/**
  Die West Finanz aus Mägenwil (Schweiz) bietet Finanzberatung, Finanzplanung und gemeinsame Realisation der Empfehlungen mit dem Kunden.

- BW-Bank Finanzplanung Online, Deutschland: **http://www.bw-bank.de/vermoegen/finanzplanung.html**
  Die Baden-Württembergische Bank bietet mit der Online-Finanzplanung die Erstellung einer vereinfachten und automatisierten Version einer persönlichen Finanz-Analyse. Sie erfolgt anonym, es werden keine Daten auf dem Server der Bank gespeichert. Für eine detaillierte Berechnung der Finanzplanung muss der Interessent persönlich Kontakt mit der Bank aufnehmen. Interessante Spielerei (noch) ohne praktischen Nutzen.

- H.C.M. HYPO Capital Management Vermögensbetreuungs-AG, Deutschland: **http://www.hcm-ag.de/**
  Die H.C.M. ist ein Unternehmen der HYPO-BANK-Gruppe, das unter dem Dach ihrer Muttergesellschaft unabhängig arbeitet. Die Gesellschaft bietet Privatanlegern, die sich nicht selbst um das Management ihres Vermögens kümmern möchten, eine um-

fassende Vermögensberatung. Schwerpunkte der Angebote liegen im Bereich der Vermögensverwaltung. Unter „Exclusiver Portfolio Service" wird eine Art Vermögensoptimierung angeboten.

- ABN Amro, Deutschland:
  http://www.abnamro.com/germany/index-sub-03-de.htm
  ABN Amro Finanzplanungs GmbH bietet Financial Planning, Depotstrukturverbesserung, Risikominimierung (zeitgemäße Vertragswerke, Geldwertabsicherung, Sachwertabsicherung, steuerliche Konzepte und private Altersversorgung) sowie Estate Planning (Erbschaftsplanung, Nachlassplanung). Über die einzelnen Bereiche werden Informationen angeboten.

- Delbrück & Co. Privatbankiers, Deutschland: **http://www.delbrueck.de/privat.html**
  Allgemeine Darstellung der Leistungen für Privatkunden, unter anderem der Vermögensstrukturberatung. Dazu werden keine tiefergehenden Informationen angeboten.

- Norddeutsche Landesbank (Nord/LB), Deutschland:
  http://www.nordlb.de/
  Die Nord/LB beweist „Kreativität" und nennt ihre Finanzplanung „Private Consultancy". Das Angebot ist auf der Homepage unter „Service und Produkte/Privatkunden/Vermögensmanagement" zu finden. Private Consultancy bietet mit PROVAS ein Instrument für die Substanzanalyse des Vermögens. Der Name steht für ein EDV-gestütztes „Programm zur Vermögens-Analyse und Strategie-Optimierung". Themenschwerpunkte von Provas sind die Strukturierung der finanziellen Angelegenheiten, der Vermögensaufbau bzw. -erhalt, die Absicherung der Familie, die Transparenzschaffung, die Finanzierungs- und Steueroptimierung, die Sicherung des Ruhestandes, die Erbschaftsregelung. Zu den einzelnen Schritten der Beratung werden Informationen angeboten.

- Standard & Poor's Personal Wealth, USA: **http://www.personalwealth.com/**
  Standard & Poor's bieten nicht nur Research- und Wertpapierinformationen, sondern auch eine „personalisierte" (gegen Gebühr von 10 USD) Finanzplanung. Mit dieser kann der finanzielle Bedarf für die Erreichung bestimmter Ziele bestimmt werden. Es wird z. B. eine Anlagestrategie für die Altersversorgung vorgeschlagen; auch viele weitere interessante Informationen aus dem Investmentbereich.

- UBS AG, Schweiz: **http://www.ubs.com/g/pb/fp_wm.html**
  UBS bietet im Rahmen von Private Banking ein „Financial Planning & Wealth Management" an. Inhaltlich wird eine „Persönliche Vermögensplanung" für die Kunden in der Schweiz und eine „Strategische Vermögensplanung" für Kunden außerhalb der Schweiz angeboten. Kurze Beschreibung der Inhalte der Dienstleistungen und die Möglichkeit, mit einem Ansprechpartner Kontakt aufzunehmen.

- BHF-BANK, Deutschland:
  http://www.bhf-bank.com/privat/home.htm#struk/struk.htm
  Kurze Information über die Inhalte und die Vorgehensweise in dem „besonderen Dienstleistungsangebot" Vermögens-Strukturberatung.

- Ernst & Young LLP, USA: **http://www.ey.com/publicate/pfc/default.asp**
  In dem Bereich „Personal Financial Counceling" findet man neben zahlreichen Informationen zum Personal Financial Planning-Angebot von Ernst & Young auch alle Ausgaben des „Financial Planning Reporter" seit 1996 zum downloaden (kostenlos).

- Zürcher Kantonalbank (ZKB), Schweiz:
  http://www.zhkb.ch/services/privatebanking/feingefuehl-de.html
  Das Financial Planning der ZKB umfasst alle finanziellen Aspekte: von Finanzierungen und Immobilienberatung über Anlagen und Vorsorgestrategien bis hin zu steuer- und erbschaftsrechtlichen Fragen. Der Schwerpunkt der Vermögensstrukturierung liegt im liquiden Bereich (Wertpapiere). Allgemeine Informationen über das Angebot.

- Bank Leu AG, Schweiz: **http://www.leu.com/servall00.htm**
  Das Financial Planning-Angebot der Bank Leu ist nur auf den englischen Seiten frei zugänglich. Angeboten werden Steuerplanung (tax planning), Nachfolgeplanung (estate planning) und weitere Dienstleistungen. Ein integriertes Beratungskonzept ist hinter diesem Angebot nicht erkennbar.

Anhang 1.5: Sonstige Adressen

- Web Resources for Financial Planning, USA:
  http://www.bus.orst.edu/faculty/nielson/finplan/fp_res.htm
  Informationen rund um die Finanzplanung aus Amerika. Nicht sehr aktuelle Inhalte.

- Glossar Finanzplanung, Kanada:
  http://www.ucalgary.ca/MG/inrm/glossary/index.htm
  Glossar der (amerikanischen) Versicherungs- und Finanzplanungsbegriffe.

- Financial Planning Magazine, USA: **http://www.fponline.com/**
  Die Online Edition des „Financial Planning Magazine". Angeboten werden Zusammenfassungen der aktuellen Beiträge in der Zeitschrift sowie weitere Informationen zum Thema Finanzplanung.

- Worth Financial Intelligence, USA: **http://www.worth.com/**
  Die Online-Ausgabe der Zeitschrift „Worth", die sich mit Problemen der Vermögensanlage für Vermögende befasst.

- Nigel Taylor, USA: **http://www.protectassets.com/**
  Website von Nigel Taylor, Finanzplaner aus Kalifornien. Interessante Beiträge und Kommentare zu verschiedenen Berufsorganisationen der Finanzplaner in den USA. Weiterhin Meinungen über die Nutzung von „cfp", „CFP", „Certified Financial Planner" und Kombinationen dieser Bezeichnungen im Internet und in E-mail-Adressen. Interessant, da Probleme des amerikanischen Marktes für Finanzplanung detailliert dargestellt und kommentiert werden.

- 1st Source Bank, USA: **http://www.1stsource.com/phtml/finance/financl.htm**
  Die 1st Source Bank bietet „Financial Planning Calculators" zur Überprüfung und Berechnung von Hypotheken, Darlehen und Umschuldungen. Diese sollen zur Erreichung der persönlichen finanziellen Ziele beitragen.

- Moneyinsider, USA: **http://moneyinsider.msn.com**
  Finanzinformationen zu verschiedenen Themen von „Microsoft Network" (MSN), u. a. auch eigener Bereich (http://moneyinsider.msn.com/content/resources/ Financial Planning/index.asp) zu „Financial Planning".

- Money Online, USA:
  http://www.pathfinder.com/@@IXC@7QUALCglfYn1/cgi-bin/money/retire.cgi
  Der „Rentenplaner" von „Money Online" hilft abzuschätzen, inwieweit die aktuellen Ersparnisse ausreichend für die Erhaltung des Lebensstandards im Ruhestand sind. Es müssen ziemlich viele Fragen online beantwortet werden, bevor das Ergebnis (auch grafisch) erstellt wird.

- Wirtschaftsuniversität Wien, Österreich:
  http://www.wu-wien.ac.at/usr/h88/h8850028/anlage/anlageplanung.html
  Ein Doktorand der Wirtschaftsuniversität Wien bietet ein Modell für die computergestützte Anlageplanung für private Haushalte. Die Konzepte sind ausführlich erläutert und bebildert.

- US-Steuerglossar („Steuerrecht im Internet", Reimar Pinkernell), Deutschland:
  http://pweb.uunet.de/pinkernell.bn/glossary.htm
  Sammlung von Links zum deutschen und internationalen Steuerrecht. Zusätzlich Informationen und Materialien zum US-Steuerrecht, insbesondere ein Englisch-Deutsches Steuerrechtswörterbuch.

- Deutsches Aktieninstitut e.V., Deutschland: **http://www.dai.de/**
  Das Deutsche Aktieninstitut e.V. (DAI) ist der Verband deutscher börsennotierter Aktiengesellschaften und anderer an der Aktie interessierter Unternehmen und Institutionen. Die Aufgabe des nicht gewinnorientierten Verbandes besteht in der Förderung der Aktie als Anlageform und als Finanzierungsinstrument der deutschen Wirtschaft.

- The Mining Co., USA: **http://pfinance.miningco.com/msub1.htm**
  The Mining Co. bietet verschiedene Ratgeber für die persönlichen Finanzen, unter anderem im Bereich Finanzplanung. Es werden Links und Informationen über verschiedene Anbieter von Beratungsleistungen sowie über die Wahl eines Finanzplaners angeboten.

- The Armchair Millionaire, USA: **http://www.armchairmillionaire.com/fivesteps/**
  Ein Angebot mit vielen Informationen rund ums Geld. Auch eine nicht ganz ernstgemeinte Anleitung, wie man in fünf Schritten „planmäßig" zum Millionär werden kann.

- Financial Planning Interactive, USA: **http://www.financial-planning.com/**
  Nachrichten aus dem Bereich Financial Planning, für angemeldete Teilnehmer sind die Ausgaben des Financial Planning Magazine zugänglich.

Anhang 2: Anbieter von Finanzplanung in Deutschland*

---

* Die hier aufgeführten Informationen beruhen auf öffentlich zugängliche Quellen (Stand Ende 1998). Die Angaben zu den Inhalten der Beratung stellen keine Wertung dar. Trotz sorgfältiger Recherche kann deren Richtigkeit oder Vollständigkeit nicht garantiert werden.

Anbieter	Ausrichtung / Leistung	Beratungshonorar
ABN Amro Finanzplanungs GmbH	„Financial Planning" (Depotstrukturverbesserung, Finanzierung, Risikominimierung, Estate Planning). Schulung der Mitarbeiter an der ebs Finanzakademie. Starke Vertriebsbezogenheit der Empfehlungen.	kostenlos
Allianz Lebensversicherung AG	Seit 1998 wird die „Finanz- und Vermögensplanung" (FVP) aufgebaut. Diese wird als ständige Betreuung und Begleitung des Kunden verstanden und richtet sich an vermögende Privatkunden und junge Akademiker.	Nicht bekannt
Analytica Finanz Research GmbH, Bad Homburg	Anbieter von Finanzplanungs-Software (Versionen: Basic/Economic/Executive/ Commercial) mit integrierter Mandantenverwaltung sowie Analysenerstellung im Auftrag. Es werden auch Aktualisierungen (Updates) angeboten. Keine eigene Mandantenbetreuung. Nutzer des Programmes sind meist Sparkassen. Die Erstellung der Analyse ist stark automatisiert und mit beschränkten Eingriffsmöglichkeiten für den Endanwender, daher wenig individuell.	Einzelanalysen: von 680 DM (Economic) bis über 17 500 DM (Executive) Komplettangebot für Analysesystem (mit Schulung der Anwender) ab ca. 100 000 DM
Baden-Württembergische Bank (BW-Bank), Stuttgart	Angebot: Vermögens- und Liquiditätsplanung, Vermögensstruktur-Analyse. „Finanzplanung-Online" wird im Internet angeboten (kein erkennbarer Nutzwert). Marktstellung: Individuelle Vermögensstrukturberatung ca. 20 Analysen p.a., daneben ca. 60 Liquiditätsplanungen (1996).	ab 2 000 DM bzw. 1 ‰ des angelegten Vermögens
Berliner Bank	Vermögensstrukturberatung soll als Instrument zur langfristigen Sicherung der Kundenbindung eingesetzt werden. Ausrichtung ist aber eher vertriebs- als beratungsbezogen. Keine Kooperation mit der Gothaer Versicherung geplant.	Nicht bekannt
Bethmann Vermögensbetreuung	Individuelle Beratungsleistung mit Schwerpunkt Erbschafts- und Nachfolgeplanung, Vermögensstrukturierung. Benutzung von Modellen zur Übertragung der wertpapierbezogenen Portfoliotheorie auf das Gesamtvermögen. Konzentration der Analyse auf das liquide Vermögen (Wertpapiere), sehr detaillierte Darstellungen in diesem Bereich. Marktstellung: ca. 40 Analysen p.a. (1997).	1,5 ‰ auf disponibles Vermögen, mind. 8 625 DM (inkl. MwSt.)

BHF Bank, Frankfurt	Vertriebsorientierte Vermögensstrukturberatung. Starke Orientierung auf mittelständische Klientel und Ausrichtung des Angebotes auf unternehmerspezifische Beratungsschwerpunkte (Nachfolge, Rechtsform etc.). Hohe Einstiegsvoraussetzungen auf der Einkommens- und Vermögensseite. Zur Analyse wird nach eigenen Angaben ein „Expertensystem" genutzt. Die Analyse ist sehr textlastig, ohne jegliche grafische Darstellungen. Wenig Aussagen über die zu erwartenden zukünftigen Entwicklungen. Nach eigenen Angaben ist die Vermögens-Strukturberatung insbesondere für die private Vermögensplanung von Unternehmensinhabern sowie leitenden Mitarbeitern von Unternehmen interessant. Angebot: Kompaktberatung (Vermögen größer als 20 Mio. DM), Vermögensstrukturberatung (Vermögen größer als 100 Mio. DM).	Stundensatz
Bonnfinanz, Bonn	Stellvertretend für alle Strukturvertriebe wird hier die Analyse der Bonnfinanz erwähnt. Die Finanzplanung wird als Vertriebsinstrument für Versicherungs- und Anlageprodukte eingesetzt. Mit relativ wenigen, schnell am Computer erfassten Daten wird eine etwa dreißigseitige „Expertise" erstellt, die einen sehr standardisierten Aufbau aufweist. Abgestellt wird auf die Anlage von Liquiditätsüberschüssen (vorwiegend in Versicherungen) und nicht auf die Vermögensstrukturierung.	Kostenlos
Commerz Finanz-Management GmbH, Frankfurt	Private Finanzplanung als „Zukunftsmodell" mit konkreten Produktempfehlungen für bis zu 20 Jahre. Finanzplanung wird als eigenständiges Produkt („Modell") und nicht als Beratungsdienstleistung angesehen. Datenaufnahme durch den Kundenbetreuer der Filiale, der Kunde muss den Großteil des Datenaufnahmebogens selbst ausfüllen. Kein persönlicher Kontakt zwischen Fachabteilung („Produktion") und Mandant. Ausschöpfung des Folgegeschäftspotenzials und der Kundenbindung steigerungsfähig. Komplexes EDV-Programm auf Großrechnerbasis („SAFIR"). Künftig ist die Umstellung der EDV-Unterstützung vom Großrechner auf PC wahrscheinlich. Der Finanzplan ist sehr detailliert (bis zu 200 Seiten). Angebot: Private Finanzplanung, strategische Vermögensplanung, Unternehmer-Finanzplanung, Finanzcheck. Marktstellung: nach Stückzahlen (ca. 1 000 p.a.), Marktführer in Deutschland.	Private Finanzplanung: ab 6 500 DM Strategische Vermögensplanung: ab 12 000 DM Unternehmer-Finanzplanung: ab 18 000 DM

Credit Suisse	Im Planungsstadium	Nicht bekannt
Delbrück & Co.	Vermögensstrukturberatung. Keine einheitliche Vorgehensweise der einzelnen Niederlassungen. Hoher manueller Aufwand für die Erstellung der Analysen.	ca. 10 000 DM (je nach Beratungsbedarf zwischen 6 000 DM und 30 000 DM)
Deutsche Bank AG, Frankfurt	Die Private Finanzplanung als kontinuierlicher Beratungsprozess zur Sicherung einer langfristigen Mandantenbeziehung. Durchführung der Beratung und Erstellung der Dokumentation mit Hilfe des computergestützten Beratungssystems „db-privat", das auch als Instrument zur Schaffung von Transparenz hinsichtlich der Auswirkungen der Empfehlungen dient. Regelmäßige Aktualisierungen der Planung (Updates) werden empfohlen und durchgeführt. Vertrieb wird durch hochqualifizierte Spezialberater (Finanzplaner) in den Filialen der Deutschen Bank AG durchgeführt, die Erstellung der Analysen wird in enger Zusammenarbeit mit Deutsche Bank Trust AG in Frankfurt durchgeführt. Dadurch enge Verbindung und effiziente Arbeitsteilung zwischen Front- und Back-Office. Angebot: Individuelle Finanzplanung, Strategische Vermögensplanung. Marktstellung: nach Stückzahlen (ca. 250 p.a.) zweitgrößter Anbieter in Deutschland.	Individuelle Finanzplanung: ab 6 000 DM Strategische Vermögensplanung: ab 12 000 DM Update: Honorar auf Stundenbasis
DG Capital Management, Frankfurt	Vermögensstrukturberatung im Aufbau. Geringe Kapazitäten. Einstiegsgrenzen im Vermögensbereich liegen zwischen 3 Mio. DM und 5 Mio. DM.	Ab ca. 5 000 DM
Dresdner Bank AG, Frankfurt	Aufbau einer EDV-gestützten Finanzplanung. Synergieeffekte durch Integration von Hardy & Co. haben sich in der Vergangenheit nicht bemerkbar gemacht. Inzwischen ist Hardy aufgelöst. Honorarpflichtige Beratung ist im Planungsstadium. Das Beratungshonorar soll bei Realisierung der Empfehlungen verrechnet werden. Zum Konzept der Dresdner Bank in der Privaten Finanzplanung vgl. Brinkmann, a. a. O., 1999	Bis 10 000 DM
Dresdner Vermögensberatung GmbH, Frankfurt	Finanzplanung mit Schwerpunkt Altersversorgung. Starke Vertriebsorientierung der Analyseergebnisse. Angebot geht eher in Richtung zielorientierte Finanzplanung.	Kostenlos
Gothaer Versicherung (Finanzkonzept GmbH)	Kurze Marktpräsenz. Vertrieb der Finanzplanung über den Außendienst. Angebot: Strategische Finanzplanung	Ab ca. 2 400 DM

Helaba Trust GmbH, Frankfurt	In der Übergangsphase vom Planungsstadium zur Marktpräsenz. Auf Basis der Software der Analytica Finanz Research GmbH werden für Kunden der Sparkassen künftig drei unterschiedlich positionierte und ausgerichtete Beratungsstufen angeboten.	ca. 5 000 DM bis 10 000 DM
H.C.M. HYPO Capital Management Vermögensbetreuungs-AG, München	Finanzplanung als Vertriebsinstrument steuerinduzierter Produkte. Geringe Kapazitäten. Nach den Turbulenzen um die HCM so gut wie keine Aktivitäten im Bereich Finanzplanung	ab 10 000 DM
Hypovereinsbank, München	Eingesetzt wird die Software von MWS Braun. Die individuellen Kommentare werden manuell erstellt, da die Software nur Tabellenwerk erzeugt. Marktstellung: ca. 60 Analysen (1997)	ab 6 000 DM
Matuschka-Gruppe	Die Matuschka-Gruppe bietet unter der Bezeichnung „Strategische Vermögensplanung" ein Konzept zur Optimierung von Privatvermögen. Die Erstellung erfolgt gemischt auf Großrechner und PC („Stratego"). Es wird auch ein „Unternehmer Check-Up angeboten"	Schätzungsweise 10-15 000 DM
Microplan GmbH, Unterhaching	Finanzplanung mit komplexer PC-gestützter Software. Freier Anbieter. Geringes Vertriebspotenzial. Die Software wird an freie Finanzberater lizenziert.	ab 4 750 DM
MWS Braun GmbH	Anbieter von Software für Finanzplanung („Computer-Finanz-Analyse"). Vier Versionen, die teilweise aufeinander aufbauen (Vorsorge- und Vermögensaufbau-Analyse, Vorsorge- und Familienheim-Analyse, Finanz-Gutachten „Standardversion", VIP-Version) und ein unterschiedlich umfangreiches Tabellenwerk erzeugen. Das fertige „Finanz-Gutachten" enthält ausschließlich Tabellen und Grafiken, keine individuellen Kommentare. Keine Szenariobetrachtung möglich. Ca. 1 000 Anwender in Deutschland.	Softwarekosten: Vorsorge- und Vermögensaufbau-Analyse: 700 DM Vorsorge- und Familienheim-Analyse: 1 790 DM Finanz-Gutachten: 4 000 DM VIP-Version: 10 000 DM
Nord/LB	Die Finanzplanung wird mit PROVAS (das Analyseprogramm der Nord/LB) abgewickelt. Konkrete Empfehlungen in die verschiedenen Planungsstufen 1 und 5 Jahre. Starke Vertriebsorientierung, daher relativ niedriger Pauschalpreis.	4 000 DM pauschal

Sal. Oppenheim jr. & Cie. Privatbankiers, Köln	Individuelle Vermögensstrukturberatung mit hohem Anteil von individuellen Ausarbeitungen, die manuell durchgeführt werden und entsprechend kostenintensiv sind. Eher grobe Betrachtung der Vermögensstruktur. Marktstellung: Ca. 30 Analysen p.a.	ca. 15 000 DM
SCHITAG Ernst & Young, Stuttgart	In der Übergangsphase vom Planungsstadium zur Marktpräsenz. Die private Finanz- und Vermögensstrukturberatung wird als Instrument zur Erschließung neuer Wachstumsfelder im Bereich Privatkunden betrachtet.	Nicht bekannt
Stadtsparkasse Köln (FDK Köln Finanzdienste Vertriebsgesellschaft mbH)	Vermögensstrukturanalyse auf Grundlage der Software von Analytica Finanz Research GmbH (siehe oben). Angebot: Economic, Executive (Mindesteinkommen 800 000 DM)	Economic kostenlos, Executive ca. 8 000 DM
Trinkaus und Burkhard	Individuelle Vermögensstrukturberatung mit „Kapitalflussbilanz" Marktstellung: ca. 20 Analysen p.a.	ca. 15 000 DM

Die ganze Welt der Wirtschaft

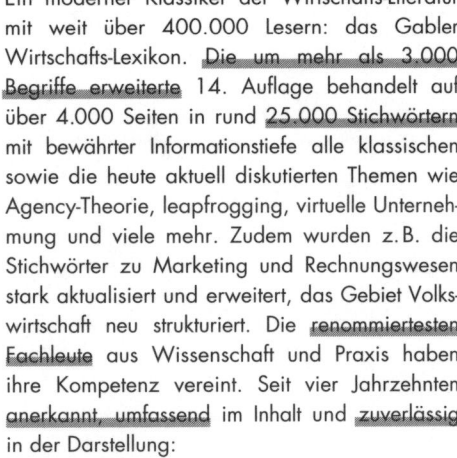

Ein moderner Klassiker der Wirtschafts-Literatur mit weit über 400.000 Lesern: das Gabler Wirtschafts-Lexikon. Die um mehr als 3.000 Begriffe erweiterte 14. Auflage behandelt auf über 4.000 Seiten in rund 25.000 Stichwörtern mit bewährter Informationstiefe alle klassischen sowie die heute aktuell diskutierten Themen wie Agency-Theorie, leapfrogging, virtuelle Unternehmung und viele mehr. Zudem wurden z. B. die Stichwörter zu Marketing und Rechnungswesen stark aktualisiert und erweitert, das Gebiet Volkswirtschaft neu strukturiert. Die renommiertesten Fachleute aus Wissenschaft und Praxis haben ihre Kompetenz vereint. Seit vier Jahrzehnten anerkannt, umfassend im Inhalt und zuverlässig in der Darstellung:

das GABLER WIRTSCHAFTS-LEXIKON!

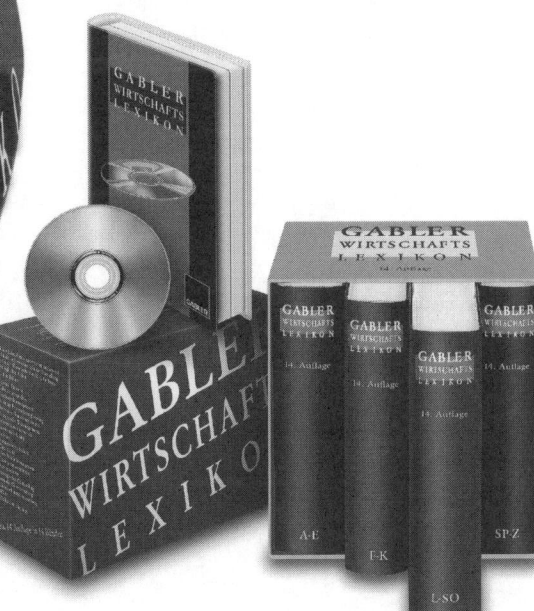

COUPON

Ja, ich bestelle zur sofortigen Lieferung:

_ Expl. **GABLER WIRTSCHAFTS-LEXIKON,** 14., vollständig überarbeitete und erweiterte Auflage 1997, 4.587 Seiten, vier Bände im Schuber, gebunden in Cabra-Ledervlies, mit Schutzumschlag, DM 500,–. ISBN 3-409-32997-8

_ Expl. **GABLER WIRTSCHAFTS-LEXIKON,** 14., vollständig überarbeitete und erweiterte Auflage 1997, 4.587 Seiten, zehn Bände im Schuber, Broschur, DM 188,–. ISBN 3-409-30387-1

_ Expl. **GABLER WIRTSCHAFTS-LEXIKON,** 12 cm CD-ROM, DM 188,–*, ISBN 3-409-39926-7, geeignet für IBM kompatibles System ab 486, mind. 8 MB RAM, 4-fach CD-ROM-Laufwerk, 10 MB freie Festplattenkapazität, Soundkarte, Windows 3.1x

Änderungen vorbehalten. Erhältlich im Buchhandel oder beim Verlag. *Unverbindliche Preisempfehlung.

Abraham-Lincoln-Straße 46 · Postfach 1547 · 65005 Wiesbaden · Fax (06 11) 78 78-4 20

Name/Vorname

Straße (bitte kein Postfach)

PLZ/Ort

Datum

GABLER Unterschrift